U0094968

MOOK
no.085

九州
Kyushu
地圖隨身GO

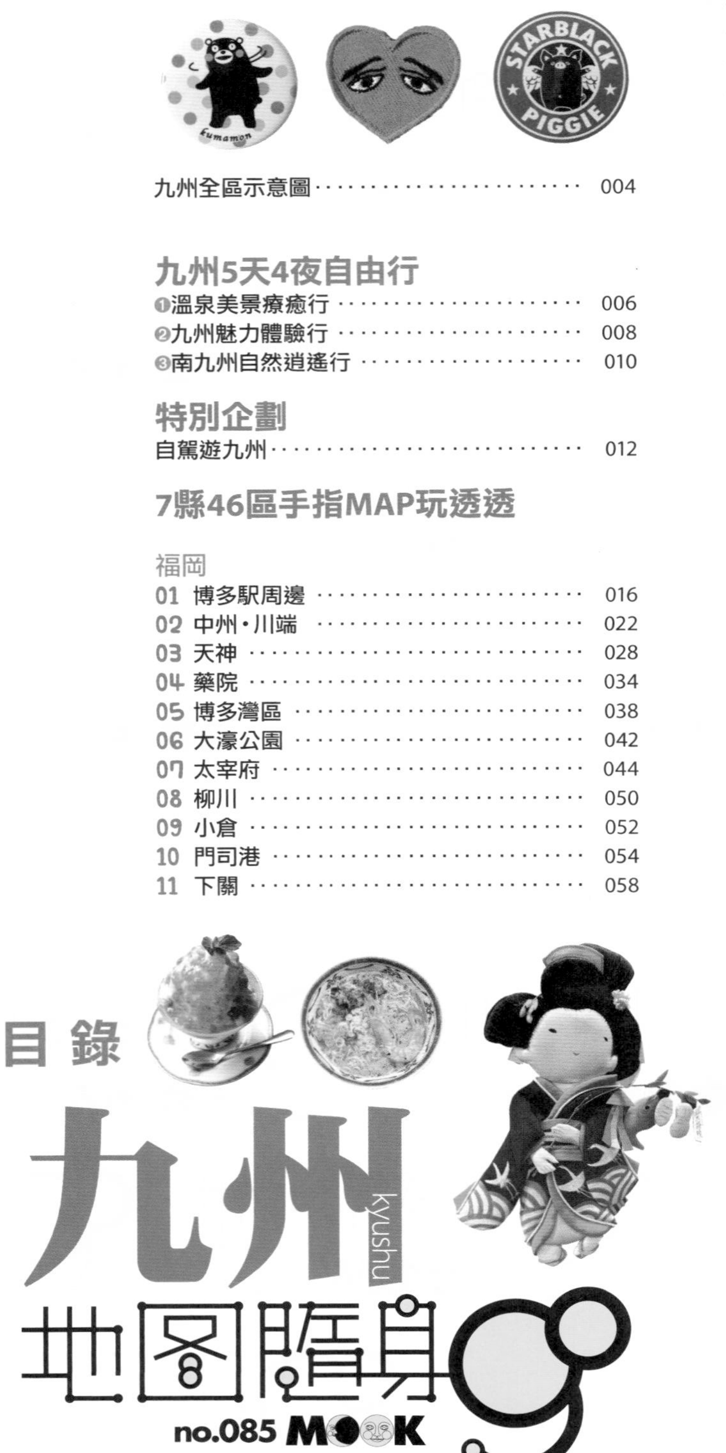
kumamon
STARBLACK
PIGGIE
目錄
九州
kyushu
地圖隨身
no.085 MOOK

如何使用本書

利用區域編號，方便尋找想要的分區。

右頁上方標示出分區索引或是單元名稱，翻閱更輕鬆。

景點、美食、購物等介紹直接連結在地圖上，使找路更加方便。

資訊符號

- 電話
- 地址
- 時間
- 休日
- 價格
- 交通
- 網址
- 注意事項

地圖符號

- 景點
- 美術館
- 購物
- 百貨公司
- 美食
- 拉麵
- 咖啡館
- 飯店
- 公園
- 書店
- 學校
- 神社
- 溫泉
- 甜點
- 和風甜點
- 遊客中心
- 碼頭
- 纜車
- 公車站
- 寺廟

九州全區地圖

下関
門司
福岡
福岡空港
福岡市
太宰府
湯平温泉
由布院温泉
別府温泉
平戸
佐賀
佐世保
有田
柳川
嬉野温泉
黒川温泉
大分
長崎
阿蘇
雲仙
長崎市
島原
熊本市
高千穂
三角
熊本
本渡
下田温泉
崎津
人吉
宮崎
出水
宮崎市
宮崎空港
青島
鹿児島
日南海岸
霧島
桜島
鹿児島市
指宿温泉
種子島
屋久島

Day 3
旅館早餐
↓
e.屋久島
↓
f.白谷雲水峽
↓
g.平內海中溫泉
↓
住宿：
屋久島飯店

e.屋久島

屋久島的自然景觀十分豐富，更是世界自然遺產，是這次行程的重要景點之一。

交通：從JR霧島神宮駅至JR鹿兒島中央駅，於港口轉乘渡輪，約2~4小時抵達屋久島。

f.白谷雲水峽

白谷雲水峽因宮崎駿的電影《魔法公主(もののけ姫)》而聲名大噪。這裡空氣濕度夠，所以苔類植物長得特別好，杉樹有了充足水分，造成杉樹長在苔上的奇景。

g.平內海中溫泉

位於屋久島南端從濱海礁岩之中湧出的海中溫泉，是絕對要嘗試一次的天地合一感動體驗。

©鹿兒島縣觀光聯盟

Day 4
飯店早餐
↓
h.屋久杉樂園
↓
i.梢回廊 樹梢漫步
↓
j.鹿兒島市
↓
k.城山
↓
l.天文館區
↓
住宿：
鹿兒島市區飯店

h.屋久杉樂園

屋久杉樂園境內有多株千年巨杉，散步步道走起來十分平穩，即使是老人小孩也很適合一遊。

j.鹿兒島市

體驗薩摩玻璃的製作、品嚐美味的鹿兒島燒酎、逛逛車站旁的百貨、從房間眺望櫻島美景，在鹿兒島市區盡情享受南九州的優閒氣氛。

交通：從屋久島搭乘渡輪，約2~4小時抵達鹿兒島港，轉乘路面電車可達JR鹿兒島中央駅。

k.城山

位於鹿兒島市中心的城山，是一座擁有600種以上亞熱帶植物茂密生長的小型山丘，從山頂的展望台能夠眺望到桜島、錦江灣和整個鹿兒島市區，天氣晴朗的時候，甚至能夠遠望到南部的開聞岳和與宮崎縣交界的高千穗地區。

i.梢回廊 樹梢漫步

順著搭建在樹上的樓梯向上爬去，不但能體驗漫步在樹林之間、樹梢之上的刺激快感，越來越開闊的美景也讓人振奮。

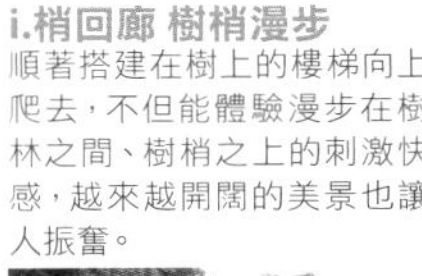

l.天文館區

天文館區是鹿兒島市內的繁華街，晚上來到這裡可以品嚐好吃的美食與甜點，更可以血拼購物。已經成為鹿兒島名物的「白熊」，發源本地就在天文館裡，好好享受香甜沁涼的白熊吧

Day 5
飯店早餐
↓
宮崎空港

自駕逍遙遊九州

九州雖然縣與縣之間鐵路發達，且各大景點也有巴士可以串聯，
但是由於各景點的距離較遠，如果利用巴士還得計算時間，實在是無法隨心所欲地移動。
不如搭配鐵路，來一趟九州悠遊自駕之旅，自己的行程完全由自己安排吧！

租車流程

申請駕照日文譯本

日本政府在2007年起開放台灣人在日本駕車，因此只要辦理好相關的手續即可在輕鬆在日本開車上路。在台灣的駕駛人，請在台灣先申請駕照日文譯本，程序十分簡單，輕輕鬆鬆，不到10分鐘就完成囉。

STEP1 準備好駕照正本與身分證正本。

STEP2 帶著證件至各公路監理機關，到駕照相關窗口辦理台灣駕照的日文譯本申請手續。

STEP3 填寫申請表格，繳交100元規費。

STEP4 領取日文譯本，大功告成。

在日本申請駕照日文譯本

如果出國前來不及申請日文譯本，到了九州當地亦可在臺北駐大阪經濟文化辦事處福岡分處或JAF申請，不過申請時間約需30分鐘，不像台灣那麼快速方便，所以建議還是先在台灣申請，既便捷又安心。JAF在九州7線都設有分部，如有交通相關問題也可前去詢問。

・台北駐大阪經濟文化辦事處福岡分處

福岡市營地下鐵桜坂駅1號出口，徒步12分。

福岡市中央区桜坂3-12-42

092-734-2810

週一~週五9:00~18:00

休 日本例假日、台灣國慶日、農曆春節

www.roc-taiwan.org/jpfuk/

・JAF(社團法人日本自動車聯盟)

www.jaf.or.jp/profile/general/office/index.htm

選擇租車公司及預約

首先先選定喜歡的租車公司，日本有多間知名的租車公司，以下就列出大家最熟悉的以供參考，其中部分網站有中文或英文介面，預約十分方便。

・HONDA／ホンダレンタリース

www.hondarent.com

・JR駅レンタカー

www.ekiren.co.jp

・Times Car RENTAL／タイムズカーレンタル

www.timescar-rental.hk/

・NISSAN Rent a Car／日産レンタカー

nissan-rentacar.com/tc

・TOYOTA Rent a Car／トヨタレンタリース

rent.toyota.co.jp/top.asp

如何選擇

依照自己的行程安排，找尋出發地附近的租車公司後再開始比較及選擇，部分車站周邊租車公司的選擇少，建議提早預約會比較安心。如果覺得租車公司太多，看得頭昏眼花的話，也可到統整多家租車公司資訊的ToCoo Car Rental網站查詢，還可以一併比價，使用起來非常方便，還常常可以找到最划算的價格。

・ToCoo Car Rental

www2.tocoo.jp/?file=rentcar_inbound/main (可選擇繁體中文)

實地取車

在日本租車時請記得一定要攜帶「台灣駕照」與「駕照日文譯本」，許多遊客就是因為忘記帶日文譯本，因而錯失自駕的機會，所以千萬不要忘記唷！

抵達租車公司營業所後，辦理取車手續如下：

STEP1 提供台灣駕照、駕照日文譯本，租車期間中會開車者都需提供。必要時須出示旅遊證件及信用卡備查。

STEP2 仔細閱讀租車契約，包括租車條款、租金、保險範圍。

STEP3 簽訂租車合約，內含租車條款、租金、保險範圍。

STEP4 由職員陪同檢查及確保車子沒有問題，並注意車身是否有刮痕，如果發現有刮痕，要請對方在合約內記載，釐清權責。

STEP5 職員向客人提供所租汽車的檢查報告

STEP6 檢查車子的基本操控以及詢問衛星導航的基本使用方式

STEP7 取車時注意油箱是否加滿汽油。

STEP8 簽收所租汽車，謹記帶走單據及地圖，完成手續，出發！

還車

在約定的時間前將車開到指定場所歸還，還車時必須加滿汽油，並附上加油收據作為證明，否則租車公司會收取比市價高的油費。在日本加油，請學會「満タン(man-tan)」，也就是「加滿」的日語，並將貼在方向盤旁的油種標示貼紙指給服務人員看，一般為「レギュラー(regular)」，服務人員就會把油加滿。

在職員陪同下驗車，如果車身在交還時有明顯刮痕、機件故障或是其他問題，租車公司會依照條款收費。

實際上路

實際上路後，卻發現不知道該怎麼加油、該怎麼使用衛星導航、該注意些什麼，或是該在何處補給糧食與休息嗎？現在就來一一為你解答吧！

日本開車注意事項

九州市郊道路平直，整備得非常完善，再加上風景優美，可以盡享駕駛樂趣。不過畢竟國情和交通規則有異，請大家務必多加注意，記得安全是回家唯一的路。

左側行駛

日本與台灣的車子不僅方向盤的位置相反，而且是靠左行駛。雨刷和方向燈的控制也和台灣相反，往往在慌亂中就會誤打。

遵守交通規則

國道和高速道路都有監視攝影，雖然數量不多，但是罰款金額相當可觀。如果被快速照相，有可能會被警察追截或直接將罰款單寄往租車公司，並於信用卡扣除款項。另外，違規停車罰款由日幣15,000圓起跳。

保持安全距離

在郊區開車往往會越開越快，這時候保持安全距離就格外重要。台灣人開車往往習慣緊貼著前面一輛車，可是這在高速行駛的時候就非常危險，一有閃失傷亡就很嚴重。

禮讓行人

日本有很多路口在綠燈的時候，同時容許車輛轉彎和行人穿越，所以原則上都必須讓行人先行。

按壓喇叭

在台灣按喇叭、閃車燈往往是駕駛者表達不悅、提醒的方式，而在日本則多為表示謝意以及提醒，像是遇到對方讓車，便會以亮雙方向燈兩次或是輕按兩次喇叭表達感謝。

路口右轉

在十字路口右轉時，即使是綠燈，也要等對面行車線轉為紅燈，或讓對面的車輛通過或是停下來方可右轉。需要右轉時，在市區通常有待轉車道(待轉區)，等對面行車線沒有車或是換燈號時才通過。在市區裡頭往往有些禁止右轉的標示是畫在地面上，要特別小心。另外，轉彎時可別進錯了車道。

穿越火車平交道

公路和鐵軌交會的地方，當有火車經過時，平交道兩側的柵欄會放下，因此要確認有足夠的時間和空間方可穿越，萬一卡在軌道上，要馬上下車啟動附近的緊急停車鈕，否則會釀成大禍。

緊急求助

很多路標下方會加設指示牌，顯示所在地內相關的道路情報中心的電話號碼。遇到緊急狀況時，可致電給他們或是租車公司尋求援助。

冬天駕駛

九州山區道路在冬天常會有積雪，雪地行車有一定的危險度，記得先確定好打滑、冰面、積雪過厚等冬季行車狀況的可能性。

注意野生動物

山區路段有時會有牛、鹿等野生動物出現，因此看到標示時，放慢速度，避免引起事故。一則減少動物傷亡，二來有些動物體積龐大，重達100公斤，如果撞倒牠們，人員的傷亡也就在所難免。

新手駕駛

新手駕駛標誌又暱稱為「若葉マーク」，在考取第一類普通駕駛執照的一年內都要貼著，形狀如箭的尾端，右側為綠色、左側為黃色；另外常見的標誌還有四色幸運草，此為70歲以上的高齡駕駛者標誌，跟車在這些駕駛者後方，要多點耐心也要多點小心。

止まれ

在路上看到「止まれ(停止)」時，記得一定要先完全停車，看看左右方有無來車與行人後再繼續行駛。

汽車衛星導航／カーナビ

在日本租車大多會直接免費配備衛星導航，可選擇日文或是英文介面，也有部分導航有中文介面。日文的導航系統中，日文漢字出現的機率很高，且導航系統介面容易操作，大多數的店家(有些店家沒有登錄至系統)或景點，只要輸入電話號碼或地圖代碼(MAPCODE)便可鎖定，進而完整規劃路線，萬一不小心迷路還可以利用地圖確認自己所在位置。如果擔心衛星導航查詢不到想前往的地方，也可事先將景點名稱的日語平假名記下。

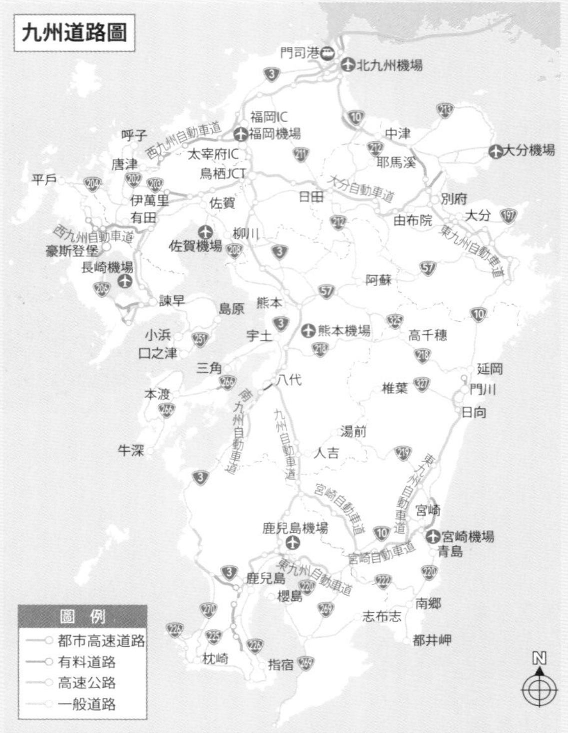

加油日語

92無鉛汽油
レギュラー(regular)
re-gyu-ra

98無鉛汽油
ハイオク
hai-o-ku

柴油
軽油(diesel)
ke-yu

加滿
満タン(まんたん)
man-tan

找零
お釣り(おつり)、釣銭(つりせん)
o-tsu-ri, tsu-ri-sen

(倒車時引導人)再來、繼續
オーライ
o~rai

公升
リッター、リットル
ri-tta, ri-tto-ru

自動金額計算機、補票機
自動精算機
zi-do-sei-san-ki

信用卡
クレジットカード(credit card)
ku-re-zi-tto ka-do

◎請這樣說

92無鉛汽油加滿
レギュラー 満タン！
re-gyu-ra man-tan

92無鉛汽油加10公升
レギュラー 10リッター！
re-gyu-ra jyu ritta!

查詢MAPCODE

擔心電話搜尋不到要去的景點，或是自然景觀沒有電話可查，這時候MAPCODE(地圖編碼)就是十分方便又萬無一失的選擇，接下來就告訴你要到哪裡才可以查到MAPCODE。

・九州觀光推進機構的「KYUSHU MAP CODE」

www.welcomekyushu.jp/book/index.php?ctgry=4

九州觀光推進機構推出的自駕遊手冊「KYUSHU MAP CODE」，裡面不但有規劃自駕路線，還有介紹日本自駕注意事項，最棒的是裡面介紹的景點還有加上MAPCODE，不知道該去哪查可以先在這裡查詢。

・Mapion

www.mapion.co.jp

用Mapion查詢有兩種方式，其一是輸入想去的地方直接搜尋，其二就是從網頁中間的日本全圖點選想前往的都道府縣，再一步步縮小範圍到要去的區域。拖曳地圖讓想去的地方對準中心的紅色十字，點擊右上角的「便利ツール」、再點擊「地図URL」，MAPCODE(マップコード)即會出現。

衛星導航日文

即將轉彎時，導航系統便會以語音通知駕駛者，不過因為駕駛者對日文及導航系統較不熟悉，所以常常會錯過轉彎時機，以下就介紹幾句導航系統的語音提醒。

導航：約前方30公尺(公里)、右轉／左轉。
およそ30メートル(キロメートル)先、右方向／左方向です。
o-yo-so san-jyu me-to-ru(ki-ro me-to-ru) sa-ki、mi-gi ho-ho / hi-da-ri ho-ho de-su.

導航：即將右轉／左轉。
まもなく、右方向／左方向です。
ma-mo-na-ku、mi-gi ho-ho / hi-da-ri ho-ho de-su.

導航：右轉／左轉。
右/左です。
mi-gi / hi-da-ri de-su.

休息站

道の駅

開車時見到大大的「道の駅」指示，就知道休息站到了。日本的休息站與台灣的一樣，提供休憩空間及餐飲，其中有許多擁有美麗的視野，並販售當地知名的美食，開車經過時，不妨就進去小憩片刻。

・九州の道の駅

www.qsr.mlit.go.jp/n-michi/michi_no_eki/

加油方式

日本常見到的加油站為ENEOS、JOMO、SHELL、コスモ石油、Exxon Mobil Corporation等，在都市周邊或交通運量大的幹道旁皆可輕易找到，不過若是到郊區或是車運量少的地方時，數量就會銳減，建議不要等到油快耗盡了才加油，以避免沒油可加的窘境。還有，記得還車前一定要把油加滿喔！

非自助／スタッフ給油

若在非自助式加油站加油時，需要向服務人員說明油種，以及想加的油量或價格。

自助式加油／セルフ給油

利用自助式加油站加油，油價比非自助式還便宜。

STEP1 到有「セルフ(self)」標示的加油站
STEP2 將車子停妥
STEP3 選擇付款方式──現金フリー
STEP4 選擇なし(沒有現金卡)
STEP5 指定油種，一般為92無鉛汽油(レギュラー)
STEP6 想加滿就選擇「満タン」
STEP7 插入紙鈔，此時可投入多一點錢，餘額會退還
STEP8 開始加油
STEP9 加油結束後，索取收據。「レシート(receipt)を発行しますか？(是否索取收據)」，可選「発行する(發行)」或「発行しない(不發行)」
STEP10 到一旁的自動精算機計算餘額
STEP11 收據的條碼面朝上，放入自動精算機讀取
STEP12 取出找零的錢

九州自駕注意要點

規劃行程時，要仔細考量拉車時間，建議一天的行車距離控制在約150公里以下，最高也不要超過200公里，150公里相當於台北到苗栗的距離，在一般道路開車約需3~4小時，若加上繞路與臨時停車的時間，這個距離較可確保一天的行程充裕而輕鬆。

※IC(インター)為交流道，JCT為系統交流道。

高速道路

高速道路可以省下不少交通時間，但唯一缺點就是費用稍貴，需多加衡量。想進入高速道路，順從導航指示開車，途中會看到綠色看板，這即為高速道路的專用標誌，依方向指示開車，若車上沒有ETC卡，即開往寫著「一般」的車道，因日本高速道路的收費方式為「入口取通行券，出口付過路費」，在入口處的發券機抽領通行券後即可上高速道路。抵達道路出口時，放慢速度，通常出口附近都有價目表可看，在收費站將通行券交給收費員並支付費用，即可順利出高速道路。

開車實用日文

異地還車
乗り捨て(のりすて)
no-ri-su-te
※意指甲地借、乙地還，不同區間則需要外加費用。

折價、優惠
割引(わりびき)
wa-ri-bi-ki

衛星導航
カーナビ(car navigator)
ka-na-bi

車禍
交通事故
ko-tsu-ji-ko

◎實用會話

請問這個地址在哪裡？
ここの住所を教えてください。
ko-ko no jyu-syo wo o-shi-e-te-ku-da-sai.

受傷了
ケガをしました。
ke-ga wo shi-ma-shi-ta.

有停車場嗎？
駐車場はありますか。
chu-sha-jo wa a-ri-ma-su-ka?

車子該停在哪裡？
車はどこに停めればいいですか。
ku-ru-ma wa do-ko-ni to-me-re-ba ii-de-su-ka.

車子不能發動
車が動かない。
ku-ru-ma ga u-go-ka-nai.

反鎖了
鍵を閉じ込めました。
ka-gi wo to-ji-ko-me-ma-shi-ta.

爆胎了
パンクです。
pan-ku-de-su.

電瓶沒電了
バッテリーが上がりました。
batte-ri ga a-ga-ri-ma-shi-ta.

沒油了
ガス欠です。
ga-su-ke-tsu-de-su.

拋錨了
故障しました。
ko-syo shi-ma-shi-ta.

高速道路主要區間價格與距離

門司		1980	2740	3570	3650	3400	4110	5110	5000	4240	5780	7730	7490
68.3	福岡		930	2000	3130	3610	2720	3770	3580	2880	4490	6460	6220
97.2	28.9	鳥栖		1300	2530	3080	1950	3200	2810	2190	3960	5960	5720
137.5	69.2	42.7	日田		1400	2030	3020	4050	3910	3150	4760	6710	6470
118.7	115.7	89.2	46.5	湯布院		800	3950	4960	4840	4080	5630	5340	7340
109.2	139.6	113.1	70.4	23.9	別府		4420	5410	5310	4550	6070	4700	7780
164.6	96.3	67.4	110.1	156.6	180.5	嬉野		1530	1260	3690	5270	7220	6980
216.2	147.9	119	161.7	208.2	232.1	51.6	長崎		2630	4720	6230	8180	7940
187.1	116.8	89.9	132.6	179.1	203	31.5	83.1	佐世保みなと		4580	6170	8110	7870
171.2	102.9	76.4	116.7	163.2	187.1	143.8	195.4	166.3	熊本		2310	4520	4270
252	183.7	157.2	197.5	244	267.9	224.6	276.2	247.1	80.8	人吉		2910	2600
356.8	288.5	262	302.3	249.6	225.7	329.4	381	351.9	185.6	104.8	宮崎		3780
346.1	277.8	251.3	291.6	338.1	362	318.7	370.3	341.2	174.9	94.1	150.3	鹿兒島	

※右上為一般車的通行收費(￥)、左下為距離(km)，以最短距離為例

推薦網站

・查詢高速道路費用

國土交通省 九州地方整備局 road.qsr.mlit.go.jp
ドラぷら www.driveplaza.com

・規劃路線

YAHOO! JAPANロコ maps.loco.yahoo.co.jp
Google地圖 maps.google.com.tw
NAVITIME www.navitime.co.jp

商業繁盛 話題百貨推陳出新

01

博多駅周邊

はかたえきしゅうへん Around Hakata Station

博多駅周邊不僅有集結了AMU PLAZA、阪急、DEITOS等百貨的JR博多城，還有福岡百貨生力軍KITTE的加入，集購物、美食、娛樂、休閒大成，是造訪福岡時絕不會錯過的地點，如此豐富多樣的內容，怎麼可以不規畫個一天半天的時間來逛逛呢！

ACCESS
由JR博多駅下車即抵。

1 博多阪急

JR博多駅出站即達 福岡市博多区博多駅中央街1-1 092-461-1381 10:00~20:00、週五~六B1~4F10:00~21:00、5~8F10:00~20:00 www.hankyu-dept.co.jp/hakata

首次進駐九州的阪急百貨，確實對九州的時尚流行掀起一股新的風潮，而在九州初登場的品牌則更是多達83間。不同於一般阪急百貨給人的貴婦印象，博多阪急則主攻年輕女性的高質感市場，在進駐品牌的選擇上也不同以往。另外，B1的食品區也集結了九州當地與全日本的各家名店，好逛又好買。

阪急うまか食堂

博多阪急B1F 10:00~20:00 www.hankyu-dept.co.jp/hakata/h/restaurant

博多阪急B1美食齊聚一堂，除了有明月堂、ひよ子本舗吉野堂、辻利兵衛本店等人氣點心外，還將樓層的一區還規劃成用餐區「阪急うまか食堂」，總計約一百個座位，精選源自大阪、九州地區的美食店鋪，分別提供大阪梅田的花枝燒、道頓堀的章魚燒、雲仙的小浜什錦麵、宮崎南蠻丼、博多的壽司、天婦羅、海鮮丼，等車前的空檔可以來這裡內用或外帶享用。

2 博多巴士轉運站

博多バスターミナル

駅多駅(博多口)徒步1分 福岡市博多區博多駅中央街2-1 092-431-1441 約10:00~22:00。各樓層店家營時不一，詳洽官網 www.h-bt.jp

就位在博多車站旁的多巴士轉運站，本身就是一棟結合商場的複合式大樓。除了1樓的市區巴士、3樓的跨縣長途巴士之外，B1有超市、藥妝店，3樓是咖啡客美多，4樓是服飾品牌「しまむら」，5樓是百元生活用品「大創」，6樓是書店「紀伊國屋」，7樓是「namco」，8樓則是集結多家餐廳的美食街，雖然佔地不大，但很適合鎖定品牌前來購物。

極味屋

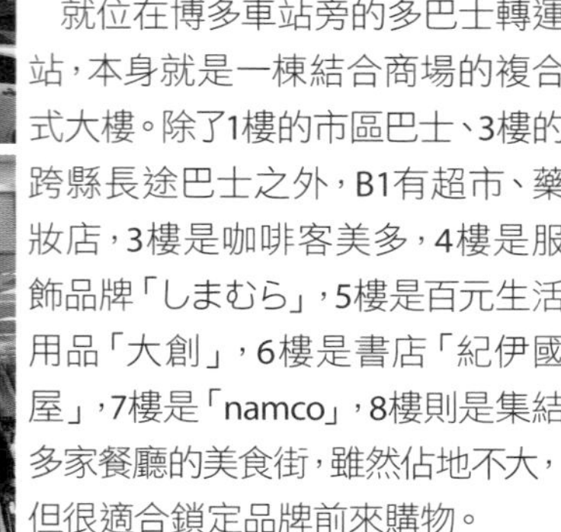

極味や

地下鐵博多駅徒步5分 福岡市博多区中央街2-1博多バスターミナル1F 092-292-9295 11:00~22:00(L.O.21:30) 休不定休 炭火焼ハンバーグS(漢堡排S)120g¥980 www.kiwamiya.com

用炭火炙燒漢堡排後，再讓客人自行利用鐵盤上的烤石調整入口熟度，還未品嚐，光是聽到肉汁在熱騰騰烤石上發出的聲響就讓人食慾大開，為了照顧食量大小不同的顧客，店家推出三種大小的肉排，即便是女性也能輕鬆享用，烤過的牛肉外酥內軟，口感鮮美。店家只使用佐賀縣產的伊万里牛，雖然是高級餐廳等級肉品，但卻只要用划算價位即能品嚐。

❸博多DEITOS

JR博多駅(筑紫口)下車即達　福岡市博多区博多駅中央街1-1　092-451-2561　1Fみやげもん市場8:00~21:00，1F博多ほろよい通り10:00~24:00，2F博多めん街道10:00~24:00，B1F博多のごはん8:00~23:00；依店家而異　www.jrhakatacity.com/floor/floorguide/?area=area4

博多DEITOS以主題劃分，將賣場分為6個部份，其中像是「博多めん街道」聚集了12家博多拉麵，Shin-Shin、一幸舍、だるま、麵屋 兼虎等，各家都是超級名店等級，不用街頭穿梭找拉麵，這裡一次就輕鬆解決。而能下班喝一杯的居酒屋集落「博多ほろよい通り」、旅客最愛名產賣店「みやげもん市場」、美食店鋪聚集的「博多のごはん処」、和DEITOS ANNEX數家餐廳，將博多駅的機能大大提升，針對各方面客群提供不同的服務。

❹博多Station Food

博多ステーションフード

JR博多駅(マイング うまか通り內)　福岡市博多区博多駅中央街5-14 博多駅B1　092-441-6451　9:00~21:00　www.hsf-g.com

在博多駅內有間全年無休的超級市場，雖然空間不比市郊的超市大，但店內新鮮蔬果、肉品、配菜、飲料、點心等各色商品應有盡有，尤其推薦一定要買日本的水果來品嚐，除了有福岡出產的頂級甘王草莓(あまおう)，還可買到長野蘋果或巨峰葡萄。尋求交通便利者可以在這裡一次買齊喜歡的商品，但若是想多方比價的話，建議還可以到天神或中洲川端一帶的大型超市逛逛，琳瑯滿目的商品與平實的價格，讓人忍不住越買越多。

博多隱藏版地標

每天平均人流高達17萬人次的博多車站大樓，除了重要的交通樞紐功能，還集購物、娛樂、美食等多重服務於一身。這道福岡的玄關口，口耳相傳著一個隱藏版角色──黃金青蛙(黄金のカエル)！從JR車站博多口出來，博多城正面大螢幕左下方的柱子上的確攀著一隻全身金黃的青蛙。不特別提起幾乎不會注意到，看過一次後，遠遠就可以認出的黃金青蛙，據說只要找到就能帶來幸福喔。

5 AMU PLAZA博多

アミュプラザ博多

福岡市博多区博多駅中央街1-1(博多口側) 092-431-8484(JR博多城 AMU PLAZA博多 綜合詢問處) B1~8F 10:00~20:00，依各店而異。屋上庭園つばめの杜ひろば(燕林廣場)10:00~18:00(依季節調整) www.jrhakatacity.com/amu

AMU PLAZA博多具備多種功能，但購物品牌大匯聚可說是這裡的最大魅力，左右兩側串聯東急手及阪急，想要用餐可到地下樓美食區，要看場電影放鬆一下，到9樓的T-JOY電影院就對了，而屋頂燕林廣場可供休憩遊樂，各樓層逛街購物店家豐富，1~5樓的東急手創及6樓的無印良品可購買生活雜物、食品與質感小物，光是在這裡就逛上好幾個小時。

東急手創 博多店

TOKYU HANDS

AMU PLAZA博多1~5F 092-481-3109 10:00~20:00 hakata.tokyu-hands.co.jp

九州第一家東急手創，不只販賣有趣實用的雜貨，在這裡，更能夠找到九州專屬的各式商品。1樓的「はかた・び」可以買到各種九州才買得到的雜貨小物；如果想要購買九州紀念品，或是帶些不同的九州土產給親朋好友，推薦來東急手創挖挖寶。

燕林廣場

つばめの杜ひろば

AMU PLAZA博多頂樓 賣店10:00~18:00、燕子電車10:10~17:50(每10分鐘一班次) 廣場免費入場，燕子電車1次¥200 www.jrhakatacity.com/kids/

下大雨時可能會關閉頂樓

JR博多城頂樓的燕林廣場，可說是許多親子的最愛，想前往廣闊的頂樓廣場，可先抵達10F的くうてん美食街後，再搭電扶梯上去。這處可以曬曬太陽、吃吃東西的戶外頂樓區，以鐵道神社、蔬菜農作體驗區、燕子電車搭乘區以及展望廣場所組成，其中最熱鬧的當然是每10分鐘就會出發繞行在花園間的燕子電車，由水戶岡銳治設計的紅色迷你電車，可愛又吸睛。

另外被樹木圍繞的鐵道神社，可得先經過三道鳥居——星門、福門、夢門才會抵達，光看照片，真的很難想像，是一處位在頂樓的迷你神社。另外，年輕人們最愛的則是再爬一層階梯前往木造平台的頂樓展望台，從上可以展望整個頂樓廣場外，不遠處的福岡機場飛機起降、博多車站周邊熱鬧市街、甚至連博多灣都能遠眺。

丸善 博多店

MARUZEN

AMU PLAZA博多8F 092-413-5401 10:00~20:00 www.maruzenjunkudo.co.jp/maruzen/top.html

博多駅內的丸善書店擁有800坪的明亮寬敞空間，店內販售漫畫、雜誌、旅遊書、小說、外文書等豐富書類，藏書量的冊數約達60萬本，從休閒到專門知識內容包羅萬象，提供來店者與新知相遇的機會。除了書籍外，各種文具及雜貨也陳列店中，從一般常用文具到設計雜貨、丸善精選，多樣商品也等著顧客選購。

6 KITTE博多

B1F、2F與博多駅相連 福岡市博多区博多駅中央街9-1 B1F 7:00~24:00，1~7F博多丸井、8F Uniqlo 10:00~21:00，9~10F11:00~23:00；依店鋪而異 hakata.jp-kitte.jp

由日本郵政經營的KITTE，名稱取自「郵票」(切手)與「來」(来て)的日文發音，2016年開幕的KITTE博多匯聚了首次登陸九州的名店，百貨1~7樓由同樣是九州初上陸的マルイ丸井(0101)百貨入主，地下一樓及9~10樓則是將近50家餐飲名店聚集的美食區，8樓還有日本平價服飾Uniqlo，豪華的陣容果然讓KITTE博多吸引大批人潮。

HMV&BOOKS HAKATA

博多丸井6F 092-433-6580 10:00~21:00 www.hmv.co.jp

HMV&BOOKS HAKATA是HMV&BOOKS品牌的二號店，繼2015年底東京渋谷的一號店盛大開幕後，HMV&BOOKS旋即進軍博多。這家大型複合書店以書籍與音樂為主，融合影像、雜貨、票務、活動等多元商品服務，為了加強與地域的聯結，書店內設置了博多書籍專區，提供更多元的博多資訊。除了傳統的書店模式，顧客還可以用店內的平板電腦或是專用APP查詢商品位置、預約商品，現代化的服務加上店內寬敞舒適的氛圍，讓人不由得逗留許久。

冬季點燈「光の街 博多」

每年冬季，JR博多駅會舉辦「光の街 博多」的燈節活動，從博多口走出來就可看見，點上璀璨燈彩的車站周邊瑰麗夢幻，不但可以在夜間搭乘燕林廣場的迷你版燕子電車，11月中旬~12月25日還會舉辦熱鬧的聖誕市集「FUKUOKA Christmas Market」，不用到歐洲就能邊啜飲溫熱的香料酒，邊感受濃濃節日氣息，可千萬別錯過了。

11月中旬~1月中旬，約17:00~24:00

7 Yodobashi-Hakata

ヨドバシカメラ博多

JR博多駅(築紫口)徒步2分 福岡市博多区博多駅中央街6-12 9:30~22:00 www.yodobashi-hakata.com

直接連結博多車站，位置相當便利，加上除了電器相關產品之外，還附帶連結時裝時尚區，是剛抵達博多或是回國前購買伴手禮的最佳去處。店內GU商品不僅齊全，更有大百貨內店鋪才有的獨有商品，加上設有兒童遊戲區，讓父母能盡情安心購物。喜愛電玩或是扭蛋的話更是不能錯過來此挖寶。其中3樓的玩具區擁有整個九州內最多台數扭蛋機，從動物系、動漫系全都一應俱全。

8 博多千年門

地下鐵祇園站4號出口徒步5分 福岡市博多区博多駅前1-7 092-419-1011

2014年春天落成的博多千年門，坐落在福岡留有許多歷史文化財的寺社町區域入口。方正的四腳大門樣式，是依據江戶時代曾作為博多入口大門的「辻堂口門」而來。門樑上刻有博多織的「獻上柄」花紋，大門門板更是以太宰府天滿宮贈與的千年大樹「千年樟」製成。穿過這座寄託著市民對城市未來千年期許的大門，走入鋪著石道的承天寺通，欣賞兩旁的古老寺社，彷彿經歷了一場穿越之旅。

9 住吉神社

JR博多駅、地下鐵博多站徒步10分，西鐵巴士「住吉」站下車徒步2分 福岡市博多区住吉3-1-51 092-291-2670 9:00~17:00 nihondaiichisumiyoshigu.jp

全日本共有2129座住吉神社，而博多住吉神社的起源可以回溯至1800年前，據說是全日本最初的住吉神社。住吉神社的社殿採用神社建築史上最古老的建築工法「住吉造」而建，為日本國家指定重要文化財。社內的一夜松、古代力士像和惠比須神像都是知名的能量景點。據說，摸摸那尊笑呵呵的惠比須神像各部位就能分別求得家庭平安(臉)、健康(肚子)、金錢(鯛魚)、提升技能(手腕)的好緣分。

10 東長寺

地下鐵祇園站1號出口徒步1分 福岡市博多区御供所町2-4 092-291-4459 9:00~17:00 免費

東長寺是日本佛教真言宗開山祖師空海(弘法大師)在日本建造的第一座寺廟。寺中大佛殿二樓的釋迦如來坐像由檜木雕刻而成，高10.8公尺，重30噸，是日本最大的木造坐像。這尊「福岡大佛」後方設有一條「地獄·極樂隧道」：看過地獄八景的繪畫後，將踏入一片完全漆黑的世界，在寬度僅容一人的彎曲隧道中，小心翼翼地摸著扶手前行，面對黑暗與未知的恐懼，最後將再度看到散發柔和卻堅定光芒的佛像，在人間體驗一遭地獄到極樂的滋味。

⑪THE BLOSSOM HAKATA Premier

JR博多駅(博多口)徒步7分 福岡市博多区博多駅前2-8-12 092-431-8702 Check in 15:00、CheckOut 11:00 附早餐，雙人房約¥1,6000起 www.jrk-hotels.co.jp/Hakata_premier/

隸屬於JR飯店體系下的THE BLOSSOM，是屬於比較高檔次的飯店型態，而位在博多車站正前方大通上的THE BLOSSOM HAKATA Premier，雖然徒步需要7分鐘距離，但因同樣再走7分鐘，就能串連櫛田神社、中洲·川端這一帶，居於傳統老派風格街區與車站光鮮華麗街區的交界點，也讓這樣的城市風貌被盡顯在飯店的設計上。

⑫越後屋 博多駅前本店

JR博多駅徒步約5分 福岡市博多区博多駅前3-11-17 092-413-8934 17:00~23:00 (L.O.22:30) 休不定休 もつ鍋(牛雜鍋)1人份￥1,760 (2人份以上接受點餐，建議事先預約) www.echigoya-h.jp

越後屋是博多特色美味牛雜鍋的專門店，在福岡市共有2家分店，顧客以女性及觀光客居多。老闆每天到市場精挑細選的牛雜包括了牛的小腸、大腸和胃等，相當具有口感咬勁；有別於一般以醬油為底，越後屋是嚴選調和數種京都的頂級「西京味噌」，並加入獨家特製高湯，熬出美味湯頭。

⑬一幸舍 博多本店

博多駅博多口出站徒步約3分 福岡市博多区博多駅前3-23-12(光和ビル103号) 092-432-1190 11:00~23:00、週日11:00~21:00，午餐時段11:00~15:00 休年末年始 www.ikkousha.com

豚骨拉麵以濃厚聞名，但其實博多也是有許多走清爽路線的店家受到歡迎。一幸舍拉麵的湯頭以巨大的鍋釜熬煮，定期會更換鍋內的豬骨，以確保湯頭的新鮮；店家獨門搭上以3種醬油調味的湯頭，剛喝下去可能會覺得豚骨味道香濃，但吃完卻又感到清爽不油膩，很受女性歡迎。

河光粼粼 沙洲旁購物去

02

中洲・川端

なかす・かわばた Nakasu・Kawabata

中洲川端是流經福岡市區的兩條河川那珂川與博多川之間的一塊沙洲地，熱鬧的商店街、大型購物中心、聞名全日本的祇園山笠祭的櫛田神社都位在這裡，是想要深入了解福岡在地文化的觀光客的必訪之地。

ACCESS

由JR博多駅、地下鐵中洲川端駅、地下鐵祇園駅下車即抵。

1 那珂川水上巴士

天神中央公園乘船處(福博であい橋) 080-5215-6555 中洲周遊每日11:00~21:00，每小時一班，航程約30分；博多灣周遊每日17:00、19:00航行，約45分 中洲周遊大人¥1,000~1,500，小學生以下¥800；博多灣周遊大人¥1,500~2,000，小學生¥1,000 river-cruise.jp

除了散步漫遊中洲一帶，還可以在美麗的那珂川上來趟小船之旅！水上巴士共2條路線，分別為「中洲周遊」、「博多灣周遊」路線，最推薦的要屬中洲周遊路線，太陽西下後兩岸的商家亮起燈火，繽紛色彩映照於河面之上，在這樣璀璨的夜色中享受遊船時光，最能感受中洲的熱鬧風情。

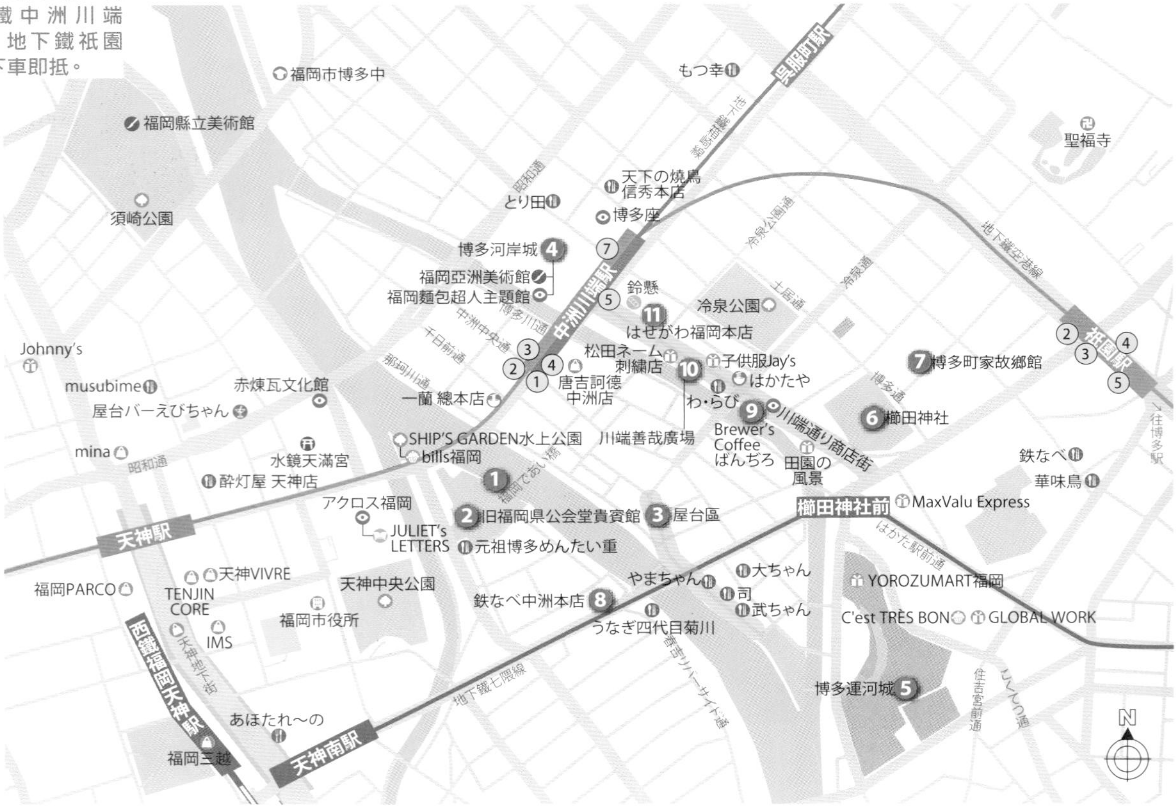

福岡市博多中
もつ幸
呉服町駅
福岡縣立美術館
聖福寺
天下の焼鳥 信秀本店
とり田
博多座
須崎公園
博多河岸城 4
福岡亞洲美術館
福岡麵包超人主題館
鈴懸
冷泉公園
中洲川端駅
11 はせがわ福岡本店
地下鐵空港線
祇園駅
Johnny's
松田ネーム刺繍店
子供服Jay's
はかたや
7 博多町家故鄉館
musubime
赤煉瓦文化館
唐吉訶德 中洲店
10
わ・らび
9 川端通り商店街
6 櫛田神社
屋台バーえびちゃん
一蘭 總本店
Brewer's Coffee ばんぢろ
田園の風景
mina
水鏡天滿宮
SHIP'S GARDEN水上公園
bills福岡
川端善哉廣場
鉄なべ
醉灯屋 天神店
1
華味鳥
アクロス福岡
2 旧福岡県公会堂貴賓館
3 屋台區
櫛田神社前
MaxValu Express
天神駅
JULIET's LETTERS
元祖博多めんたい重
大ちゃん
天神VIVRE
やまちゃん
YOROZUMART福岡
福岡PARCO
TENJIN CORE
天神中央公園
鉄なべ中洲本店 8
司
武ちゃん
C'est TRÈS BON
GLOBAL WORK
IMS
福岡市役所
うなぎ四代目菊川
西鐵福岡天神駅
博多運河城 5
地下鐵七隈線
あほたれ～の
福岡三越
天神南駅
往博多駅

②舊福岡縣公會堂貴賓館

地下鐵中洲川端站1號出口徒步6分 福岡市中央区西中洲6-29 092-751-4416 9:00~18:00 週一(遇假日順延翌日休)、12/29~1/3 門票15歲以上￥200，6~14歲￥100，5歲以下及65歲以上免費 www.fukuokaken-kihinkan.jp

舊福岡縣公會堂是明治43年(1910年)為了舉辦九州沖繩八縣聯合共進會兼來賓接待所而設，歷經歲月更迭、轉換不同單位，舊設施也逐漸凋零敗壞。但由於公會堂中的貴賓館是明治時期少數文藝復興式的木造公共建設，在1984年指定為重要文化財後，經過細心修復，再度以古典優雅的姿態回到福岡縣民的眼前。館內一間間遊戲室、寢室，大至燈飾，小至壁紙上的花草紋路都各富情趣，貴賓室茶桌前一面270度的觀景窗，令人忍不住遙想當年貴賓們愜意享受的情懷。

③博多屋台區

中洲川端地區、天神地區、長浜地區 yatai.fukuoka.jp (ザ・屋台 酔ってかんね官網)

每到傍晚，流經市區的那珂川就成了最迷人的夜景街道，充斥了各種美味屋台和洶湧人潮。屋台就是路邊攤，一般屋台大多從傍晚6點開始營業到深夜，晚上10~11點人潮最多，但由於博多屋台已經成為觀光地，往往不到8點就擠滿客人，較知名的美味屋台更是一營業就大排長龍，夏天夜晚來杯冰涼啤酒，冬天屋台則會放下透明塑膠簾抵擋寒風，更有在地風味。

武ちゃん

地下鐵中洲川端駅徒步約8分、南天神駅徒步約5分 福岡市博多区中洲1丁目 清流公園 090-8628-9983 19:00~翌日凌晨1:00 不定休 煎餃￥500，土手燒￥500

就位在清流公園的武ちゃん雖然位置不算少，但是永遠都大排長龍，原因在於老闆親自一個個手工包的餃子。這一口大小的手工煎餃美味無比，和啤酒最對味，無論男女，一坐下來就會先點個兩人份，另外招牌的土手鍋將牛筋燉得軟爛入味，是種吃了會讓人想念的好味道。

大ちゃん

地下鐵中洲川端駅徒步約15分 福岡市博多区中洲1丁目(清流公園) 18:00~翌2:00 週日、大雨天 長浜拉麵￥770、綜合黑輪￥1,100

大ちゃん是由兄弟一起打理的屋台，最得意的美味就是博多永遠人氣第一的拉麵。大ちゃん的拉麵屬於長浜口味，麵條較細，口感略硬，而湯頭味道則是清爽的豚骨滋味；加入麵中的辣椒味噌可是獨家風味，搭配桌上自由取用的紅薑很對味。推薦在冬夜裡，來到屋台大口吃拉麵，更是別有一番味道。

司

地下鐵中洲川端駅徒步約10分 福岡市博多区中洲，那珂川沿岸鄰近春吉橋 17:30~翌日1:00 週三 辛明太子天婦羅￥1,000

走在成排的屋台街中，馬上就會被司的女將吸引目光。這位女將總是身著傳統的和服，在屋台內外忙進忙出。而司的料理，首推辛明太子天婦羅了。被酥脆炸衣裹住的明太子，炸得半生，趁熱一口塞進嘴裡，那在口中爆開的鮮味久久令人難以忘懷。而串燒的食材新鮮，簡單的火烤就能吃到食材原味，大受好評。

4 博多河岸城

博多Riverain

地下鐵中洲川端駅出站即達　福岡市博多区下川端町3-1　092-271-5050(Hakata Riverain Mall by TAKASHIMAYA)　Hakata Riverain Mall by TAKASHIMAYA 10:00~19:00，依設施而異　休依設施而異　www.hakata-riverainmall.jp

博多河岸城是典型的複合體建築，集結商場、辦公大樓、飯店、餐廳、劇院、美術館等，河岸城的地下就是地鐵車站，交通極其便利，逛街購物都非常輕鬆又自在，而且大人氣的麵包超人主題館也在其中，不管大人小孩，都可以在這裡玩得盡興。

福岡麵包超人主題館

福岡アンパンマンこどもミュージアムinモール

博多河岸城5、6F　092-291-8855　10:00~17:00(入場至16:00)，依季節而異　1歲以上門票￥2,000~2,200　www.fukuoka-anpanman.jp

2014年於福岡河岸城內開幕的福岡麵包超人主題館，是九州第一座麵包超人主題館。從地鐵出站到展館的一路上都可以發現麵包超人與夥伴們的蹤跡，累積滿滿的興奮。迷你商店的模擬體驗、巨大的麵包超人號、七彩溜滑梯、砂坑，以及販售各種角色造型麵包的麵包工場、主題餐廳、包含五花八門周邊商品與福岡限定款的禮品店，不論大人小孩都可以在這裡獲得不同的滿足。

福岡亞洲美術館

博多河岸城7、8F　092-263-1100　9:30~18:00(入館至17:30)　休週三(遇假日順延翌日休)、年末年始(12/26~1/1)　入館免費，常設展大人￥200、高中大學生￥150、國中生以下免費　faam.city.fukuoka.lg.jp

福岡亞洲美術館是一個以亞洲創作者為收藏主題的美術館，規模不是很大，只有2個樓層(展示空間只有1層樓)，但由於主題明確又頗為特別，吸引許多藝術愛好者前來參觀。福岡美術館以「讓你和當下的亞洲相遇」為宗旨，因此無論是主題與收藏大都是當代與現代藝術。而且這兒特別強調「交流」的功能，因此，儘管樓層面積有限，卻還是闢出了閱覽室、多媒體中心等空間，並常常舉辦演講、電影欣賞、音樂會、小劇場等活動，以期待有更多的人關注亞洲藝術。

5 博多運河城

キャナルシティ博多

地下鐵櫛田神社前駅徒步1分　福岡市博多区住吉1-2　092-282-2525　商店10:00~21:00，餐廳11:00~23:00　www.canalcity.co.jp

博多運河城是個極具未來感的綜合商場，由七棟建築物群沿著運河蜿蜒，呈現圓弧狀，包括五星級飯店、辦公大樓、綜合型娛樂商場及流行賣場。運河城中還有幾家特別的必逛名店，花上一天也逛不完。其中OPA的建築是整個運河城最亮眼的，為了配合運河的彎度及常常舉行表演活動的「太陽廣場」，紅藍磚立面的主體呈半圓凹狀(挖空)，且頂部面積大於底部，使採光清亮，主體往外延伸水流式的三層迴廊，綠色貼磚立面帶來和主體不同的氣氛；每天廣場前的律動音樂性運河噴水更是精彩。

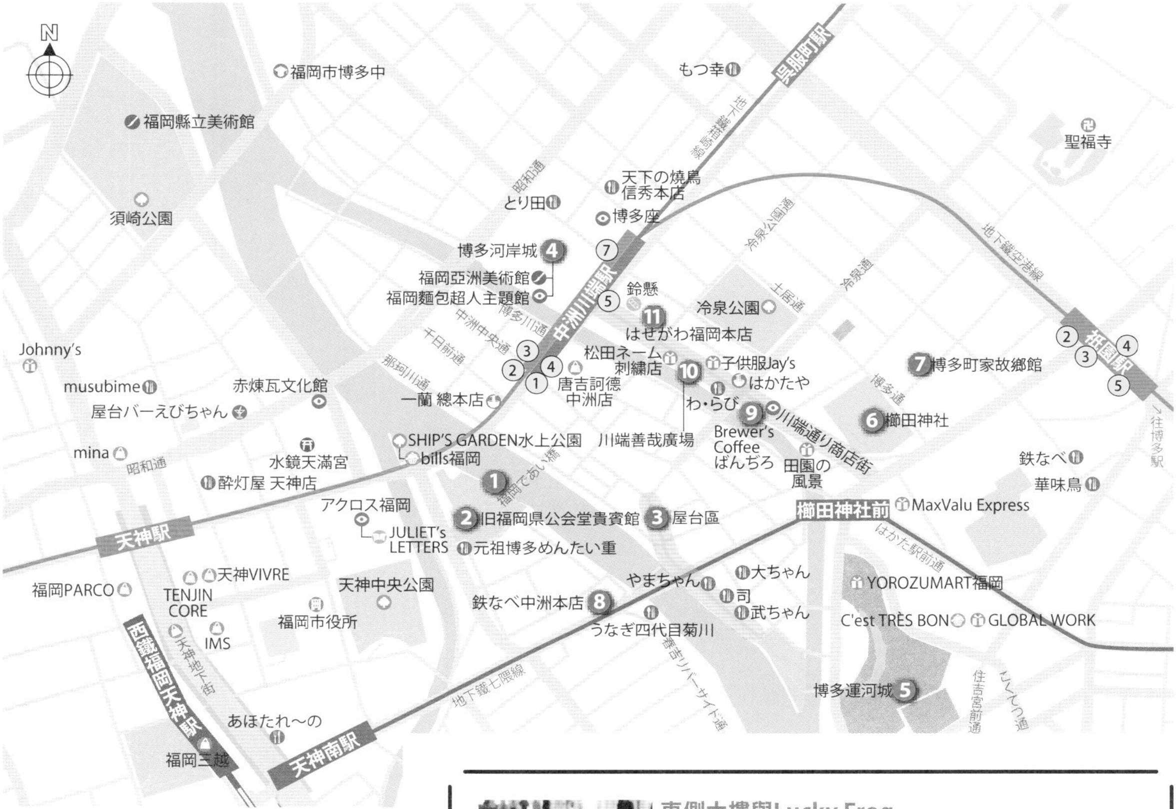

N
福岡市博多中
福岡縣立美術館
須崎公園
Johnny's
musubime
屋台バーえびちゃん
赤煉瓦文化館
mina
昭和通
水鏡天滿宮
酔灯屋 天神店
アクロス福岡
JULIET's LETTERS
元祖博多めんたい重
天神駅
福岡PARCO
天神VIVRE
TENJIN CORE
IMS
天神中央公園
福岡市役所
西鐵福岡天神駅
天神地下街
あほたれ〜の
福岡三越
天神南駅
地下鐵七隈線
もつ幸
吳服町駅
大博通
昭和通
天下の焼鳥 信秀本店
とり田
博多座
博多河岸城 4
福岡亞洲美術館
福岡麵包超人主題館
中洲川端駅
鈴懸
冷泉公園
はせがわ福岡本店 11
松田ネーム刺繡店
子供服Jay's
はかたや
唐吉訶德 中洲店
一蘭 總本店
わ・らび
川端善哉廣場 10
Brewer's Coffee ばんぢろ
川端通り商店街 9
田園の風景
SHIP'S GARDEN水上公園
bills福岡
1 福岡であい橋
2 旧福岡県公会堂貴賓館
3 屋台區
櫛田神社前
MaxValu Express
やまちゃん
大ちゃん
司
武ちゃん
鉄なべ中洲本店 8
うなぎ四代目菊川
博多リバーサイド通
YOROZUMART福岡
C'est TRÈS BON
GLOBAL WORK
博多運河城 5
住吉宮前通
はかた駅前通
聖福寺
地下鐵空港線
冷泉公園通
土居通
祇園駅
博多町家故鄉館 7
櫛田神社 6
博多通
鉄なべ
華味鳥
往博多駅

一蘭 博多運河城店

博多運河城North Bldg. B1F 050-3733-4072 10:00~23:00(L.O.22:30) ichiran.com

一蘭的湯頭以連續熬煮數天的豬骨湯為基底，加入包含辣椒在內的三十多種材料，成為秘傳的高湯，略帶辣味的紅湯頭成了最大特色。麵細且有咬勁，據說這可是依據每天氣溫和濕度而有不同比例調配而成。為了傳達拉麵的純粹美味，填妥拉麵喜好單，從濃醇口味、配料到湯頭調味、麵條硬度等都可以選擇。

この一滴が
最高の
喜びです

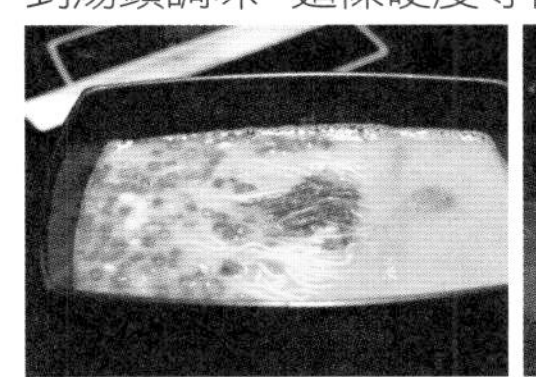

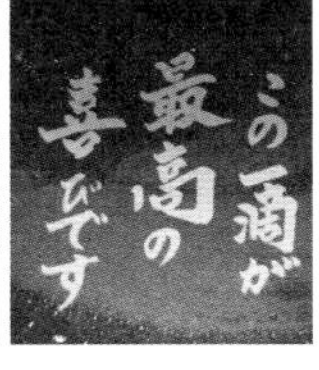

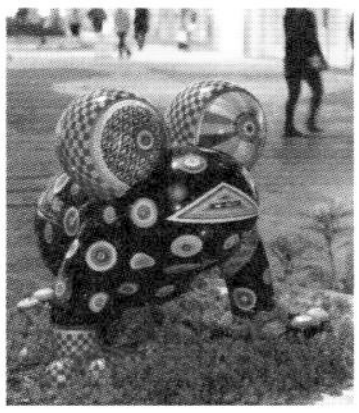

東側大樓與Lucky Frog

從博多車站一路沿著博多站前大道，即可來到博多運河城的大門，同樣也是東側大樓的出入口，東側大樓裡匯聚了海內外知名品牌，而建築部分以「綠」及「癒」為概念，上頭攀滿長綠的藤蔓植物，綠意十足。在東側大樓的前方有台灣藝術家——洪易創作的「Lucky Frog」，逗趣的外型加上趣味十足的線條及圖案，給觀者活潑愉快的感受，也成為特殊的景點。

拉麵競技場

ラーメンスタジアム

ラーメンスタジアム

博多運河城Center Walk 5F 11:00~23:00(L.O.22:30) www.canalcity.co.jp/ra_sta

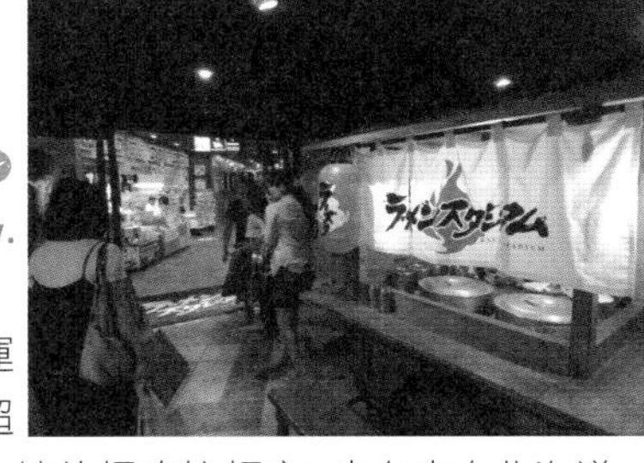

好吃的拉麵大集合，就在博多運河城的拉麵競技場。已經開業超過10年的拉麵競技場不只有博多在地的好吃拉麵店，也有來自北海道、京都、東京等地的人氣拉麵店進駐，人氣持續高漲不墜。有趣的是，到了每天晚餐時間，還可以在店家中點拉麵到中間廣場與大家共享，大家都點不同家的拉麵一同來廣場較競美味吧！

⑥櫛田神社

地鐵七隈線「櫛田神社前駅」徒步2分　福岡市博多区上川端町1-41　092-291-2951　4:00~22:00。博多歴史館10:00~17:00(最後入館16:30)　免費參拜，博多歴史館￥300

櫛田神社整體規模雖不算大，但卻終日人潮不減，已超過1000多年歷史，被視為博多的總鎮守，也是博多人非常重要的信仰中心。神社境內有一株號稱已有千年的老銀杏，為神社的象徵外，知名的博多祇園山笠祭正是在這裡舉行，祇園山笠祭中處處可見的「山笠」，是一種裝飾許多人形的花車，完全不用任何一根釘子組成，上面標示有所裝飾人形的題材和人形師名稱，結合博多人形和博多織等精湛工藝。一般只有祇園祭才會展出的山笠，在此長年展出2台。

博多祇園山笠祭

博多祇園山笠祭源起於鎌倉時代的1241年，祭典期間，除了欣賞山笠花車外，最讓人興奮的莫過於追山笠活動。由26名穿著丁字褲的壯男，抬著重達1噸左右的山笠花車，在博多的街道上拔腿狂奔，過程既刺激又瘋狂，充分展現博多男兒的力與美。

福岡市櫛田神社等處　7/1~7/15，追山笠活動7/15　www.hakatayamakasa.com

⑦博多町家故郷館

博多町家ふるさと館

地下鐵祇園駅徒步5分，JR博多駅徒步15分，搭乘西鐵巴士至「キャナルシティ博多前」站下車徒步3分　福岡市博多区冷泉町6-10(櫛田神社正門鳥居前)　092-281-7761　10:00~18:00(入館至17:30)　第4個週一(遇假日順延)，みやげ処照常營業、12/29~12/31　大人￥200，國中生以下免費　www.hakatamachiya.com

博多人非常珍惜過去的傳統與歷史，在博多町家故郷館，運用了巧妙的聲光效果來介紹博多的生活與文化。從博多城市面貌的傳遞與改變，到博多方言、傳統工藝以及古往今來出身博多的名人等，是一處教育與觀光兼具的小型博物館。館中還有傳統工藝的現場表演，甚至場館本身，也是有計畫移建復原的老屋，並附有販售博多特產的紀念品店。

8 鐵鍋

鉄なべ中洲本店

地下鐵中洲川端駅2號出口徒步6分 福岡市中央区西中洲1-5 092-725-4688 11:30~15:00(L.O.14:30)、17:00~24:00 週二(遇假日則營業) 焼餃子(煎餃)一人份7個￥539 www.tetsunabe.jp

由屋台起家的博多祇園鐵鍋，最出名的料理就是鐵鍋餃子。在厚鐵鍋上放入手工餃子，加點水，蓋上木蓋子悶煎，上桌時連同鐵鍋一起端至客人面前，每顆餃子都保持酥脆口感，讓人顧不得燙便一口接一口。現在的店面就像一間小小的居酒屋，適合三五好友聚在一起小酎一番，邊品嚐正宗的博多餃子，邊享受博多人的熱情，感受周圍也是燒滾滾的氣氛。

10 川端善哉廣場

川端ぜんざい広場

地鐵七隈線「櫛田神社前駅」徒步4分 福岡市博多区上川端町10-254 092-281-6223(上川端商店街振興組合) 11:00~18:00，山笠祭期間(7月1日~14日)每日營業 不定休 ぜんざい(紅豆麻糬湯)￥500 www.hakata.or.jp/shop_list/1451/

從前可是擁有日本第一好吃稱號的紅豆湯，創業於大正初期，由川原家姊弟固守濃厚豆香風味，廣受在地人民喜愛，但是一度於昭和60年吹起熄燈號，為了讓更多人可以品嚐此滋味，透過商店街振興會重新復活，讓具有歷史文化的博多三大名物繼續飄香。另外，前後門串接商店街與河畔，超挑高室內則展示一台祭典用的山笠，一邊吃著紅豆湯還可以一邊欣賞相當具有魄力的山車，即便非祭典時期前來，依舊能體驗在地特色風情。

9 Brewer's Coffee Vandzillo

Brewer's Coffee ばんぢろ

地鐵櫛田神社前駅、中洲川端駅徒步3分 福岡市博多区上川端町4-235，2F 092-981-3335 12:00~21:00(L.O.20:30) 週二 ばんぢろ方式創作ブレンドコーヒー(Vandzillo Blend Coffee)￥550 vandzillo.coffee

Vandzillo(ばんぢろ)原本是一家在昭和24年、為初代店主井野耕八郎在箱崎一帶開業的老咖啡館，專精的咖啡調配與專業手法，深受當時鄰近的大學教授喜愛，甚至後來還曾為昭和天皇、皇后獻上過店內的咖啡。休業之後，歷經19年後再度由其孫子、專業咖啡師將店名再度復活，加上Brewer's Coffee新店名、並將店鋪開設在川端通商店街的2樓。

發散著老派氛圍的店內，讓人有種老咖啡館的歷史感，可以喝到各式咖啡、茶品及依季節更新的自豪甜點外，也復刻了初代店主獻給昭和天皇的咖啡，店內也販售一些手創小物，老派、年輕風格在此交融。

11 長谷川 福岡本店

はせがわ 福岡本店

地下鐵中洲川端駅5號出口徒步1分 福岡市博多区上川端町12-192(はせがわビル) 0120-550-275 10:00~19:00 不定休 www.hasegawa.jp

長谷川其實是大型佛壇專賣店，但坐鎮店門口的「結緣童子」旁設有免費的籤筒，任何人都可以從福運、戀愛、合格三種籤紙中，自行抽取需要祈求保佑、解惑的神籤，有時甚至一日多達500人造訪。大門旁還有一尊「幸福觀音菩薩像」，據説，身上若有不舒服的地方，只要摸摸觀音菩薩相同的部位，就能好轉。乘載眾人祈願的小小童子與商店街上散發祥和光輝的菩薩，意外成為中洲川端特別的代表風景。

百貨大城集結 瘋狂購物

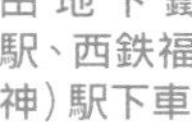

天神 てんじん Tenjin

在日本的各大城市之中，很少有看見這麼樣被百貨密集包圍的地方。天神，一直以來都是福岡流行的代名詞，有地下街、商店街、數十間百貨賣場讓人逛也逛不完。美食也是吃不完，喜歡購物、美食的遊客，來到這裡一定能買得爽快、吃得開心。

ACCESS
由地下鐵天神駅、西鉄福岡（天神）駅下車即抵。

1 大丸 福岡天神店

地下鐵天神駅徒步約5分、天神南駅徒步1分 福岡市中央区天神1-4-1 092-712-8181 10:00~20:00，東館エルガーラ5、6F餐廳11:00~22:00 www.daimaru.co.jp/fukuoka/

大丸百貨分成東館和本館，兩館皆以精品服飾為中心，東館1樓的頂級品牌街和本館6樓的生活雜貨區是消費者最為矚目的區域，除了各式各樣的品牌店鋪之外，東館5、6樓的美食街裡還聚集了包括福岡的壽司老舖高玉、仙台的炭燒牛舌名店東山等，都是與大丸百貨同等品質的一流餐廳。兩館之間的天窗廣場相當有質感，處處充滿歐式優雅的情調，逛累的時候還可以到露天咖啡坐坐，相當愜意。

2 岩田屋 本店

IWATAYA

地下鐵天神駅、西鐵福岡(天神)駅徒步5分 福岡市中央区天神2-5-35 092-721-1111 10:00~20:00 www.i.iwataya-mitsukoshi.co.jp

岩田屋可以說是九州最有流行感的百貨公司，各式頂尖流行品牌Cartier、Hermes、GUCCI等，在此齊聚一堂，不只品牌齊全、賣場也非常的精緻，時尚精品一族在此保證逛得過癮。地下1樓的生鮮超市也很不錯，許多九州特產與博多名物，都可在此買到。新館還擁有許多特殊名店，地下2樓的The Conran Shop是全日本6間分店之一，陳列許多充滿設計感的家具與家飾用品。

3 Mina天神

地下鐵空港線天神駅走路3分 福岡市中央區天神4-3-8 092-713-3711 10:00~20:00 www.mina-tenjin.com

這裡有全九州規模最大的UNIQLO、GU、LoFt、JINS跟Seria。另外像是星巴客、宜得利、ABC MART等也都有分店，喜歡這些日系品牌的人不用猶豫，想要掃貨直接衝這裡，貨色最齊全，還能退稅，保證買得盡興。

4 福岡大名Garden City Park

地下鐵空港線天神駅走路5分 福岡市中央區大名2-6-50 8:30~23:00(各店營時不一) fukuoka-dgc.jp

福岡大名Garden City Park是天神地區天神BIG BANG造鎮計劃的一環。穿過象徵性的入口門，映入眼簾的是一片綠意盎然的花園廣場，周圍環繞著辦公室、酒店、購物中心和社區設施，創造了一個無界限的交流空間。這裡有九州第一間麗思卡爾頓酒店進駐，大樓內商場也有多家美食品牌，平日午後也是人潮滿滿，充滿悠哉的休閒風情。

5 福岡三越

福岡MITSUKOSHI

地下鐵天神駅徒步1分、西鐵福岡(天神)駅出站即達 福岡市中央区天神2-1-1 092-724-3111 10:00~20:00 www.m.iwataya-mitsukoshi.co.jp

福岡三越的2樓直接連結西鐵福岡(天神)駅，3樓則是西鐵天神巴士總站，所以福岡三越不只是購物點，還是交通轉運站，也因此福岡三越從地下樓層開始，幾乎每一層樓都有一間以上的咖啡館、茶屋。1樓是高級進口品及化妝品的樓層Tiffany & Co.等專門店；人氣最旺的樓層是3樓，美國品牌GAP幾乎全系列、男女老少的服飾、配件都能在此找到；頂樓還有三越藝廊，購物順道培養文化氣息。

6 PARCO 福岡

地下鐵空港線天神駅7號出口直達 福岡市中央區天神2-11-1 092-235-7000 10:00~20:30 fukuoka.parco.jp/cn/

PARCO福岡是天神的時尚購物複合設式設施，不只有時尚流行的服飾品牌，由兩棟大樓構成的賣場1至8樓搜羅了設計師品牌、餐飲、雜貨、化妝品等各領域共超過200間店家，並針對不同客群分層分棟，在本館7樓與新館6樓、本館5樓與新館4樓都有連通天橋，讓購物更方便。

7 太陽城

SOLARIA PLAZA

地下鐵天神駅徒步1分、西鐵福岡(天神)駅出站即達 福岡市中央区天神2-2-43 092-733-7777 B2F食品區11:00~22:00，B1~5F時尚樓層11:00~20:00(週末及例假日10:00開始)，6~7F美食街11:00~22:00(假日前晚至22:30) 1/1 www.solariaplaza.com

太陽城是日本商場與車站建築結合的車站百貨，雄踞在天神渡邊通大道上，共有4棟大樓，其中太陽城廣場(SOLARIA PLAZA)的客層訴求明顯，整體感覺很年輕，想找流行到這棟複合多機能的大樓準沒錯。SOLARIA PLAZA的2、3樓和西鐵福岡駅連結，1樓也直通SOLARIA西鐵飯店。3~5樓則有INCUBE雜貨專門店，這是一家綜合DIY小物與精緻雜貨風格的生活用品專賣店。

8 VIORO

地下鐵天神駅徒步5分、西鐵福岡(天神)駅徒步1分 福岡市中央区天神2-10-3 092-771-1001 10:00~20:00 (7F hus11:00~23:00，星巴克8:00~23:00) vioro.jp

VIORO是天神地區最受矚目的新型態購物大樓，包含地下二層共9層樓，全館共有50多家別具風格的商店，完全以成熟女性為主要消費客層。7樓則為餐廳樓層，部分還擁有可眺望夜景的空中庭園，要享受大人的氣氛，來到這裡準沒錯。

9天神地下街

地下鐵天神駅往西鐵福岡(天神)駅的地下通道 福岡市中央区天神2丁目地下1~3 092-711-1903(僅限日語服務) 商店10:00~20:00，餐廳10:00~21:00；依店鋪而異 休依店鋪而異 www.tenchika.com

在天神眾多百貨公司環伺之下，天神地下街也以長590公尺，別具有歐洲風味的石坂道走廊取勝，因位於交通樞紐，商品風格則除了成熟、實用，也有年輕人喜愛的服裝配件，還有特色話題商店進駐，共約200家店聚集。如果想嚐些點心，推薦在咖啡店坐下來休憩一番，望著人來人往的地下街，別有一種體驗福岡的心情。

salut! 福岡天神地下街店

天神地下街東2番街320号 092-732-3107 10:00~20:00 www.palcloset.jp/salut

日本百元雜貨戰場近年來打得火熱，各種品牌競相推出高級感、低單價，極具CP值的產品，而「salut!」正是其中一家平價雜貨風家居用品連鎖店，生活中會使用到的鍋碗瓢盆、餐桌道具到衣櫃等等產品應有盡有，還會因應季節、節慶推出各種飾品、生活雜貨。商品走向偏向小巧可愛，就連強調收納型的櫥櫃也有迷你小巧款，所以來這選購商品不僅能挑雜貨，就算是擺飾櫥櫃也能輕鬆帶回家。

Samantha Thavasa

天神地下街西9番街074号 092-736-8830 10:00~20:00 www.samantha.co.jp

以粉嫩甜美風格又兼具個性著稱的Samantha的包包設計，可說是席捲許多日本年輕女性目光，更是日雜流行版面上的常客，不斷依季節或是與不同品牌聯名推出新設計款的包包，讓人很難選擇。

SM2天神地下街

天神地下街西2番街316号 092-716-6599 10:00~20:00 www.canshop.jp/sm2

SM2是日本的「自然系」品牌，創立於1980年代，推出的服飾大多有著簡單自然的設計，且都以棉麻材質為主。其實這樣舒適的服裝不僅是設計基準，同時也是品牌理念，希望客人能藉由衣著享受自在的生活形態。服飾雖然看來寬鬆，但是剪裁相當俐落，穿來更加顯瘦，從連人氣女星小松菜奈、混血模特Mona都曾為其拍攝宣傳廣告片，就知道它多受到歡迎。

10水鏡天滿宮

地下鐵天神駅12號出口徒步約5分 福岡市中央区天神1-15-14 電話；092-741-8754 7:00~22:00 免費

在眾多辦公住商大樓林立的都市內，有著一處寧靜空間，這裡是祭拜天神的水鏡天滿宮。「天神」指的是主管學問的菅原道真，天滿宮在日本各地皆有分社，多半是採冠上地名方式加以區別，唯有水鏡天滿宮有著別於一般的優雅名稱，相傳是當時被降職到太宰府的菅原道真曾透過河面映照自己的憔悴臉龐，所以才有了水鏡一名。

長浜公園
農のSHOP & CAFE musubime 13
那の津通
卡拉OK SOUND PARK
博多拉麵ShinShin 15
Mina天神 3
11 赤煉瓦文化館
唐吉訶德 中洲店
博多港塔
昭和通
10 水鏡天満宮
那珂川通
醉灯屋 天神店
旧福岡県公会堂
19 屋根裏貘
ACROS福岡
天神駅
16 元祖博多めんたい重
福岡PARCO 6
もつ鍋 楽天地
昭和通
9 天神地下街
福岡市役所
天神中央公園
地下鐵空港線
もつ鍋 おおやま
福岡大名 4 Garden City Park
海鳴
VIORO 8
西鐵福岡天神駅
赤坂駅
舊大名小學校
17 西通布丁
2 岩田屋
太陽城 7
西鐵天神巴士總站
AUX BACCHANALES
1 大丸
起士酵房Parme
天神南駅
Reebok HAKATA
福岡三越 5
やま中 赤坂店
一風堂 大名店
café de sol
12 警固神社
CROSS Life博多天神
H&M
天神西通
18 marbre blanc
14 麵屋兼虎
大名焼肉USHI-BUCHI
KA-KU福岡店
渡邊通
CARBON COFFEE
#FR2 FUKUOKA
大正通
Green Bean To Bar
GOUACHE
Pizzeria da Michele福岡
季離宮
博多だるま
flying tiger 福岡天神ストア
Ify天神福岡

11 赤煉瓦文化館

地下鐵天神駅12號出口徒步7分，西鐵巴士「天神四丁目站」下車　福岡市中央区天神1-15-30　092-722-4666　9:00~22:00　週一(遇假日順延翌日休)、年末年始(12/28~1/4)　免費

昭和通轉角上，佇立著一幢優雅的紅磚建築。這棟英國式的建築是由辰野金吾以及片岡安兩位大師設計，建築旁的小塔樓、銅葺屋頂以及紅磚瓦牆上綴著花崗岩的飾帶，都是19世紀末英國建築樣式的應用。明治42年(1909年)落成後，赤煉瓦文化館的作用幾經更迭，近年更在1樓開設了福岡市文學館。

12 警固神社

地下鐵天神駅2號出口徒步約3分　福岡市中央区天神2-2-20　092-771-8551　自由參拜　免費　kegojinja.or.jp

據說這一帶在平安時代設置有鴻臚館警固所，簡單來說就是守護外交設施的警衛單位，所以才會將此地命名為「警固」。神社內主要祭祀警固大神，也就是神直日神、大直日神、八十禍津日神三位神祇，都是消災解厄之神，因此不論是工作、家庭等煩憂據說都可以幫忙解決，深受在地人愛戴，就位於交通便利的天神市中心，可以順道來此參拜祈福。

13 農のSHOP & CAFE musubime

地下鐵天神駅徒歩7分 福岡市中央区天神4-5-23 092-714-3910 9:00~16:00 休週六、日、假日 便當￥600 zennoh-fukuren.jp/musubime/

由JA全農ふくれん(全國農業協同組合)直營的米飯咖啡廳，店中販賣各式當地農產品。其實福岡縣從繩文時代開始就出產稻米，是少數西日本可生產之處，而此店百分之百使用福岡縣產白米、大豆、肉類、蔬菜，推出各式美味餐飲，特色是當季水果打的限量果昔，還有選用在地食材，精心搭配製作每日不同的新鮮便當，營養均衡，外出旅遊也要吃得健康喔。

14 麵屋兼虎 天神本店

地下鐵天神南駅西12C出口徒步2分 福岡市中央區渡辺通4-9-18(福酒ビル1F) 092-726-6700 10:00~22:00 濃厚つけ麺（沾麵）￥1,150，辛辛つけ麺（辣沾麵）￥1,200 www.kanetora.co.jp

麵屋兼虎以「豪快且粗獷的男子氣概」為理念，招牌沾麵的湯頭經過特別改良，豚骨為主，配上雞骨、香味蔬菜和魚介類，經過約7小時的細火慢煮才完成了獨特的湯頭。麵條採用特製的粗麵，與加入大量魚粉、濃厚的湯頭完美搭配，口感Q彈有勁，從第一口開始就能感受到濃郁的風味。推薦吃完麵後，將鰹魚高湯加入沾汁裡進行「湯割」，享受另一種湯頭風味。

農のSHOP & CAFE musubime 13
長浜公園
往博多港塔
那の津通
卡拉OK SOUND PARK
Mina天神 3
11 赤煉瓦文化館
唐吉訶德 中洲店
博多拉麵ShinShin 15
昭和通
10 水鏡天滿宮
那珂川通
醉灯屋 天神店
旧福岡県公会堂
19 屋根裏貘
ACROS福岡
天神駅
16 元祖博多めんたい重
もつ鍋 楽天地
福岡PARCO 6
9 天神地下街
福岡市役所
天神中央公園
昭和通
地下鐵空港線
もつ鍋 おおやま
福岡大名 Garden City Park 4
海鳴
VIORO 8
西鐵福岡天神駅
赤坂駅
舊大名小學校
17 西通布丁
2 岩田屋
太陽城 7
西鐵天神巴士總站
AUX BACCHANALES
1 大丸
天神南駅
起士酵房Parme
福岡三越 5
Reebok HAKATA
一風堂 大名店
café de sol
やま中 赤坂店
12 警固神社
CROSS Life博多天神
H&M
天神西通
18 marbre blanc
14 麵屋兼虎
大名焼肉USHI-BUCHI
KA-KU福岡店
#FR2 FUKUOKA
渡邊通
CARBON COFFEE
大正通
Green Bean To Bar
N
Pizzeria da Michele福岡
GOUACHE
季離宮
博多だるま
flying tiger 福岡天神ストア
Ify天神福岡

⑮博多拉麵ShinShin天神本店

博多らーめんShinShin

地下鐵天神駅昭和通出口徒步5分 福岡市中央区天神3-2-19 092-732-4006 11:00~翌日3:00，週日11:00~24:00 週三 博多ShinShin拉麵￥820 www.hakata-shinshin.com

在拉麵競爭激烈的九州，博多拉麵ShinShin從路邊屋台發跡到名譽福岡的拉麵店，靠的就是招牌豚骨拉麵。以傳統博多拉麵為基底，由湯頭達人長年的經驗結合老闆在屋台鍛鍊的味覺，用國產豚骨、佐賀縣有田雞雞骨和九州蔬菜熬製出的ShinShin湯頭，與纖細又不失口感的細麵達到絕佳平衡，嚐起來甘醇鮮甜，讓人想要一口飲盡，搭配專用醬汁或是辣醬又是另一股不同的風味。

⑰西通布丁 西通店

地下鐵天神駅2號出口徒步4分 福岡市中央区大名2-1-59 092-406-0034 11:00~22:00，週五、六、假日前一天至23:00 不定休 ポシェ(pocher)￥297，八女茶プリン(八女茶布丁)￥346，あまおうプリン(甘王草莓布丁)￥367 www.nishi-puri.com

西通布丁的布丁，食材嚴選九州在地的牛奶、雞蛋、生奶油，不惜時間成本，堅持手工製作的傳統蒸布丁，在過程中會分離成兩層，上層濃厚下層柔軟清爽，一口口都是令人懷念的滋味。除了卡士達原味布丁「pocher」外，還有福岡縣產的八女茶與九州名牌「甘王草莓」(あまおう)，都是只有福岡才嚐得到的布丁滋味。當然，不同季節還會推出搭配時令的限定季節口味，店家大方提供各種口味試吃，選擇口味也是一種幸福的煩惱。

⑱marbre blanc紺屋町通り店

地下鐵天神駅2號出口徒步10分 福岡市中央区大名1-11-29 092-716-3668 12:00~24:00 www.marbreblanc.com

marbre blanc是福岡創業超過20年的知名可麗餅店。位於大名的小巧店舖，由兩層樓的民家改建而成。潔白的牆面、小巧溫馨的外帶窗口和2樓垂落綠意的大片窗戶，marbre blanc的外觀就像童話繪本裡的小屋，屋內則是以古董家具和雜貨妝點成的寧靜空間。這裡的可麗餅分為甜點、鹹食與奶油系列，滿足味蕾各種時段的需求。滿載奶油的獨門餅皮經過細心燒烤，呈現出的大理石紋路成了店家特徵，也是店名的由來。

⑯元祖博多明太重

元祖博多めんたい重

地下鐵天神駅16號出口徒步8分 福岡市中央区西中洲6-15 092-725-7220 7:00~22:30(L.O.22:00) 元祖博多めんたい重￥1,680 www.mentaiju.com

外觀像個巨大木盒的元祖博多明太重，是福岡第一家提供各式明太子料理的專門店。招牌料理「元祖博多めんたい重」在晶瑩剔透的白飯上鋪上滿滿的海苔，飽滿的明太子昆布捲是獨門配方手工製作，用最簡單的搭配品嚐明太子的純粹美味；另一道「めんたい煮こみつけ麺」的沾麵醬汁，毫不手軟地以明太子和10種以上的蔬菜調和而成。

⑲屋根裏貘

地下鐵天神駅徒步7分 福岡市中央區天神3-4-14 092-781-7597 咖啡11:00~22:00，藝廊11:00~20:00 不定休 咖啡￥400起 artspacebaku.net

位於親不孝通上的一家低調小店，入口是一塊簡單的招牌，店舖就藏在狹窄樓梯的二樓。走上樓梯，左邊是畫廊，右邊則是咖啡店的入口。店內的照明昏暗，與其說是屋頂閣樓，不如說更像是大航海時代的帆船船艙，甚至還擺放了大木製寶箱，搭配流洩的懷舊音樂，讓人感受這裡的特殊氛圍。這裡不禁菸，所以席間有不少抽菸的人，討厭菸味的人要注意。

低調優雅 美好生活的藍圖

04

藥院

やくいん Yakuin

稍稍遠離熱鬧的天神，藥院一帶已然是福岡新興的風格街區。這裡過去是外國船隻運送草藥、種植藥草園，以及朝廷設立平民救濟單位「施藥院」的地點；今日巷弄裡則聚集了許多別具一格的雜貨、獨立小店與咖啡館，等待與訪客最悸動的相遇。

ACCESS
由地下鐵藥院駅、藥院大通駅，或西鐵藥院駅下車即抵。

1 麵包屋Mutsuka堂

パン屋むつか堂

地下鐵藥院大通駅徒步5分 福岡市中央区薬院2-15-2(ルミエール薬院1F) 092-726-6079 10:00~20:00(售完為止) 休週日 角型食パン(方形吐司)1斤￥432、湯種食パン(湯種吐司)1條￥756 mutsukado.jp

在藥院六角的交叉口上，一家開著大面流線型玻璃窗，讓人能一眼看見店員料理剛出爐吐司模樣的麵包店，攫取了過往行人的目光。「麵包屋Mutsuka堂」的招牌主打，就是由三位資深麵包職人反覆嘗試、研究烘焙出來的美味吐司，質地柔軟細緻，彈性的口感略帶微微的香甜。比一般吐司再小一號的迷你吐司，搭配季節食材推出橘子、核桃、柚子等限定口味。

2 B・B・B POTTERS

ビースリー ポッターズ

地下鐵藥院駅徒步5分 福岡市中央区薬院1-8-8，1、2F 092-739-2080 商店11:00~19:00，CAFÉ POTTERS 11:00~19:00 休不定休 www.bbbpotters.com

在藥院淨水通悠閒散步時，絕對不能錯過的就是可以用划算價格購入生活器具的「B・B・B POTTERS」。店內商品設計即便極簡，卻是細微地考量所有使用機能，設計師初衷認為每天都必須使用的生活道具就應該帶有自我品味，像是廚房雜貨、餐桌器具、花圃配件等等與生活息息相關的產品在此極具個性，開業至今已近30年，深受在地人喜愛，若是想要替自己添購一件居家商品的話，一定要來此逛逛。

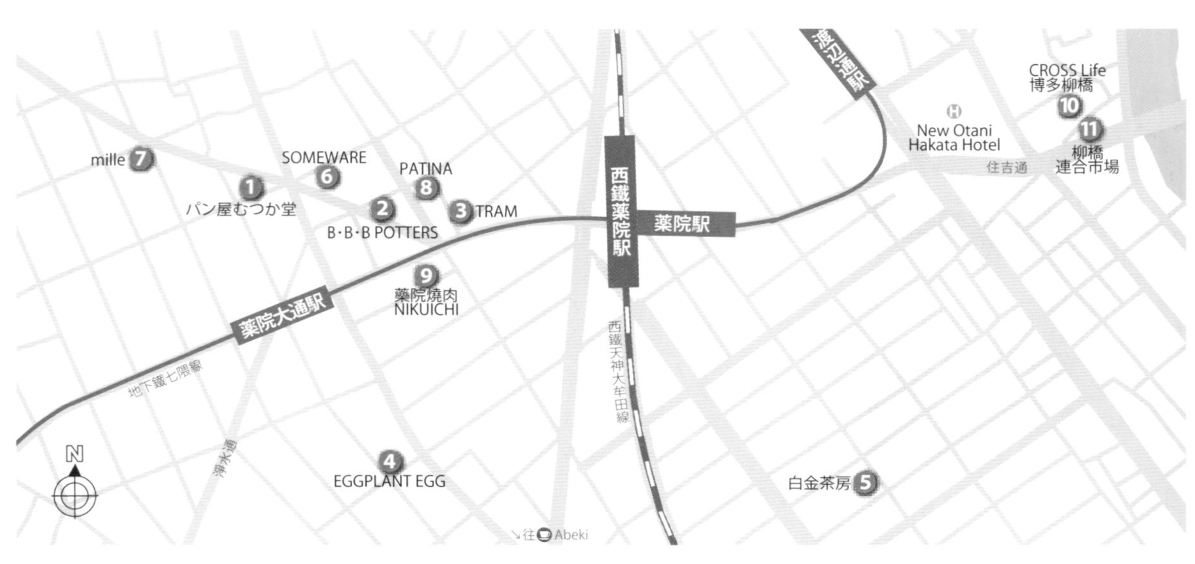

3 TRAM

地下鐵藥院大通駅徒步6分，百田大廈2F 福岡市中央区藥院1-6-16(百田ビル202) 092-713-0630 12:00~19:00 休週三、四 tram2002.com

日本雜貨界一向風靡北歐設計，TRAM便是店主親自前往北歐當地蒐羅適合日本家居生活的選物店。從食器、家具擺飾到廚房用品、布料、服飾，都是設計簡潔卻感受得到素材溫度的實用道具。店內的陳列自然不造作，充滿生活感，完美將北歐風格融入日式獨有情調中。在TRAM隨興走走逛逛，會在不經意的角落裡拾獲家居布置的靈感與更多想像。

4 EGGPLANT EGG

地下鐵藥院大通駅徒步5分 福岡市中央区藥院4-2-13(メゾン藥院201) 092-526-0755 11:00~19:00 休週日、例假日 eggplant-egg.com

老闆因為一場旅行而邂逅了北歐之美，進而從事相關雜貨引進產業，隱身在巷弄2樓的小店，以北歐中世紀約1950~1970年代的北歐商品為中心，不定期引進新商品，不論是裝置盤具、杯組，還是掛飾，各個色彩豐富、雕工特別，加上可愛度爆表，瞬間將人帶入那美麗、夢幻的童話國度。老闆相當健談，若是有任何旅遊相關問題、資訊分享，也很適合聊上兩三句，說不定會碰撞出不同的火花。

5 白金茶房

西鐵藥院駅徒步7分、西鐵巴士至「高砂」站下車徒步5分 福岡市中央区白金1-11-7 092-534-2200 8:00~17:30(L.O.16:30)、週末、假日8:00~18:30(L.O.17:30)、早餐8:00~10:00(週末及假日) クラシックモーニング(經典早餐)￥1,250 s-sabo.com

早午餐套餐裡來自佐賀縣完全無農藥的水耕蔬菜沙拉清甜美味；經典鬆餅色澤金黃無瑕，口感綿密紮實，麵粉採用古老石臼製法，就是想盡可能保留小麥完整的風味與香氣；店內特調咖啡豆出自世界盃烘豆大賽冠軍後藤直紀之手，搭以九州自古的雲仙山名水，滴出白金茶房引以為豪的滿月咖啡。白金茶房由外至內徹底貫徹了回歸簡單，專注細節的精神，讓人一踏入這個寧靜優雅的空間，就賴著再也不想出去。

6 SOMEWARE

地下鐵藥院大通駅徒步6分 福岡市中央区薬院1-12-19(薬院第2-103) 092-713-4565 12:00~17:00 休週三 www.facebook.com/someware.theshop

走進選物店SOMEWARE裡，宛如欣賞一場展覽，主題是「各式各樣的生活樣貌」，展示各種生活風格雜貨。這裡每一樣來自日本國內外的食器、書籍、文具、飾品，都感受得到創作者的溫度。系島醬油廠手工釀造的天然醬油、無農藥栽培的熊本水俣紅茶，都是職人用心提煉的在地好滋味。

7 mille

ミル

地下鐵藥院大通駅徒步8分 福岡市中央区薬院2-13-24 092-717-7347 11:00~20:00 mille-jp.com

貼著標色磁磚的mille，是間以復古風雜貨為中心，包含了食器、衣物飾品、文具、嬰兒用品的選物店。儘管經手品項繁多，mille卻絲毫不顯紊亂，依商品類別巧妙陳列，不著痕跡地為店內空間分區，逛起來十分自由舒適。不只有可愛的小物，mille也有許多實用的器具，不論是想妝點日常生活空間，亦或想挑份精緻的小禮物，都可以在這裡找到好靈感。

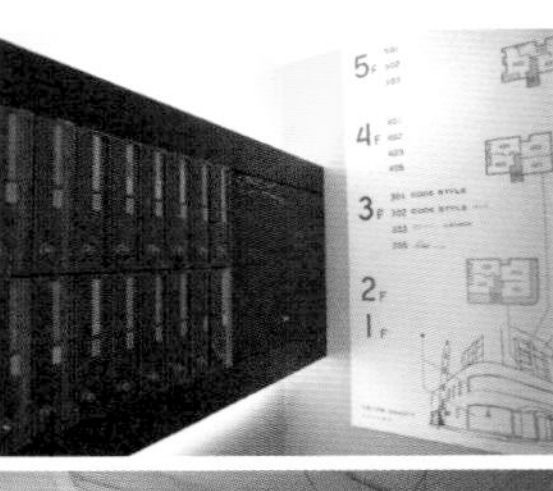

8 PATINA

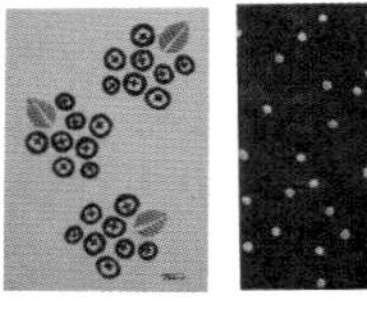

地下鐵藥院大通駅徒步6分 福岡市中央区薬院 1-7-12 cercle yakuin 4F 092-791-9672 13:00~17:00 休週三、四、日 patina-fk.com

PATINA所在的セルクル薬院就像間普通的公寓，沿著樓梯攀爬，走進402號門，就像走進漫畫《NANA》裡的707號室一樣，只是這裡沒有樂團主唱與夢幻少女，而是蒐羅了日本國內外簡單卻富有存在感的日常器具與雜貨，搭配店主散發品味卻不失溫度的布置，令屋內每一個角落都精彩。PATINA是拉丁語「經年變化」的意思，希望這些用越久越能散發獨自韻味的美好器物，能讓未來的主人懷抱想長長久久使用的溫柔心情。

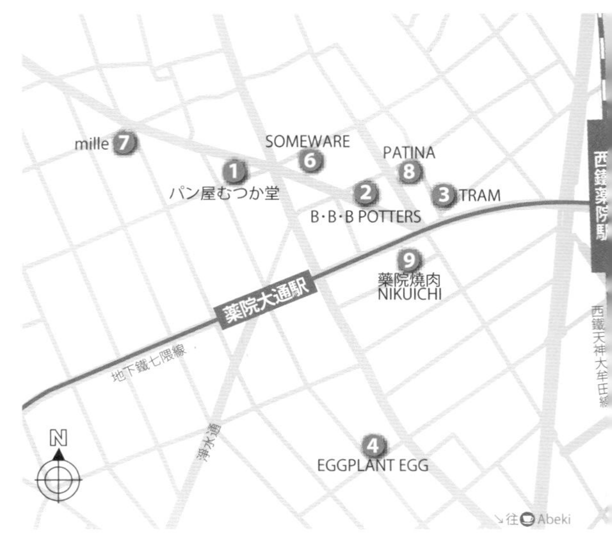

9 藥院燒肉

藥院駅徒步5分鐘 福岡市中央區藥院3-16-34 092-522-4129 16:00～24:00 特選7種盛り合わせ(特選7種拼盤) ¥4,378

以提供黑毛和牛為主打的店內，每日由職人精挑來自博多、佐賀、宮崎、鹿兒島等地的黑毛和牛，並依不同部位來決定肉的大小與厚度裁切，講究細緻 美味的展現，可説是店內職人們自信與專業的展現，為了引出烤肉最佳風味，以蒜、薑、芝麻油、九州醬油 為基礎，調配出美味的沾醬，各式美味的總和，難怪店內總是人潮滿滿。推薦必點經典菜單「特選7種拼盤」，裏頭以當日進貨的最高級黑毛和牛的7種部位做成拼盤，當然除了牛肉，也提供豬肉、雞肉等選項，以及 「盛 岡 冷麵 、「石鍋拌飯」等特色料理。

10 CROSS Life 博多柳橋

地下鉄「渡辺通駅」徒步4分 福岡市中央区春吉1-6-5 092-733-3900 Check in 15:00、CheckOut 11:00 雙人房每人約¥8,400起

就位在地下鐵「渡辺通駅」鄰近、柳橋聯合市場旁，在這樣一個交通便利又與博多廚房之稱的市場串連，現代傳統交融，也成了飯店的整體呈現的設計概念。具有超挑高的大廳公共空間中，為一入門的住客帶來舒適放鬆感，而大廳裡還會不時傳來咖啡飄香；在飯店2樓還有一處寬闊的共享交流空間「360° Hub」，不論是製定旅行計畫、讀書等，是一個能夠以自己的 風格自由使用的場所。

11 柳橋連合市場

地下鐵渡辺通駅2號出口徒步約5分 福岡市中央区春吉1-5-1 092-761-5717 9:00~17:00 休 週日

走訪市場最能感受當地人的生活了！最受福岡市民喜愛的就是位在天神附近的柳橋連合市場，雖然市場內少有販售熟食，但是近年來也可以開始看見觀光客湧入，其中最熱賣的商品就是博多名物「明太子」，相較於一般物產店，不僅價格實惠還保證絕對新鮮，而且仔細選購下還會發現一般商場沒有的品項唷！此外，一早也能到吉田鮮魚店經營的食堂享受美味海鮮丼，不僅有新鮮海產，還能吃到炸物，能夠飽餐一頓。

港都脈動 熱情魅力大躍進

博多灣區

はかたベイエリア Hakata Bay Area

博多灣區範圍廣大，看那筆直的人工沙灘與亮麗的海上購物中心碼頭，讓人感受福岡海港的熱情魅力。

ACCESS
由地下鐵唐人町駅、地下鐵西新駅下車後，徒步約20分；或從JR博多駅、博多巴士總站搭乘巴士前往各景點。

1 福岡塔

Fukuoka Tower

地下鐵西新駅1號出口徒步約20分，7號出口可搭乘西鐵巴士約10分 福岡市早良区百道浜2-3-26 092-823-0234 9:30~22:00(入館至21:30) 休 6月最後週的週一、二 $ 福岡塔展望台大人¥800、國中小學生¥500、4歲以上¥200 www.fukuokatower.co.jp

福岡市為慶祝建市100週年，於1989年建造了福岡塔。高234公尺的塔身共由八千多塊鏡面組成，白天時鏡裡倒映著藍天白雲，晚上燦爛變化的燈光秀則讓人目眩神迷，至今已吸引超過千萬遊客來此一睹風采。搭乘電梯在70秒內上升到123公尺高的展望台，360度的觀景窗可以鳥瞰福岡全景與PayPay巨蛋，遠方還可見飛機起降的光景。

百道海濱公園

福岡塔前即是 福岡市早良区百道浜 自由參觀

福岡塔靠海一側是百道海濱公園，這處人工沙灘是福岡人假日玩水的好去處，在這裡不僅能將福岡塔完全入鏡，長達2.5公里的人工海濱上，還有一座作為婚禮場地的海邊教堂，浪漫氣氛滿點。

2 福岡市博物館

地下鐵西新駅1號出口徒步15分 福岡市早良区百道浜3-1-1 092-845-5011 9:30~17:30(入館至17:00) 週一(遇例假日順延翌日休)、年末年始(12/28~1/4) 常設展大人¥200、高中大學生¥150 museum.city.fukuoka.jp；hakata-dentou-kougeikan.jp(博多傳統工藝館)

地理位置關係，福岡自古與中國、朝鮮半島交流十分頻繁，博物館從各種角度介紹福岡的歷史與民俗，其中重點包括「漢委奴國王印」。常設展詳細介紹奴國時代的福岡直到近代，配合各種出土文物，讓人對福岡歷史有更多了解。2樓則是博多傳統工藝館，展示代表福岡市的傳統工藝品，常設展以博多織、博多人形為主要展示，還可以看到鎮館之寶「福の神」，並依季節舉辦不同特展。

值得順遊

海之中道海濱公園
うみのなかみちかいひんこうえん

JR香椎線海ノ中道駅出站徒步即可達入口 福岡市東区大字西戸崎18-25 092-603-1111 9:30~17:30(入園至16:30)，11~2月至17:00(入園至16:00)，泳池(夏季開放)9:00~18:00 年末年始(12/31、1/1)、2月第1個週一及翌日 15歲以上¥450，國中生以下免費，65歲以上¥210；租借自行車(3小時)15歲以上¥600、國中生以下¥400 uminaka-park.jp

海之中道海濱公園是日本國營的公園，園區占地廣達260公頃，園內不僅有大片草地，還有可以親近可愛動物的動物之森、讓小朋友盡情玩耍消耗體力的遊戲區裡還有長長的溜滑梯可以玩耍，運動區更有適合小朋友挑戰體能的各式設施，就連福岡海洋公園也在園區範圍內，還會有波斯菊節、玫瑰節、野餐等與季節相應的豐富活動，難怪會成為福岡人的郊遊勝地。園區十分廣大，除了利用遊園車以外，建議可以租借自行車，才有充裕的時間好好遊玩。

博多港塔
博多ポートタワー

地下鐵呉福町駅徒步約20分 福岡市博多區築港本町14-1 博多港塔092-291-0573；博多港海濱博物館092-282-5811 10:00~17:00(入場至16:40) 週三(遇假日順延翌日休) 免費 www.city.fukuoka.lg.jp/kowan/hakata-port/

博多港高度僅100公尺，雖然顯得有點迷你，但這座紅色燈塔可是已守護博多港長達半世紀，是博多港灣邊的精神象徵。來訪者不僅可以從位於高度70公尺的展望室眺望港灣風景，還能在博多港塔1樓的博多港海濱博物館內欣賞貨運港口的相關資訊。一般平面展覽區外，還規劃有互動性極高的遊戲區，可以讓遊客操作解說博多港功能的螢幕及模型，十分清楚易懂。

3 福岡巨蛋

みずほPayPayドーム福岡

地下鐵唐人町駅3號出口徒步約15分；或從JR博多駅搭乘開往福岡タワー(福岡塔)的西鐵巴士，約20分可至「PayPayドーム(PayPay巨蛋前)」，或在「九州医療センター」、「ヒルトン福岡シーホーク」站下車徒步即達 福岡市中央区地行浜2-2-2 092-844-1189 www.softbankhawks.co.jp/stadium/

1993年4月開幕的福岡巨蛋，以古羅馬競技場為概念，是日本首座開放式圓頂型多用途球場，關開自如的屋頂可視天候與活動需要，調整開啟角度與面積。2005年球團經營權變更，球隊改為福岡軟銀鷹隊(福岡SoftBank HAWKS)，巨蛋也跟著數度改名，2020年起改由軟銀電子支付公司PayPay冠名，更名為福岡PayPay巨蛋，2024年，再更名為MIZUHO PayPay巨蛋。福岡巨蛋是日本「五大巨蛋」之一，沒有球賽時，也常作為演唱會場地使用。

福岡軟銀鷹隊

福岡軟銀鷹隊為日本12支職棒球隊之一，也是九州唯一的職棒隊伍。福岡軟銀鷹隊有著特殊的加油方式，當7局下半鷹隊進攻前，全場球迷會一同將吹好的黃色氣球放飛於空中，最終勝球時則會放出白色氣球，有趣的畫面讓人印象深刻，來到福岡，不妨安排觀賽行程感受一下現場的張力。台灣出身的李杜軒、陽耀勳、蕭一傑都曾為福岡軟銀效力，過去王貞治亦曾擔任鷹隊總教練，他的球衣背號(89號)不僅成為「永久欠番」(隊伍永不再使用此背號)，球隊還建造王貞治棒球館，收集王貞治相關展品，以感謝他的貢獻。

4 福岡海鷹希爾頓飯店

Hilton Fukuoka Sea Hawk

地下鐵唐人町駅或西新駅徒步約20分；週末例假日在唐人町駅有免費飯店接駁車(10:30~18:30)，每30分鐘一班次往返。搭乘市區巴士請參考PayPay巨蛋 福岡市中央区地行浜2-2-3 092-844-8111 附早餐，雙人房約￥16,673起 www.hiltonfukuokaseahawk.jp

緊鄰PayPay巨蛋、俯瞰博多灣的福岡海鷹希爾頓飯店，簡潔俐落的外型相當搶眼，內部設計豪華舒適，且每間客房都能觀賞到海景。雖然飯店距離福岡市中心較遠，卻以同時擁有購物與美食各種設施吸引著觀光客。多家風味各異的餐廳中，最熱門的就是大廳旁充滿著南國風的Seala，灑滿陽光的挑高空間，乍看之下頗似超大型溫室，熱帶森林的設計彷彿都市中的綠洲，在此品嚐早餐或下午茶時，可眺望海景。

⑤BOSS E·ZO FUKUOKA

同福岡巨蛋 福岡市中央区地行浜2-2-6 092-400-0515 11:00~22:00，各設施營時不一 免費進入，各收費設施價格請見官網 e-zofukuoka.com

緊鄰著福岡巨蛋旁，在2020年蓋了一棟新大型商場，這裡是以娛樂、美食為主的新設施，像是世界大受歡迎的teamLab常設展福岡站，就在這裡，更有軟銀鷹隊靈魂人物、備受尊崇的王貞治其專屬棒球博物館。由於是軟銀所投資建蓋營運，因此設施內球迷都愛的MLB café當然一定要有阿。整棟大樓的精采度還不止於此，他也是一棟包藏各式精采遊樂設施的大樓，像是從8F(頂樓)環繞大樓延伸向下的金屬大管子，可是一個讓人驚叫連連的高樓滑梯，頂樓更有高空滑行器、攀岩設施，其他樓層也設有虛擬體驗遊戲區、三麗鷗夢想Park、美食街、吉田搞笑劇場以及1樓的HKT 48劇場等，即使非球季期間前來，一樣讓人玩到不可自拔。

王貞治棒球博物館

王貞治ベースボールミュージアム

BOSS E·ZO FUKUOKA-4F 11:00~20:00(最後入場19:30) 大人¥1,800、國小~國中生¥900 售票處在3F，有中文介面售票機

即使不是棒球迷，都很推薦你一定要進來這座獨特的體驗型博物館，不論男生、女生、大人、小孩，一定都會喜歡。因為這裡不僅是一座展示王貞治畢生風貌的博物館，也把棒球選手養成必備的各式訓練變成有趣的好玩體驗，因此整個博物館也分成兩大部分，一邊是靜態展示區，精彩的展區互動設計外，更有許多王貞治私人捐出的展品。而另一半則全部都是體驗區，你可以實際感受一下捕手面對時速140km的直球迎面而來的驚人感受，也可試試你的投球帶有多準確、或是讓機器幫你測測你的球速、臂力、眼球反應速度，當然擊球、跑壘速度都有體驗區，超過20種體驗，讓人玩到欲罷不能。

teamLab Forest Fukuoka - SBI SECURITIES Co., Ltd.

BOSS E·ZO FUKUOKA-5F 11:00~20:00、週末例假日10:00~20:00。(最後入場19:30) 16歲以上¥2,400~2,700、15歲以下1,000~1,200，3歲以下免費(票價依淡旺日不同) www.teamlab.art/jp/e/forest/ 售票處在3F，有中文介面售票機

福岡也能欣賞到夢幻又好拍、好看的teamLab展出，而且是長年可以看到的常設展。整個5樓的展區內，分為兩大作品主題、9大作品展間，夢幻又互動性極高的光影畫面，宛如一個個活著的作品，依著你的動作，他也不斷進化、幻變中。

城市綠意 休閒文化新興時尚聚集地

06

大濠公園

おおほりこうえん Ohori Park

大濠公園地區是可盡情品味福岡獨特的歷史、文化、藝術的休憩景點。再走遠一點離開市中心，新開幕的各式咖啡廳、甜點店，郊區自然滿喫的休憩活動也都是福岡人的最愛。

ACCESS
由地下鐵大濠公園駅、唐人町駅皆可抵達。

❶大濠公園

地下鐵大濠公園駅1號出口徒步約7分 福岡市中央区大濠公園1-2 092-741-2004 自由參觀 免費 www.ohorikouen.jp

佔地廣達44公頃的「大濠公園」，是為了整備福岡城外博多灣海灘而開發建造的水景公園，湖面面積約有22公頃，加上是日本國內少有的水景公園，不僅是福岡市民假日散步最佳場所，更是他們心中的驕傲。其實大濠公園是以中國西湖為參考打造，周圍還有約2公里的環湖步道、咖啡店家等，天晴時來訪，倒映藍天白雲，甚是美麗。

Jacques
La Brioche ❹
平和樓
能楽堂
←往地下鐵唐人町站 福岡巨蛋

Curry & Cafe Afterglow

❷舞鶴公園(福岡城跡)

地下鐵大濠公園駅下車徒步約8分 福岡市中央区城内1 092-781-2153 www.midorimachi.jp/maiduru/ 夜櫻點燈期間需另收入園費

舞鶴公園是福岡市內著名的賞櫻名所，每年櫻花季時都會吸引大批民眾前來，3月底到4月初時還會舉辦櫻花祭，販賣各式小吃的屋台也會進駐，好不熱鬧。舞鶴公園裡還有一大看點就是福岡城跡，雖然福岡城的天守閣不見蹤影，但保存下來的石垣、坂道還有御門，都為公園增添了不少情致，櫻花盛開時節若是登上城牆，還可以俯瞰一整片花海，滿滿的櫻花與護城河相映，再襯以遠方的福岡街市，是福岡賞櫻時的名景。

舞鶴城？福岡城？

「舞鶴公園」之名取自「舞鶴城」，而所謂的舞鶴城就是指福岡城。福岡城因為城池的形狀常被比作「在天空飛舞的鳥」，而有了「舞鶴城」的別名，這座古城於慶長6年(1601年)開始興建，耗費七年時間竣工，是江戶時代整個福岡藩的中心，但其實福岡並非當地原有地名，而是藩主黑田長政在建城之時，以家族淵源地備前國福岡庄(現岡山縣瀨戶內市長船町福岡)為城池命名，因而得名。

❸護国神社 蚤の市

地下鐵六本松駅2號出口徒步8分 福岡市中央区六本松1-1-1 護国神社092-741-2555 護国神社9:00~16:00、蚤の市舉辦日詳見網站 g-nominoichi.com；fukuoka-gokoku.jp(護国神社)

護國神社緊鄰大濠公園與福岡城址，這裡是為了祈求國泰民安與和平所建的神社，每年不定期舉辦的跳蚤市場更是亮點。到2024年9月已經舉辦了共計47回，每回都是盛況空前，吸引不少九州人專程來訪。市集中展出的店鋪包含廣受歡迎的古道具、日歐雜貨，大約有近300攤左右，若是喜歡老家具、歐式裝飾品的話，可別錯過前來挖寶。

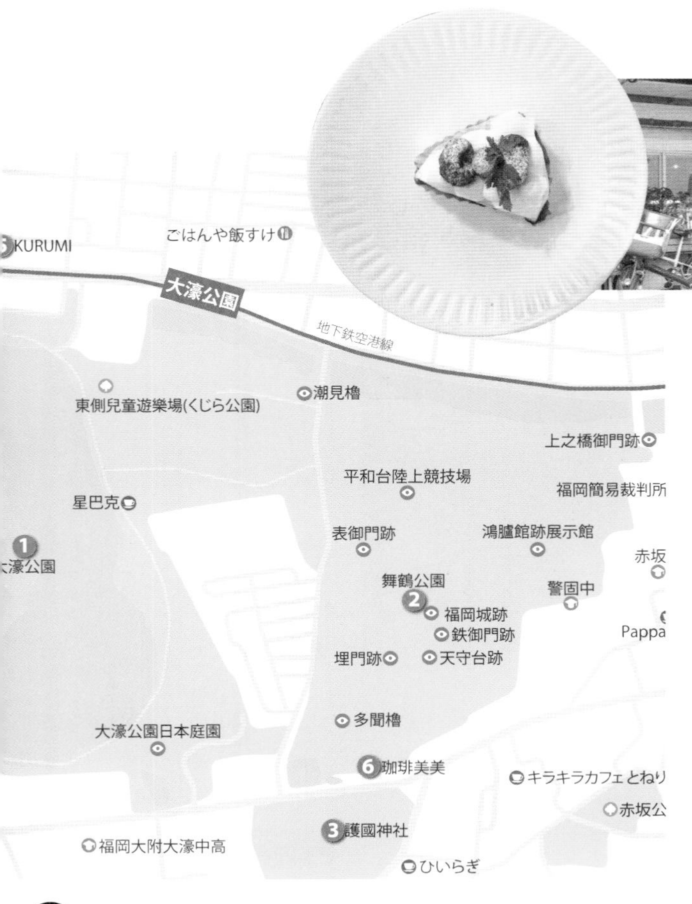

5 KURUMI

地下鐵大濠公園駅1號出口徒步約4分　福岡市中央区荒戸2-1-11　092-724-3362　10:00~19:00　休 週日、第1、3個週一　レーアチーズ(草莓起司蛋糕)￥480

沿著導航尋找店面，來到看來像是位在大路旁，其實卻隱身巷弄裡，老闆說店鋪本是過往的日式長屋，只是隨著都市重整、馬路拓建，才演變成隱身巷弄，無巧不巧地成為都市中寧靜的小角落。店內主要銷售自製糕點，最受歡迎的是蛋糕塔，採用季節蔬果推出不同口味包含草莓、栗子等，甜而不膩，吃一口就停不了。

4 La Brioche大濠本店

地下鐵大濠公園駅2號出口徒步約4分　福岡市中央区荒戸2-1-19　092-751-4628　7:30~19:00　ブリオッシュ食パン(brioche)半條￥190　www.la-brioche.jp

以義大利托斯卡尼的生活風貌為基礎，以接近自然的食材製作料理，像是蔬菜是用堆肥方式栽種、無使用化學物質的無農藥野菜，希望製作出的烘焙品都是能夠讓大家恢復元氣的美味。店內麵包全使用山口縣しんあい農園的元氣雞蛋，不用化學飼料且雞隻充分運動，搭配北海道牛乳、庵美大島的砂糖，以天然酵母為基底，一入口就可以吃到自然的美味。

6 珈琲美美

地下鐵大濠公園駅5號出口徒步約14分　福岡市中央区赤坂 2-6-27　092-713-6024　咖啡豆販售11:00~18:30、咖啡店12:00~17:00　休 週一、第1個週二　淡味咖啡豆100g￥850　cafebimi.com

日本咖啡店何其多，唯獨千萬不能錯過這間，因為店鋪老主人森光宗男是建立福岡咖啡品味形象的精神象徵，許多福岡名店掌門人可都是其徒弟呢！店內採用日本少見的法蘭絨濾布手沖方式沖煮咖啡，想要品嚐咖啡只要選擇Aromatic淡味、Basic中味、Classic濃味、Delicious吟味四種不同風味即可，一邊欣賞著有如行雲流水的沖煮過程，一邊欣賞窗外綠意，品嚐咖啡的愜意與純粹，在此獲得完美體現。

學問之社 梅花紛落遊子身

07 太宰府

だざいふ Dazaifu

遊客們來到太宰府，首要就是參拜供奉著學問之神的太宰府天滿宮，摸摸天滿宮前神牛的頭，以求學業進步。2005年九州國立博物館開幕，讓這裡更是成為人氣不落的觀光名所。

ACCESS

由西鐵福岡(天神)駅或薬院駅搭車於太宰府駅下車即抵。若非直達車，則需在西鐵二日市駅轉乘太宰府線前往。

1 太宰府天滿宮

西鐵太宰府駅徒步5分 太宰府市宰府4-7-1 092-922-8225(9:00~17:00) 6:30~19:00(依季節調整)；寶物殿、菅公歷史館9:00~16:30(入館至16:00) 休寶物殿週一(遇假日照常開館)、換展期間、不定休；菅公歷史館週二、三 境內自由參觀；寶物殿大人¥500、高中大學生¥200、國中小學生¥100；菅公歷史館大人¥200、高中大學生¥150、國中小學生¥100 www.dazaifutenmangu.or.jp 御本殿於令和5年(2023年)，進行124年來首次大整修，預計2026年完成並開放

位於福岡近郊的太宰府天滿宮是以求學識聞名的神社，供奉的是日本「學問之神」菅原道真，是天滿宮的總社，每年有近700萬遊客來此參拜，尤其是莘莘學子，祈求學業順利、金榜題名。

正殿已列為日本的國家指定重要文化財，正殿旁的梅樹，傳說是因仰慕菅原而從京都飛來此地，而有飛梅之稱。此地也是九州賞花名所，每年春天，神社裡6,000多株梅樹同時綻放，花海蔚為奇觀，吸引遊人來此賞花、品嚐名產梅枝餅；夏天還有菖蒲可觀賞，曲水之宴也是一大盛事。

中世の大鳥居

位於參道上的大鳥居以花崗岩製成，為明神型的鳥居，也是一般常見的鳥居造型，笠木下方緊貼著較短的橫梁「島木」，兩個直柱由上往下微微向兩側張開，加上笠木微微上翹的兩側，複雜的造型，本身即有自己的美感。據說這些鳥居建於鎌倉末期，歷史十分久遠。

神牛

菅原道真生於承和12年(845年)乙丑年，加上牛與菅原道真有著諸多因緣，牛因此成了菅原道真的使者，境內也可看到許多牛的銅像與石像。每個人來這裡參拜都要摸摸境內神牛的頭，據說摸摸它的頭再摸自己的頭，就會變聰明哦！難怪神牛的頭都被摸得亮晶晶的！

太鼓橋

太宰府天滿宮內的池水以漢字的「心」字為形所造，因而稱為心字池，池上架著的3座御神橋分別名為太鼓橋、平橋與太鼓橋，代表著過去、現在與未來，行經這幾座橋渡過心字池，身心彷彿也經過了洗滌地沉靜。

御本殿(仮殿)

2023年5月起，御本殿進行124年來首次整修，為2027年即將到來的每25年一次的重要儀式做準備，整修期間也找來2025年關西世博會場地設計建築大師藤本壯介，在御本殿前建蓋了一座臨時拜殿(仮殿)。以飛梅故事為設計靈感，融合周遭自然地景，讓這座現代風格建築拜殿，與百年古蹟和諧共融。

值得順遊

宝満宮竈門神社

從太宰府駅或太宰府後方的宮前站，可以搭乘「まほろば号」巴士，約10~15分鐘，在底站「內山(竈門神社前)」下車，單次票價¥100 太宰府市內山883 092-922-4106 自由參拜 kamadojinja.or.jp

歷經千年以上歷史悠久的竈門神社，位在鄰近天滿宮後方的宝滿山腳下，與古大宰府政廳年代深刻連結的這裡，據稱是據守鬼門的重地，奉祀著神武天皇的母親、玉依姬命，原本以除厄為主，現在也是結緣聖地。主殿並不大，但全體寺境在山坡的位置，被數百株櫻花、楓葉圍繞，季節對了，更是璀璨美麗，也是賞櫻、賞楓勝地，也因遠離太宰府鬧區，寺竟內充滿幽靜又優雅的氛圍。

喫茶yamakujira

從竈門神社前巴士站徒步約3分 太宰府市內山346-1 092-921-3680 11:00~16:00 不定休 布丁¥300

從竈門神社走下來、到村子口的巴士總站前，往右邊的小巷子前行，經過一段布滿藤蔓綠籬的路段後，路底山坡下的獨立小屋，就是喫茶yamakujira。被山丘、田園圍繞的小屋，如果不更靠近確認，根本無法確定是一家咖啡屋，但一推開門進去，一定會被眼前大片立地玻璃外的景致吸引住，水田梯田、山下的城鎮在眼前展開。店內以供應甜點跟咖啡為主，也有部分輕食提供，大家的目標都是邊享受甜點、邊欣賞眼前的療癒風景，而隱藏在山坳裡的的幽靜環境，也讓人能悠哉享受不被打繞的午後。

❷光明禪寺

西鐵太宰府駅徒步5分 太宰府市宰府2-16-1 092-925-1880(太宰府觀光案內所) 9:30~16:30 拜觀料¥500 僅前庭「仏光石庭」(佛光石庭)可拍照攝影，其他區域禁止拍照攝影

順著參道向太宰府天滿宮而行，右轉入天滿宮前方的岔道，就來到了這別有洞天之處。光明禪寺建於文永10年(1273年)，由菅原家出身的鐵牛圓心和尚所建，擁有九州唯一的枯山水庭園，後庭的一滴海庭以白砂為大海、青苔為陸地，前庭則以15顆石塊排列出「光」字，稱為佛光石庭。每到秋天，這裡便成為知名的賞楓景點，充滿日式風味的庭園添上鮮豔的紅黃，白砂上的落葉順著紋路形成陣陣漣漪，充滿著寧靜的氣息。

❸九州國立博物館

西鐵太宰府駅徒步10分 太宰府市石坂4-7-2 050-5542-8600 9:30~17:00(入館至16:30)，週五、六至20:00(入館至19:30) 週一(遇假日順延翌日休) 文化交流展(平常展)大人¥700，大學生¥350，高中生或18歲以下、70歲以上免費(須出示證件)；特別展價格另計。太宰府天滿宮&九州國立博物館共通券¥1,000，可觀賞太宰府天滿宮寶物殿、菅公歷史館、九州國立博物館文化交流展 www.kyuhaku.jp

繼東京、奈良、京都之後，日本第四座國立博物館於2005年在太宰府誕生。其以「捕捉日本文化所形成的亞洲觀點」為概念，除了期許成為日本與亞洲各國文化交流的橋梁之外，也希望成為融入市民的博物館。

由知名建築師菊竹清訓所設計的博物館外觀充滿流線魅力，以融入自然環境的山稜線來設計，完整的大面玻璃也映照出周邊景觀。大廳旁就有一個能夠讓人免費體驗世界各國文化的交流場所，展示中國、韓國、葡萄牙、泰國、印尼、荷蘭等航海國家的傳統雜貨及玩具，會有義工在一旁教導如何使用及遊玩，完全免費，吸引許多學生們在此流連忘返。最重要的常設展以「海之道，亞洲之路」為主軸，挑高7公尺、寬達4,000平方公尺的空間內，依時代區分為五大主題，將亞洲各國與日本的交流歷史完全呈現。

❹星巴克 太宰府天滿宮表參道店

西鐵太宰府駅徒步4分 太宰府市宰府3-2-43 092-919-5690 8:00~20:00 不定休 www.starbucks.co.jp

日本建築大師隈研吾所打造的這間星巴克概念店，充分地表現出隈研吾的「弱建築」風格，弱建築大量運用木材、竹子等天然建材，再結合光線、空氣等自然元素，外觀看似柔弱，其實卻更為堅固，還可讓人感受到建物的溫度與美感。這裡以「藉由自然素材融合傳統與現代」為設計理念，整間店鋪從入口至店內，傳統的木造結構卻以新穎的方式設計組合，讓店內洋溢著木頭的溫暖活潑與咖啡的濃濃香氣。

5 かさの家

西鐵太宰府駅徒步4分 太宰府市宰府2-7-24 092-922-1010 9:00~18:00 梅ヶ枝餅(梅枝餅)5入￥750 www.kasanoya.com

傳說菅原道真被流放到太宰府時飢寒交迫，當時有位老婆婆用梅枝將這烤好的餅插著遞給他，於是普通的烤餅便有了美麗的名字。走一趟太宰府的參道，會發現很多店家都有販賣梅枝餅(梅枝ヶ餅)，如果想坐下來好好品嚐，かさの家是十分適合的選擇，坐在滿是日式風情的室內品嚐剛烤好的梅枝餅，配上抹茶，懷古悠情也悄然湧上心頭。

6 CAFE COCCOLO

西鐵太宰府駅徒步3分 太宰府市宰府3-3-2 092-982-6847 午餐11:00~15:00(L.O)、午茶15:00~16:30(L.O)、晚餐17:00~21:30(L.O.) 週一(遇假日延隔日休)、不定休 季節創作甜點￥750，飲料￥400起 cafecoccolo.com

從天滿宮参道轉進小鳥居小路這條巷子裡，熱鬧度雖不及参道般令人眼花撩亂，但安靜的氛圍，反而讓人充分得到喘息。CAFE COCCOLO就位在一棟獨立於街角、被列為重要景觀建築的古民家裡，推開木造拉門，裡面賣的是優雅又美味的義法料理，除了推薦來用餐外，下午茶時光也不妨特別撥空前來，因為這裡的甜點很不一樣，除了一般常見定番甜點外，最推薦主廚經常更換推出的季節新創作甜點，點了之後，主廚才開始一一精心擺盤製作甚至炙燒，當然美味度也跟盤中美感一樣令人激賞。

7 太宰府参道 天山

西鐵太宰府駅徒步3分 太宰府市宰府2-7-12 092-918-2230 10:00~17:00 不定休 鬼瓦草莓最中¥700 www.dazaifu-tenzan.com

天山的招牌菓子「鬼瓦最中」，獨特的外型取自太宰府政廳遺跡出土的鬼瓦，近年還推出了以店貓MONAKA為造型的貓咪最中，圓滾滾的貓臉十分可愛，草莓季時還會有放了一整顆草莓的期間限定商品。與一般的最中不同，天山最中的主角在於外皮，原料嚴選自佐賀的高級糯米，烤出來的餅皮帶著米的香氣，入口即化，再加上北海道產的紅豆內餡滿滿包覆其中，紅豆細膩的甜味與細緻的口感跟外皮十分搭配。

8 梅ヶ枝餅 やす武本店

西鐵太宰府駅徒步3分 太宰府市宰府 2-7-16(天満宮参道) 092-922-5079 8:30~18:00 休 不定休 梅ヶ枝餅1個¥150、5入¥750 umegaemochi.com

2021年將舊店鋪重新整裝後，找來建築師事務所在這條滿是日式老屋的天滿宮参道上，立地了這一棟既低調、卻又完全吸睛度十足的和洋融合的現代風格店鋪。採現點現烤的美味提供，而且櫃台一旁就能看見師傅烤炙的樣子，十勝紅豆搭配上國產米的餅皮，熱熱的吃，最好吃。店鋪櫃台邊的長廊則是提供立食區，可在優雅店中立即享受美味。

9 遊膳 太宰府店

西鐵太宰府駅徒步3分 太宰府市宰府3-2-38 092-921-1174 9:30~17:30 休 不定休

遊膳是販賣日本各地製造的筷子的專門店，不論是簡單的純色木筷，還是繪上松、梅等圖樣的筷子，又或者是宛如藝術品般綴上充滿和風花紋的版本，將近一千種的樣式令人大開眼界，店家還可以免費為部分筷子刻上名字，只要幾分鐘時間就可以拿到專屬的筷子。店內也有販售筷子套，繡著花樣的布套充滿日式風格，可愛得讓人難以抉擇。

10 toffee

西鐵太宰府駅徒步4分 太宰府市宰府3-2-46 092-922-6148 10:00~17:00 梅ソフト(梅冰淇淋)¥380

toffee是一家雜貨兼冰淇淋店，這裡所販售的冰淇淋種類非常多元，從一般常見的香草、抹茶、草莓等經典口味，到特殊的八丁味噌、芥末通通都有，25種口味之中人氣最高的要屬與太宰府最為應景的「梅」了，濃郁的梅香加上微酸的滋味，再搭配上天滿宮參道的悠然情致，每一口嚐起來都十分滿足。

11 民芸の店 英彦麓

西鐵「太宰府駅」徒步約3分 太宰府市宰府3-2-50 092-923-6569 10:00~18:00 休 不定休

英彦麓的店內販售著全日本各地的民藝品，從鄉土玩具的土鈴、張子人形，到博多曲物(以杉樹或絲柏薄板所製作的容器)等傳統工藝品，甚至是昭和時代的玩具、民藝陶藝，以及年中行事可用到的物品，在這裡都可找到，懷舊的沉靜氛圍讓人忘了時光的流逝，忍不住放慢腳步靜靜地欣賞、挖寶。

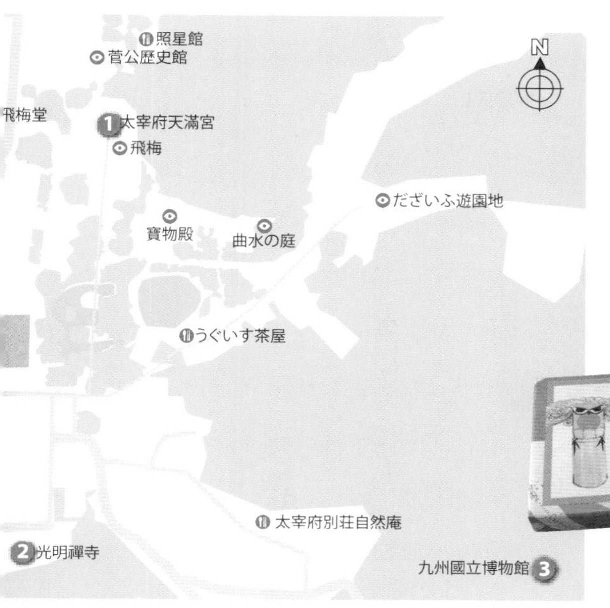

12 珈琲專門店 風見鶏

西鐵太宰府駅徒步2分 太宰府市宰府3-1-23 092-928-8685 10:00~17:30 ブレンドコーヒー(特調咖啡)￥650

咖啡專門店 風見鶏改建自江戶末期的老旅館，內部卻散發濃濃的英國古典風情。不同於店外天滿宮參道上的熱鬧喧嘩，店內穿著大正時期咖啡廳制服的服務生、和洋交融的優雅擺設，讓人彷彿穿越了時空，置身百年前的大正浪漫。典雅的餐具、茶具和桌子間恰到好處的距離，處處可見風見雞對細節的講究與堅持，其中的極致，則展現在那杯法蘭絨濾布的特調手沖咖啡上。

13 梅園菓子処

西鐵太宰府駅徒步2分 太宰府市宰府2-6-16 092-922-4058 10:00~17:00 うその餅(小) 15入￥1,100 www.dazaifu-baien.jp

連松本清張、川端康成都喜愛的菓子，究竟有什麼魅力呢？梅園創業於1946年，長來的經營理念都是以創造只有梅園才有的菓子為主旨，太宰府名物「宝満山」、「うその餅」等都是只有在這間老舖才吃得到的。うその餅入口即化，帶有淡淡的紫蘇清香，很受歡迎。而うそ指的是紅腹灰雀，漢字寫成「鷽」，在天滿宮中可是「天神的使者」，以此鳥為名的菓子中，竟然還藏著小巧的木造うそ，讓人驚喜。

14 すみっコぐらし堂 太宰府店

西鐵太宰府駅徒步3分 太宰府市宰府3-2-48 092-921-8121 9:30~17:30 sumikkogurashido.jp

2012年誕生的角落生物，由於太受歡迎，還開拍了電影。角落生物各式角色、族群龐大，真的隨便逛都能找到喜歡的，當然原本就是角落生物迷的，在專賣店裡絕對能一次買到超開心。而且專賣店還會依據開店所在地，推出當地才有的主題、限定版商品，到處收集不同風格，也是一種樂趣。

撐篙悠遊川流間 四季風情映照水面

08

柳川 やながわ Yanagawa

柳川位於福岡縣的西南隅，有「日本水鄉」之稱，柳川的水道主要由灌溉溝渠與柳川城護城河所組成，柳川的絕讚魅力就在於搭乘小船，聽著船夫吟誦歌謠，看著一頁名人史蹟，感受人與自然交會的和諧氛圍。

ACCESS

由西鐵西鉄柳川駅下車，搭遊船遊玩；如要到較遠的御花和北原白秋生家，除了於鄰近下船場下船外，也可搭乘開往「御花前」的西鐵巴士。

1 北原白秋生家・記念館

從御花徒步5分、從川下り的下船場徒步3分 柳川市沖端町55-1 0944-72-6773 9:00~17:00 大人¥600、學生¥450、小孩¥250 休12/29~1/3 www.hakushu.or.jp/hakushu_hall/

北原白秋是出生於柳川的詩人，著有多首知名童謠與詩，是十分有名望的地方詩人。現在將其生家保存，比鄰的資料館中可以見到有關北原白秋的史料、照片、手稿等重要文物；北原白秋在充滿詩意的文中道盡了柳川的水鄉印象，就從這裡開始，慢慢遊逛，欣賞柳川的文學之美。

2 元祖本吉屋 本店

西鐵「西鉄柳川駅」徒步15分 柳川市旭町69 0944-72-6155 10:30~20:00(L.O.19:30) 休週一 せいろ蒸し(蒸籠鰻魚飯)¥4,800起 www.motoyoshiya.jp

在柳川各家鰻魚飯之中，本吉屋是歷史最為悠久的一家，至今已有300多年歷史，其實現在的柳川鰻魚飯正是由本吉屋在元和元年(1615年)推出的料理，不僅成為柳川名物，更風靡了日本各地。店家沿用初代傳承下來的獨門醬汁，細心烤製好鰻魚之後，再以蒸汽催化鰻魚飯的美味，讓這一代代延續的滋味征服了許多客人。

3 柳川藩主立花邸 御花

西鐵西鉄柳川駅轉乘往御花前的西鐵巴士，約15~20分至「御花前」站下車即達；從川下り的下船場徒步約1分 柳川市新外町1 0944-73-2189 10:00~16:00 入園(松濤園・大広間・西洋館・立花家史料館・レストラン 対月館)大人¥1,000、高中生¥500、國中小學生¥400 www.ohana.co.jp

稱作「御花」的料亭旅館旁邊是一幢聳立的舊式西洋館，它曾是日本戰國時期柳川藩主立花宗茂的官邸。現今所見的御花庭園在明治時期修整過，旅館後方模仿日本三景之一仙台松島的松濤園，種植了280棵松樹，庭園造景之美已成為國家指定名勝，御花史料館則展示立花藩主曾使用過的相關收藏。

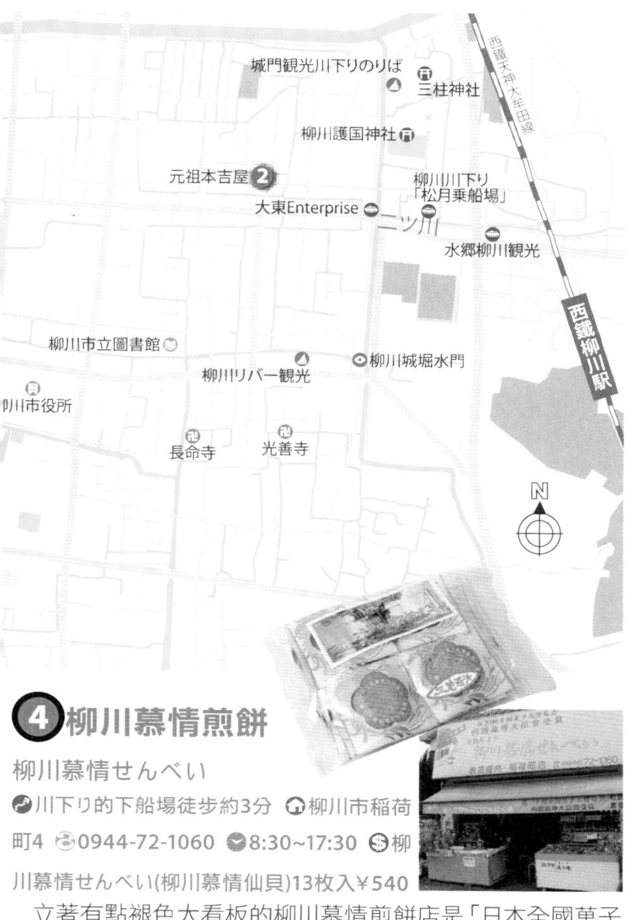

4 柳川慕情煎餅

柳川慕情せんべい

川下り的下船場徒步約3分 柳川市稲荷町4 0944-72-1060 8:30~17:30 柳川慕情せんべい(柳川慕情仙貝)13枚入¥540

立著有點褪色大看板的柳川慕情煎餅店是「日本全國菓子大博覽會」的「內閣總理大臣獎」得主。以古老製餅機手工製作的慕情煎餅，有著濃濃小麥香，口感酥脆卻綿密，咬著咬著還能嚐到蜂蜜淡淡香甜。煎餅上細緻地印著細柳垂堤，輕舟渡河的柳川代表景色，是來柳川最值得帶回家的經典伴手禮。

值得順遊

お堀めぐり(川下り)

西鐵「西鉄柳川駅」徒步約5~10分，有5處乘船口 柳川市西鐵柳川駅附近 0944-73-2145(柳川市觀光協會) 9:00~天黑(一趟航程約1小時) 休2月中旬約10天 國中生以上¥1,800~2,000，小孩¥900~1,000 www.yanagawa-net.com

柳川水道有幾近300年的歷史，在16世紀群雄割據時代，城主為保護柳川城，沿著原有河道在城周邊挖掘出許多水道，交錯縱橫，現今成了觀光遊船的路線。

配合細窄的水路，遊船仍為人力木船，身手靈活的船夫們是當地農漁民趁著農暇時為遊客撐篙，順道介紹柳川的沿岸美景。

乘船處資訊

◎柳川觀光開發
柳川市三橋町高畑329 0944-72-6177
www.yanagawakk.co.jp

◎大東enterprise／大東エンタープライズ
柳川市城隅町18-9 0944-72-7900
www.dedaito.com

◎水鄉柳川觀光
柳川市三橋町下百町1-6 0944-73-4343
kawakudari.com

◎城門觀光
柳川市新外町4-25 0944-72-8647
r.goope.jp/jyoumon

◎柳川river觀光／柳川リバー觀光
柳川市新町16-1 0944-75-5050

5 関屋蒲鉾

柳川かまぼこ処 せきや

從北原白秋生家徒步約10分、從御花徒步約8分 柳川市筑紫町334-15 0120-725-132(免費)，0944-72-5131 9:00~17:00 休週四 參觀免費 www.sekiya-kamaboko.co.jp

來到柳川的　屋蒲鉾，不但可以買到新鮮好吃的魚板，還可以參觀魚板製作工廠。想要買一些伴手禮回家與朋友分享的話，這裡也有許多土特產品，每樣都可以試吃，吃過再買才實在。特別的是這裡還推出了放上整塊鰻魚的魚板，鰻魚的鹹甜香搭配上魚板本身的口感，廣受好評，喜歡嚐鮮的可別錯過。

現代與歷史交融，盡看百年風華

09

小倉

こくら Kokura

小倉從前是幕府掌控九州的重要堡壘，自西元1602年細川忠興在此建設小倉城之後，市區就作為城下町發展至今，百貨、個性小店樣樣不少，是北九州市的熱鬧景點。

ACCESS
由JR小倉駅下車即抵。

① Amu Plaza小倉

JR小倉駅新幹線口徒步2分 北九州市小倉北区浅野1-1-1 093-512-1281 10:00~20:00，B1F超市9:00~22:00，西館6F餐廳11:00~22:00、咖啡廳10:00~22:00、書店10:00~21:00，東館1F小倉宿 駅から三十歩横丁11:00~23:00 www.amuplaza.jp

位於JR小倉車站大樓內的Amu Plaza小倉，由東館和西館組成，東館4層，西館8層，主要由男女時裝雜貨店、餐飲店、特產店等所組成，不僅是小倉市區內的流行風尚之地，也是搭乘山陽新幹線前往小倉旅遊必經之地，在此購物、餐飲十分方便。

② 小倉城

JR小倉駅小倉城口徒步約20分 北九州市小倉北区城内2-1 093-561-1210 9:00~20:00，11~3月至19:00 大人¥350、國高中生¥200、小學生¥100 www.kokura-castle.jp

小倉城最早是由細川忠興於1602年興建，天守閣的建築模式為當時稱為「唐建式」之模式，雖然後來因為戰事而部分毀損，1959年再度重建時依舊保有四、五樓之間沒有小屋簷，且五樓的屋簷比四樓要大的唐造建築樣式，是日本唯一一座唐造樣式天守(唐造りの天守)，相當珍貴。五層樓之中一樓是歷史區、二樓是體驗區、三樓是映象體驗區、四樓是企畫展示區，而從五樓天守閣展望區可以眺望小倉市街。

③ RiverWalk北九州

JR小倉駅小倉城口徒步約10分 北九州市小倉北区室町1-1-1 093-573-1500 10:00~21:00，依店舖而異 riverwalk.co.jp

鄰近小倉城的複合式購物商場，建築外觀以日本傳統色彩美呈現，除了各種特色店家之外，也有影城，是北九州市人假日全家出遊的好去處，加上坐落位置被紫川、勝山公園等綠意環繞，是一處擁有自然與歷史文化的購物、文化聖地。正因為此特殊環境讓此地除了購物之外，也常可見許多文化、藝術表演。

4 魚町銀天街

JR小倉駅小倉城口徒步3分 北九州市小倉北区魚町1~3丁目 093-521-6801(魚町商店街振興組合) 依店鋪而異 不定休 www.uomachi.or.jp

魚町之地名起源於1602年，是當時修建小倉城時的城下町之處，早在四百多年前就以行政和商業中心而繁盛，而現今的「魚町銀天街」則是建於1951年，不僅商店包羅萬象，美食、購物、日常用品等等一應俱全，更值得一看的是，此處可是全日本第一個全長130米的拱廊購物街道，分成一番街、二番街和三番街，約150家店鋪，花上一整個下午逛逛都不成問題！

5 旦過市場

JR小倉駅小倉城口徒步約10分 北九州市小倉北区魚町4-2-18(旦過市場事務局) 093-521-4140(旦過市場事務局) tangaichiba.jp

旦過市場至今已有百年以上歷史，最早從大正時代開始，因為鄰近神獄川便於商船上下貨而開始買賣，逐漸形成市集，昭和時期一度因為戰爭而吹起熄燈號，還好戰後立即聚集了許多商人重燃活力，甚至在昭和30年代達到興盛。旦過市場深受在地人喜愛，魚販、蔬果店、便當菜等多達120間店鋪聚集，可說是北九州人的廚房。

值得順遊

皿倉山

從JR小倉駅搭乘鹿兒島本線於JR八幡駅下車，轉乘西鐵巴士至「帆柱登山口」下車，徒步10分可達登山纜車山麓站 北九州市八幡東区大字尾倉1481-1 093-671-4761 4~10月10:00~22:00（上山末班車21:20），11~3月10:00~20:00（上山末班車19:20），山頂展望台10:00~下山末班車的20分前 週二(假日無休)、定期檢修日 登山纜車、單軌纜車來回票 國中生以上￥1,230、小學生以下￥620 www.sarakurayama-cablecar.co.jp

2003年誕生「新日本三大夜景」後即不斷引領話題，雖然標高僅有622m，卻能從展望台俯瞰市內風光。別以為只能夜晚前來，其實此地還是「戀人聖地」，是日本當地人的約會聖地，不妨和心儀的另一半來此尋找愛心石，據說找到的話就會幸福一輩子唷！

河內藤園

花季時有從JR八幡駅出發的接駁小巴，車程約30分。人多的話建議JR八幡駅搭乘計程車上山，單程約￥2,750~3,100上下 北九州市八幡東区河內2-2-48 093-652-0334 4月下旬~5月上旬8:00~18:00，11月中旬~12月上旬9:00~17:00，賞花期外休園 藤花滿開18歲以上￥1,500(花季初期及尾聲￥500、中間￥1,000)；賞楓期18歲以上￥500；1位大人最多可攜2位高中生以下小孩免費入園 kawachi-fujien.com

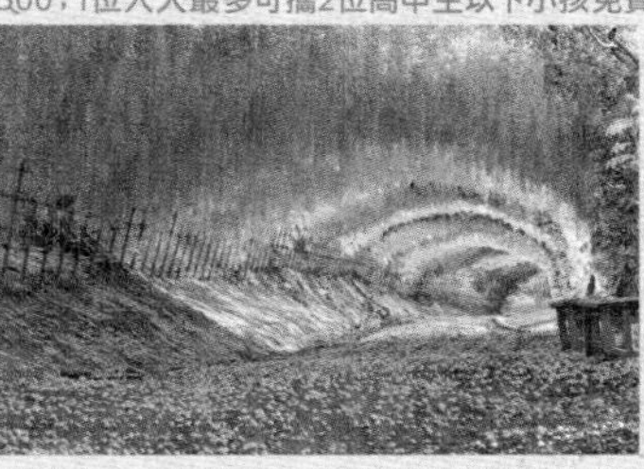

河內藤園的藤花約在4月下旬至5月上旬之間，恰好是黃金週假期，但盛開的藤花真的太美麗，占地3千坪的花園內22種、100萬枝藤花依序綻放，走在藤花隧道之中，被白色、藍紫、粉紅的花朵包圍，景色迷人，即使人再多都值得一遊。秋季時還有700多株楓樹一同轉紅，也很值得一看。

懷舊建築思古幽情 海港風華展現眼前

10 門司港

もじこう Mojiko

北九州的門司港隔著關門海峽與本州下關市對望，港邊多是明治時期遺留下來的歐式建築和倉庫，1995年被正式規劃為「門司港懷舊區」，以JR門司港駅為起點，沿著港邊進入海港的風華歲月。

往◎諾福克廣場↑
11 門司電気通信レトロ館
路面電車展示◎
出光美術館
JOYiNT門司港◎
Minato House 6
1 門司港懷舊展望室
◎Air's Café
藍翼門司吊橋 4
舊門司稅關 12
大連友好紀念館
出光美術館駅
舊大阪商船
Premier Hotel Mojiko
門司レトロ灯台◎
門司郵船ビル
門司港茶寮
遊覽船碼頭
關門連絡船
5
7 海峽廣場
肉のはしもと 栄町
8 中央市場
陽のあたる場所
BEAR FRUITS 13
9 10 Dolce
舊門司三井俱樂部
太陽新海運ビル
3 門司港駅
九州鉄道記念館駅
古民家チャイハナ グリシェンカフェ
2 九州鐵道紀念館
三宜樓
巖流島連絡船(門司-巖流島)
JR鹿児島本線
門司港レトロ観光線
N

ACCESS
由JR門司港駅下車即抵。

1 門司港懷舊展望室

門司港レトロ展望室

JR門司港駅徒步8分 北九州市門司区東港町1-32，31F 093-321-4151(門司港Retro綜合諮詢處) 10:00~22:00(入館至21:30) 休 不定休(每年4次) 大人¥300、國中小學生¥150 www.mojiko.info/spot/tenbo.html

1999年4月完成的展望台，高103公尺，是由日本知名設計師黑川紀章操刀設計，建築外觀頗具現代感，位於31樓的懷舊展望室可鳥瞰整個門司港懷舊區，也是遙望下關地區的最佳地點，天氣晴朗時，可以看到關門大橋及整個關門海峽的全景。晚上在海岸附近散步之後，絕對不能錯過展望台上的夜景。

3 JR門司港駅

北九州市門司区西海岸1-5-31 093-321-6110

JR門司港駅建於大正3年(1914年)，外型模仿羅馬的特米尼車站，這裡不但是門司港懷舊浪漫物語的起點，也是九州鐵道的起點。站內的0哩紀念碑，便是為了紀念從此處延伸的產業與文化於九州鐵道100週年時而立。來到門司港站，彷彿走進時光隧道，回到明治、大正時期的日本。保存良好的昔日洗手間裡，大理石與磁磚拼貼的洗手檯、沖水式設備、青銅手水缽都是大正時期珍貴又先進的設備，宣告門司港走在時代尖端的驕傲。

2 九州鐵道紀念館

JR門司港駅徒步5分 北九州市門司区清滝2-3-29 093-322-1006 9:00~17:00(入館至16:30) 休 不定休，一年9天(詳見官網公告) 大人¥300、國中生以下¥150、4歲以下免費 www.k-rhm.jp

九州鐵道紀念館是將1891年所建造的九州鐵道本社建築改建，於2003年正式開館，從入口就展示著許多令人懷念的火車和車廂，第一眼看到的就是最出名的蒸汽火車，主要的紀念館外觀是相當復古的紅磚，館內重現明治時代的客車情景，展示各種與火車鐵道相關的物品，還有可以讓人體驗當列車長，透過車窗看到的風景正是模擬門司港到小倉的鐵道路線。

4 藍翼門司吊橋

ブルーウィングもじ

JR門司港駅徒步5分 北九州市門司区浜町4-1 開橋10:00、11:00、13:00、14:00、15:00、16:00，開啟20分再關閉，人才能通過

這是日本唯一的步行者專用吊橋，為了讓船隻進入門司的避風港中，每隔一段時間吊橋會向兩旁張開，有如一雙藍色的翅膀因而得名，夜晚也會投以照明，絢爛的燈光投映在水面上，為門司港的夜景增添浪漫氣氛，雖然不是歷史古蹟，但連結港灣兩邊的各個懷舊建築而成為觀光必經路線。

5 舊大阪商船

JR門司港駅徒步3分 北九州市門司区港町7-18 093-321-4151(門司港Retro綜合諮詢處) 9:00~17:00 わたせせいぞうギャラリー每年2天不定休 わたせせいぞうギャラリー大人￥150、國中小學生￥70 www.mojiko.info/spot/osaka.html

舊大阪商船最引人注目的就是位於街角的橘色磚牆八角形塔樓，建於大正6年(1917年)的兩層樓建築本來當作航運船員的休息室，現在改裝為海運資料館，2樓展示海運發達時期的日本在各航線上航行的船隻模型，可以想像100多年前這裡與各地的貿易交流曾經盛極一時。

6 Minato House

港ハウス

JR門司港駅徒步約5分 北九州市門司区東港町6-72 093-321-4151(門司港Retro綜合諮詢處) 北九州おみやげ館10:00~18:00；かいもん市場9:30~18:00 www.mojiko.info/spot/minato.html

Minato House是一棟倉庫形式的賣場，1樓是販售關門海峽海產的賣場，也有售有北九州特產的商場「よりみち」，一次就可以網羅許多當地特色名物，像是硬餅乾等，若是在其他地方沒有時間購買的話，在此可千萬不要再錯過了！店鋪位在門司港徒步區，位置相當便利，館內2樓也有輕食咖啡廳，若是想要品嚐有別於燒咖哩的料理的話，是個不錯的選擇。

7 海峽廣場

海峡プラザ

JR門司港駅徒步2分 北九州市門司区港町5-1 093-332-3121 商店10:00~20:00，餐飲11:00~22:00 www.kaikyo-plaza.com

海峽廣場是沿著門司內港的大型購物中心，1樓為販售特色土產、海鮮、雜貨的商店，西館角落有著門司港唯一的音樂盒館，可以體驗自己組裝世界獨一無二的音樂盒。紅磚玻璃館除了銷售精緻唯美的玻璃工藝品之外，也可以在玻璃上描繪或轉印各種自己喜歡的圖案。2樓除了琳瑯滿目的紀念品，也有各式美食讓旅人大飽口福。廣場前的木質甲板道上，還有一個令人發噱的雕塑像，靈感來自香蕉拍賣的香蕉超人，插腰一手指天的搞笑動作，是許多年輕人必定要合影留念的地方。

8 門司中央市場

JR門司港駅徒步約8分　北九州市門司区老松町1-18　9:00~20:00(依店鋪而異)　休 週一(依店鋪而異)

稍微離門司港車站有點距離，有處擁有60年以上歷史的傳統市場，這裡就是門司中央市場，據說是從戰後黑市開始興起，本來也如同其他地方的老市場面臨店鋪關店困擾，好在近來新開了些咖啡廳、書店，又再度受到矚目，除了一般蔬果、魚肉等當初開市時滿足民生需求的店鋪外，市場中間的「みおパン」可是只有假日營業的網路名店，也能到「INFO SHOP大都会門司港」內，邊休憩邊翻閱門司港相關訊息。

9 舊門司三井俱樂部

JR門司港駅徒步3分　北九州市門司区港町7-1　093-321-4151(門司港Retro綜合諮詢處)；餐廳093-332-1000　9:00~17:00(入館至16:30)，1F餐廳11:00~15:00(L.O. 14:00)、17:00~21:00(L.O.20:00)　休 餐廳不定休　$ 2F (アインシュタインメモリアルルーム及び林芙美子記念室)大人¥150、國中小學生¥70　www.mitsui-club.com

舊門司三井俱樂部建於大正10年(1921年)，是大企業三井公司接待貴賓住宿的房舍，兩層樓的木造建築，為了展現三井企業的氣派，在裝潢擺設上下了很大的功夫，家具、壁紙、地毯、窗簾都是從歐洲進口，典雅穩重，散發著大正浪漫的氛圍。這棟樓房名氣大還有另一個理由，就是在竣工的第二年(1922年)，曾招待愛因斯坦夫婦在這裡過聖誕節，2樓現在闢為展覽室，展出當時愛因斯坦夫婦住過的房間。

10 Dolce

JR門司港駅徒步約5分　北九州市門司区港町6-12　093-331-1373(餐點預約)、093-321-4700(甜點預約)　9:00~18:00　休 週二、第二個週三　$ 焼カレー(焗烤咖哩)¥1,000、焼きカレードーナツ(焗烤咖哩甜甜圈)¥200起　mojikodolce.shopinfo.jp

Dolce主要提供門司港名物焗烤咖哩，還有每日不同口味限定的蛋糕，其中燒咖哩可是廣受推薦風味，在咖哩中加入雞蛋後再放上起司燒烤，是經典門司港風味。甜點部分從大家喜歡的草莓蛋糕、種類豐富的蛋糕捲，選擇相當豐富，此外，店內最有人氣的商品就是「焗烤咖哩甜甜圈」，包含楓糖、香蕉、巧克力，共有13種口味可以選擇。不論是吃美食還是甜點，到「Dolce」就對了！

11 門司電気通信レトロ館

JR門司港駅徒步約10分　北九州市門司区浜町4-1　093-321-1199　9:00~17:00(入館至16:30)　休 週一(遇假日順延翌日休)、年末年始(12/29~1/3)　休 週一　$ 免費　www.ntt-west.co.jp/kyushu/moji/

1924年(大正13年)興建的「門司郵便局電話課廳舍」，其特點是呈放射線狀大樓外觀以及拱門設計都是大正時期最佳代表，更是門司第一個鋼構建築，極具紀念價值。據說為了火災時損傷玻璃而設置的內田式流水防火裝置，在門司港大空襲之際起了極大效用。本館前放置了1900年日本最早電話亭的復刻版、館內也展示有各時期的電信、電話機器，若是古物愛好者絕對會著迷。

⑫舊門司稅關

JR門司港駅徒步約5分　北九州市門司区東港町1-24　093-321-4151(門司港Retro綜合諮詢處)　9:00~17:00

曾經被稱為「世界的門司港」，紅磚建築舊門司海關是門司貿易經濟繁榮時期所建的建物象徵，約建成於明治45年(1912年)。後來曾經因意外火災造成內部燒毀，但以赤煉瓦搭配著洗石子線條的外牆，則得以完整保留下來。舊門司稅關保留當時使用過的貴賓室和豪華吊燈，1樓有廣場、休息室、展示室和咖啡廳「懷舊咖啡廳」，2樓有畫廊(有稅關區)，在廣場會不定期舉辦各種活動。

⑬BEAR FRUITS門司港本店

JR門司港駅徒步2分　北九州市門司区西海岸1-4-7 門司Center Bldg. 1F　093-321-3729　11:00~21:00(L.O.20:30)；週五、六、假日前一天至22:00 (L.O.21:30)　スーパー焼カレー(超級焗烤咖哩)¥1,155　bearfruits.jp

每到用餐時間，BEAR FRUITS的排隊人潮可能就要等上1個小時之久，足見其歡迎的程度。店內招牌餐點「スーパー焼カレー(超級焗烤咖哩)」是必點的美食，經過一道道程序精心熬煮的咖哩，將所有食材的甜味與芳香都封存在裡面，加上焗烤的起司，一入口香氣撲鼻，舌尖上纏繞著微微的辛辣味，十分過癮。用餐時向窗外眺望便是關門海峽與大橋，明媚風光讓餐點更添風味。

Fruit factory Mooon de Retro

旧門司税関1F　093-321-1003　11:00~17:00(依季節而異)　不定休　水果三明治¥490起，ミックスパルフェ(綜合水果聖代)依時價而定　www.ff-mooon.com

Fruit factory Mooon de Retro是位在舊門司稅關內的甜點店，坐落在港口邊的小店裡以白色為裝潢基底，充滿海邊的自在與悠閒氛圍，店內最吸引人的就是選了7種季節水果的豪華聖代，葡萄、香吉士、鳳梨、葡萄柚、奇異果等等，繽紛的新鮮水果堆疊成塔，讓人忍不住少女心噴發。除了水果甜點以外，店內也有販賣果醬、果乾，或者是新鮮水果。

門司順遊，在歷史古風中品嚐美味河豚

11 下關 しもせき Shimoseki

旅客來到門司港，通常都會選擇搭船前往下關順道遊玩，交通船以外，騎乘自行車也是能夠一舉體驗門司港風情與下關歷史氛圍的好選擇，尤其下關更有幾個必訪景點，能夠感受濃濃歷史氛圍與生活氣息，前往遊玩時可千萬別錯過了。

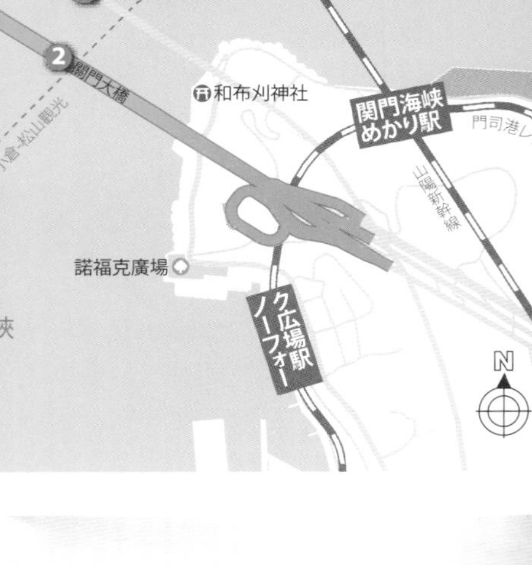

ACCESS

可搭乘連接門司港與下関唐戶的關門連絡船，航程約5分鐘，單程大人¥400，小孩¥200。

① 關門隧道人行道

関門トンネル人道

門司入口：由JOYiNT門司港出發，自行車16分，下關入口：由唐戶ターミナル(唐戶碼頭)出發，自行車10分　下関市みもすそ川町~北九州市門司区門司　083-222-3738　6:00~22:00　行人免費，自行車收費¥20

昭和33年(1958年)開通的關門隧道，貫通關門海峽，車道下方海平面下51公尺處同時建有人行道，是連結日本本州與九州的重要動脈。全長780公尺的海底隧道，牆面是各種充滿童趣的海底世界彩繪，身旁不乏悠哉慢跑的當地民眾，走起來一點也不孤單。不時出現的指示牌，貼心地提醒你與出口的距離，當走到山口縣與福岡縣的交界時，更是讓人忍不住馬上體驗一腳橫跨九州與本州的特殊滋味。

② 關門大橋

自1973年開通起，橫跨山口縣及福岡縣的關門大橋就抵擋著海面下強烈的海流，肩負著連接日本本州與九州的重責大任，長1068公尺的關門大橋當年還曾是東洋最長的橋樑呢。

③ 關門連絡船

JR門司港駅徒步約5分　北九州市門司区西海岸1-4-1　6:00~21:50　門司港到唐戶單程大人¥400，小孩¥200，自行車¥260　kanmon-kisen.co.jp

關門汽船株式會社從1889年即開設聯絡門司到下關的航線，是連接九州和本州的最古老交通方式，營業到現在只要搭5分鐘快艇就可以穿越海峽囉。從JR門司港駅步行3分鐘，就可以看到這座門司港棧橋，主要經營的航線有兩種，一是從門司港到唐戶棧橋，二是從門司港到巖流島。到唐戶的船班每隔20分鐘有一班，循海陸看著不同風景也別有情調。

4 赤間神宮

唐戸市場徒步5分。下關關門隧道人道入口沿河岸直行，自行車6分 山口県下関市阿弥陀寺町4-1 083-231-4138 寶物殿9:00~17:00 寶物殿參觀費￥100 tiki.ne.jp/~akama-jingu

在日本，唯有奉祀皇室祖先、天皇的神社才能稱作神宮，而赤間神宮的祭神便是第81代天皇——安德天皇。在源平合戰步入終戰時，安德天皇的外祖母二位尼説著：「浪濤之下也有皇都」，便抱著年僅八歲的天皇投海自盡。翌年，源賴朝為了安撫安德天皇的亡靈，在安葬安德天皇的阿彌陀寺建立御影堂，昭和時期正式定名為赤間神宮。正殿外白牆紅瓦的雄偉水天門，便是為了被後世奉為水天皇大神的安德天皇模擬龍宮的樣貌而建。神宮內另有平氏一族之墓，也是知名怪談「無耳芳一」緣起之地。

5 日清講和記念館

唐戸市場徒步4分。下關關門隧道人道入口沿河岸直行，自行車6分，赤間神宮旁 山口縣下関市阿弥陀寺町4-3 083-254-4697(文化財保護課) 9:00~17:00 免費

下關，古又別名馬關，1895年影響台灣深遠的「馬關條約」便是在下關知名的高級料理餐廳春帆樓簽訂的。1937年，日本政府於春帆樓旁設立了日清講和紀念館，館內完整重現短短12字，定下小島往後50年的命運，實在令人百感交集。當年會議的房間，包含李鴻章、伊藤博文等人入座的大小16張豪華椅子、法製壁爐、墨水瓶等以及會議相關人物留下的墨跡、文件。在洋洋灑灑的合約前，尋找提及台灣的片段。

6 唐戸市場

唐戸ターミナル(唐戸碼頭)徒步5分 山口縣下関市唐戸町5-50 083-231-0001 生猛馬關街週五、六10:00~15:00，週日、例假日8:00~15:00；市場5:00~15:00，週日、例假日8:00~15:00 生猛馬關街週一~四 www.karatoichiba.com

唐戸市場每日直接販售由當地漁夫捕獲及養殖的新鮮魚產，並設有農產直銷攤販，集結各種當季食材，是深受在地人喜愛與仰賴的「下關廚房」。每逢週五、週末假日，市場還會舉辦「活きいき馬　街」活動，各家海鮮攤端出新鮮現做的料理：各式生魚片握壽司、炸物、海鮮丼，以及下關最知名的河豚料理，用料大方實在，價格極度親民，百圓握壽司更是一推出就會迅速被掃光的搶手貨。在小販叫賣聲中、和來自四面八方的遊客一起比價搶鮮，是魚市場才感受得到的熱鬧人情味。

7 壇ノ浦古戰場

下關關門隧道人道入口徒步1分，みもすそ川公園內 山口縣下関市みもすそ川町1番

這裡是平氏與源氏「源平合戰」纏鬥六年後的最後舞台。西元1185年，源義經率領的源氏部眾和平知盛一族在關門海峽上集結了4000艘軍船，上午的戰情原本對平家相當有利，但正午過後，海流轉向對源家有力的方向，兩軍開始接近戰後，局勢徹底逆轉，平家一門最後紛紛投海自盡。曾經權傾一時的平清盛一族，就此在歷史上消失了身影，源家則接而開啟了武士凌駕貴族的幕府時代。壯烈的戰場如今是充滿和平氣息的公園，一旁的紀念雕像，是源義經在海戰中避開攻擊「飛躍八艘船」的英姿，以及覺悟戰敗後，身纏重錨準備投向深海的平知盛身影。在大河劇《義經》裡飾演義經的瀧澤秀明也在此留下手印紀念。

昔日繁榮下町 大啖夢幻牛肉

12

佐賀市

さがし Saga City

佐賀市是佐賀縣的行政機關中心所在，過去是鍋島藩的繁榮城下町，可以欣賞佐賀城等史跡，鄰近的吉野ヶ里歷史公園還能認識日本彌生時代的民居風貌。當然也更不能錯過夢幻的美味佐賀牛，來到佐賀，必能感受到別處沒有的獨特文化。

ACCESS

搭乘JR長崎本線、佐世保線、唐津線在佐賀駅下車即抵。若空福岡機場前往，可搭乘「福岡空港～佐賀駅」的巴士前往，車程約1小時15分，大人單程¥1,300。

❶佐賀城本丸歷史館

JR佐賀駅巴士中心3號乘車處搭乘6號佐賀城跡線，約10分至「佐賀城跡」站下車徒步即達 佐賀市城内2-18-1 0952-41-7550 9:30~18:00 休12/29~1/1 免費 www.saga-museum.jp/sagajou/

完成於1611年的佐賀城，隸屬於鍋島藩的城池，歷經多次大火和戰爭，最後僅存佐賀城的 門仍保留1838年的結構，仔細看還可以找到大門被子彈射擊的痕跡，之後曾作為法院、學校、縣政府甚至監獄等各種利用。為復原江戶末期由第10代藩主所完成的佐賀城，依循各種資料忠實重建，並於2004年開幕，完全免費開放參觀，雖然目前復原的規模只有當時建築物的三分之一，卻是日本規模最大的木結構復原建築。

❷佐賀縣廳展望室 SAGA360

JR佐賀駅南口徒步20分，或於佐賀駅バスセンター搭巴士至「県庁前」站下車即達 佐賀市城内1-1-59佐賀縣廳13F 0952-25-7386 8:30~22:00、週末.例假日10:00~22:00 休12/31~1/1 saga-art.jp 可利用縣廳新館東側專用電梯上樓

佐賀縣廳為佐賀市內最高的大樓，頂樓的展望室可以360度地欣賞佐賀風光，天氣好的時候更可以遠眺有明海，與長崎縣島原半島上的火山雲仙岳，而到了夜幕低垂之際，展望室更化身為「星空の庭園」，除了居高臨下欣賞夜景之外，還可以體驗色彩繽紛的光雕秀，以及互動設施，為佐賀的夜晚增添絢爛記憶。

さがんレストラン 志乃 県庁店

佐賀縣廳13 F展望室內 0952-23-7511 11:00~15:00、17:00~21:00 休週一 午餐¥1,540起 www.facebook.com/saga.com.shino

景觀餐廳「志乃」位在佐賀縣廳頂樓展望室內，午餐時段，瞭闊的佐賀風光盡入眼底，讓人可以邊欣賞邊用餐，相當心曠神怡；而在傍晚時，讓夕陽陪伴至夜幕低垂的同時進行晚餐，更是一大享受，在這裡可以享用到最高級的佐賀牛肉料理，搭配當地產的食材，還有志乃特製的佐賀當地料理シシリアンライス(西西里飯)，在白飯上加上炒過的肉及蔬菜，搭配生菜與沙拉，最後淋上美乃滋，絕對是到佐賀一定要品嚐的美食料理。

③佐嘉神社

さがじんじゃ

JR佐賀駅徒歩約20分，搭乘巴士於「佐嘉神社前」站下車即達 佐賀市松原2-10-43 0952-24-9195 5:00~日落 免費 sagajinjya.jp

1933年創建的佐嘉神社，主祭佐賀藩10代及11代藩主(鍋島直正、鍋島直大)，兩位藩主被視為明君，在幕末時致力於教育革新及人才的培養，還是日本第一個製造出加農砲的地方，也因如此，神社每年元旦都會舉行「加農炮祝砲神事」(カノン砲祝砲神事)，以當時鑄造的大砲敲響新年的到來。平日裡神社也有展示復元的佐賀藩造加農炮。境內共有八座神社，其中「松原河童神社」最為特別，是日本唯一祭祀河童的神社。

④佐賀熱氣球博物館

佐賀バルーンミュージアム

JR佐賀駅徒歩約17分 佐賀市松原2- 2-27 0952-40-7114 10:00~17:00(入館至16:30) 週一(遇假日順延翌日休)、年末年始 大人¥500、國中小學生¥200、未滿小學生免費 www.sagabai.com/balloon-museum

除了懷舊氛圍之外，佐賀市也不乏現代的美感，由於這一帶地平風靜，因而成為熱氣球活動的聖地，在每年十月底至十一月初之間，都會舉行盛大的國際熱氣球節活動。在此之外的時間，遊客則可以前往熱氣球博物館，了解關於這項活動的來龍去脈，藉由館內各種互動設施，一窺熱氣球的魅力與樂趣。

©佐賀縣觀光聯盟

佐賀熱氣球節

從JR佐賀駅搭長崎本線約5分鐘，在バルーンさが駅(Ballon佐賀站，為臨時站)下車即達 佐賀市嘉瀬川河岸 10月底~11月上旬7:00~17:00；週末夜間活動La Montgolfier Nocturne (Night Mooring)18:30~19:30 免費 www.sibf.jp

佐賀市每年都會舉辦熱氣球世界選手權比賽，這是亞洲最盛大的熱氣球競賽，各國好手無不摩拳擦掌準備大顯身手，而對一般民眾來說，也是近距離欣賞熱氣球的慶典。色彩鮮豔的熱氣球緩緩升空，河岸綠草與之相映成趣，升空後的熱氣球倒映在一旁的嘉瀨川中，為清澈河水染上顏色，更替活動增添繽紛活力。

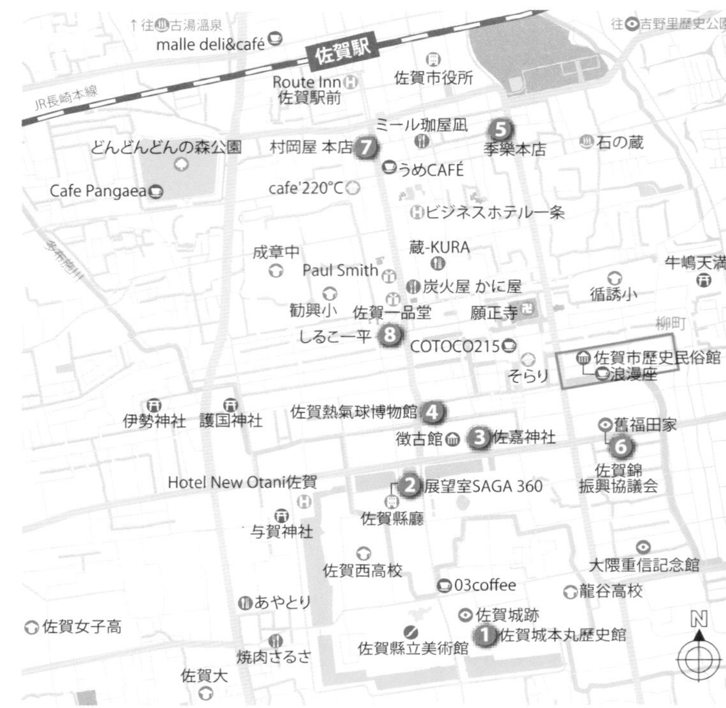

5 季樂 本店

JR佐賀駅徒步約10分　佐賀市大財3-9-16　0952-28-4132　11:00~15:00(L.O.14:00)、17:00~22:00(L.O.21:00)　第2個週三　佐賀牛ロースステーキランチ(佐賀牛排午間套餐)¥5,400、きらカレー(季樂咖哩)¥1,200　kira.saga-ja.jp

季樂是JA佐賀農協旗下的佐賀牛餐廳，旁邊就是佐賀農產品商店，能夠品嚐、購買到各種佐賀縣盛產的農特產品，除了當地居民，也相當受到觀光客的喜愛。來到佐賀就得要一嚐頗負盛名的佐賀牛肉。每到中午吃飯時間，季樂絕對高朋滿座，所有人都是來品嚐牛肉，牛排是最能夠吃出牛肉好壞的調理方式，在季樂的鐵板燒區看著料理人在眼前將有著美麗油花的佐賀牛輕輕放上，只微微煎烤兩面，把所有肉汁美味封住，一切開瞬間流出的油脂看起來就讓人食指大動，入口就能立刻體會料理節目中牛肉入口即化的感動，保證回味無窮。

6 佐賀錦振興協議

JR佐賀駅徒步約20分，搭乘巴士於「片田江」站下車徒步2分　佐賀市松原4-3-15(旧福田家)　0952-22-4477　9:30~16:30　週一(遇假日順延翌日休)、例假日隔日(遇週末照常開館)、12/29~1/3　3日　免費參觀，手織り体験另計　saganishiki.wixsite.com/council

佐賀錦起源於佐賀藩第九代藩主夫人，因臥病在床時，驚艷於天花板上交錯的花紋，便告訴身旁的人想將這種花紋加入平常所用的物品中，而後繼的歷代藩主夫人更加發揚光大，將貼有金、銀、漆的和紙混入了絲線裡而織成佐賀錦。製作過程需要非常精細的手法與複雜的技術，一天僅能織幾公分，每件作品都帶著高雅的氣度。而佐賀錦振興協議会便以舊福田家為據點，向有意學習這種技術的人傳授講習，希望將這種傳統延續下去。

7 村岡屋 本店

JR佐賀駅南口徒步約5分　佐賀市駅南本町3-18　0952-22-4141　9:30~18:30　さが錦(佐賀錦)5入¥700　www.muraokaya.co.jp

以佐賀的傳統織物為意象的甜點「さが錦」(佐賀錦)，不管是外觀還是內在都帶著華麗的氣息，和洋交織。結合了和菓子中的「浮島」基底，與洋菓子中的年輪蛋糕，將鬆軟的栗子與帶有顆粒感的紅豆融入芋頭中而蒸出來的內層，上下皆以年輪蛋糕相疊，吃起來蓬鬆柔軟且甜而不膩。

8 しるこ一平

JR佐賀駅南口徒步約15分　佐賀市白山1-2-20　0952-25-0535　12:00~16:30　週五、一　あわぜん¥800

1931年開始至今創業超過九十年的老舖しるこ一平，店內外都充斥著濃濃的昭和氛圍，懷舊印象令人深刻。而店內最具代表的「あわぜん」，是將糯黍先泡在水裡三天，早晚兩次仔細的將雜質與油脂撈出，留下微帶顆粒的口感並將其蒸熟，再淋上綿密滑順的豆泥，紅豆的自然甜味襯托出糯黍的樸實，在口中產生絕妙滋味，令人再三回味。而在夏天相當有人氣的「氷宇治しるこ」，是在抹茶味的刨冰上添加白湯圓與紅豆，光看就覺得消暑。

值得順遊

吉野ヶ里歷史公園

從JR佐賀駅搭車至JR神埼駅約9分，或搭至JR吉野ヶ里公園駅約12分，由JR吉野ヶ里公園駅徒步約15分可達公園東口(正門)、JR神埼駅徒步約15分可達公園西口(遊樂場)　神埼郡吉野ヶ里町田手1843　0952-55-9333　9:00~17:00(6~8月至18:00)　12/31、1月第3個週一、週二　15歲以上¥460、65歲以上¥200、國中生以下免費　www.yoshinogari.jp

吉野ヶ里歷史公園重現了彌生時代的各種遺跡，包括建築等各種生活習慣，建議可以登上展望台瞭望，親眼看看當時的濠溝聚落。這裡也出土了許多重要文物，提供了日本考古史上重要的資料考證。更有考古學家大膽預測，這裡其實才是卑弥呼邪馬台国的所在位置，而非奈良。

充滿古意，長崎街道途經之所

柳町

やなぎまち Yanagimachi

佐賀城下町，也就是今日的柳町、吳服元町一帶，曾經是「長崎街道」一部份的復古老街。不妨漫步街區，感受佐賀昔日繁華的生活樣貌，與個性小店來場相遇吧。

5 舊古賀家
諸富商事
2 舊古賀銀行
浪漫座
舊三省銀行
舊森永家
舊中村家
4 舊牛島家
舊久富家
1 こねくり家
3 和紅茶専門店 紅葉
馬場家住宅
織ものがたり
吳服元町
八坂神社
さがしもの

ACCESS
JR佐賀駅徒步約20分，或搭乘巴士於「吳服元町」站下車即達

1 こねくり家

JR佐賀駅徒步約20分，搭乘巴士於「吳服元町」站下車徒步3分　佐賀市柳町4-16 旧久富家1F　0952-37-6905　午餐11:30~15:00(L.O.14:30)　週一、每月最後一個週二　からあげ定食(炸雞塊定食)¥1,170　conekuriya.com

保持著木造懷舊氣息的內裝，但卻隱含著現代科技效能的古民家咖啡，建築本身是在大正年間建成的旧久富家，當年是專賣鞋子的商家，如今則是IT企業經營的咖啡廳，處處可見古與今的結合，一走進店裡便可以看到當年留下的招牌，建物的歷史感油然而生，店內一角展示著雜貨，若有喜歡的不妨帶回家，午餐菜色相當健康且多元，而庭院裡也有座位，好天氣時在晴空下用餐也相當舒服怡人。

2 旧古賀銀行

JR佐賀駅徒步約20分，搭乘巴士於「吳服元町」站下車徒步即達　佐賀市柳町2-9　0952-22-6849　9:00~17:00(入館至16:30)　週一(遇假日順延翌日休)、例假日隔日(遇週末照常開館)、12/29~1/3　免費　www.sagarekimin.jp

舊古賀銀行創立於明治時期，歷經幾次擴大營業後，在大正初期一躍成為九州五大銀行之一，當時的建築物一路保存至今，是市內少有的和洋折衷建築，已被指定為佐賀市的重要文化財，目前館內展出了當時的銀行文件資料、以及佐賀聞名的有田燒等文物，也會不定期的舉辦音樂會或展示會，1樓設了餐廳「浪漫座」，讓遊客可以在沉靜的時光中，優雅的享用午餐或下午茶。

浪漫座

旧古賀銀行1F　0952-24-4883　10:00~17:00　週一、例假日隔日、12/29~1/3　www.romanza.jp

18世紀咖啡傳入歐洲不久，位在德國的咖啡座Café Zimmermann作為當時咖啡館的一大指標，不僅能夠品嚐咖啡，週末時名音樂家巴哈更會聚集許多年輕音樂家一同演出，也培養出許多演奏家。浪漫座的店主希望能夠延續這種精神，讓咖啡館成為藝術與文化的發展之地，因此館內也不時舉辦音樂會，身處充滿歷史的洋風百年建築，啜飲一口咖啡，在品味香醇的同時欣賞現場演奏的音樂，這是在浪漫座裡能夠享受的雅趣。

③和紅茶專門店　紅葉~くれは~

JR佐賀駅徒步約20分，搭乘巴士於「呉服元町」站下車徒步2分 佐賀市柳町4-7 旧森永家北蔵 0952-37-6718 11:00~17:00 週一、二 嬉野紅茶50g罐裝¥810 creha.net

這家和紅茶(日本國產紅茶)專賣店裡所販售的紅茶，皆是由店主親自訪問無農藥有機栽培的農家，並經過試飲後所嚴選的商品，當店所選出的紅茶，來自於日本各地，味道與香氣不盡相同，各有風味。除了紅茶之外，店內也有香草茶與水果茶，客人可以挑選出自己喜愛的茶種，也可以在店裡的內用區，直接點一塊蛋糕，加上店主推薦搭配的紅茶，再悠閒也不過了。

④旧牛島家

JR佐賀駅徒步約20分，搭乘巴士於「呉服元町」站下車徒步1分 佐賀市柳町4-9 0952-22-6849 9:00~17:00(入館至16:30) 週一(遇假日順延翌日休)、例假日隔日(遇週末照常開館)、12/29~1/3 免費 www.sagarekimin.jp

據官方推測建於18世紀前期的舊牛島家，被認為是佐賀城下最古老的町屋建築，原本建在朝日町附近，曾一度解體，後幾經更迭，現今的建築物是經過遷移後進行復原而成，已被指定為佐賀市的重要文化財。在當時是結合住宅、店鋪與倉庫而成的兩層樓建築，過去曾為煙草批發商、海陸運輸業所經營，歷經兩個世紀，內部依舊保持得相當完善，在平時開放供民眾參觀，有時也是舉辦重要展示會或活動的場地。

⑤旧古賀家

JR佐賀駅徒步約20分，搭乘巴士於「呉服元町」站下車徒步即達 佐賀市柳町2-9 0952-22-6849 9:00~17:00(入館至16:30) 週一(遇假日順延翌日休)、例假日隔日(遇週末照常開館)、12/29~1/3 免費 www.sagarekimin.jp

舊古賀家是古賀銀行創辦人古賀善平的宅邸。宅內共有15間和室，以及面積達50疊的大廣間。每一間和室都有不同的欄間(拉門上的窗型雕刻)及襖絵(隔間牆上的裝飾彩繪)，饒富趣味。整體建築在明治17年建成，依照江戶時期的武家屋敷樣式呈現，是佐賀市的重要文化財。

佐賀市歷史民俗館

佐賀市歷史民俗館是由多棟歷史建築構成的文化設施，每一棟建築都有其文化背景。最初只有曾為大正年間九州五大銀行之一，保有明治時期洋風建築的「舊古賀銀行」，以及銀行創辦人的住宅「舊古賀家」、佐賀城下町中最古老的民居「舊牛島家」三棟建築，其後加入了舊三省銀行及舊福田家，2016年再加上被列為佐賀縣遺產的舊森永家、舊永富家，一共七間歷史建物，這七幢建築肩負傳承當地文化的重任，也因此免費對外開放，要讓後人更了解昔日的佐賀生活樣貌。

自然資源與人情交織的溫泉鄉

14

武雄

たけお Takeo

武雄市的溫泉是有著1300年悠久歷史的名湯，豐臣秀吉及許多歷史名將都在此留下足跡。洋溢濃濃人情味的溫泉街、融入街景的優美山色，在自然溫柔包圍下的武雄四季各有獨特的精彩。世界最大的階梯式窯場和日本第一座複合式絕美圖書館則是不容錯過的人文魅力。

ACCESS

從JR博多駅搭乘JR特急みどり或JRハウステンボス約65分可達JR武雄溫泉駅。若是從長崎駅出發，搭乘JR特急かもめ就可以抵達，車程約85分。

1 カイロ堂

武雄溫泉站北口觀光案內所內　武雄市武雄町大字富岡8249-4　0954-22-2767　10:00~18:00　休年末年始　佐賀牛 極上カルビ焼肉弁当(極上燒肉便當)￥1,944，佐賀牛すき焼き弁当(佐賀牛壽喜燒便當)￥1,620　kairodo.com

在九州七縣將近50種鐵路便當的激烈競爭中，KAIRO堂的「極上燒肉便當」與「佐賀牛壽喜燒便當」是榮獲第8、第9、第10屆九州鐵路便當大賽冠軍的霸主。不管是燒肉便當還是壽喜燒便當，用的都是佐賀牛中A5等級的牛肉。晶瑩飽滿的佐賀米飯上，廚師毫不手軟地鋪上滿滿的肉片，鮮嫩的口感與入味的獨門醬汁，享受一口接一口的美味。

2 武雄神社

武雄溫泉站徒步20分(2km)。武雄溫泉車站搭乘祐德循環巴士「武內・武雄線」往「武雄保養センター」約5分，於「武雄高校前」站下車，徒步3分　武雄市武雄町大字武雄5327　0954-22-2976　自由參拜　takeo-jinjya.jp

武雄神社創建於西元735年，是武雄市內最古老，也是最多人前來參拜的神社。武雄神社的本殿以白色為基調，優雅秀麗，在日本神社中甚為少見。境內的大楠木，是樹齡3000歲的超古老神木。獨家御守「大楠守」，可保長命百歲、去病消災，有著3000年生命力的加持，相當有說服力。至夫婦檜許下心願，輕輕搖一下鈴鐺，最後依二禮二拍手一禮的順序禮拜，便能有結緣的功效。

3 武雄溫泉新館

武雄溫泉站徒步15分　武雄市武雄町武雄7425　10:00~18:00　休週二　免費

溫泉區內由顯眼的朱紅與白色、綠色構成的武雄溫泉新館，豪華的和風2層建築與溫泉樓門一樣，出自辰野金吾的設計。自1915年建成後直到1973年為止，都作為公共澡堂來使用，2003年復原後，則成了留有寶貴歷史痕跡的溫泉資料館，還能一窺當年為大正天皇打造的夢幻浴室。一間間修復完好的古老浴池，與至今仍保有鮮豔色彩的馬約利卡花磁磚道盡武雄悠久的錢湯文化，在溫泉新館的一磚一瓦裡，深深體會日本這個民族對泡湯的重視與喜愛。

4 武雄溫泉樓門

武雄溫泉站徒步10分　武雄市武雄町武雄7425　0954-23-2001　楼門干支見学会9:00~10:00(受理至9:30) 見學時間約20分　休週二　楼門干支見学会大人￥500、小孩￥250　www.takeo-kk.net/sightseeing/001373.php

潔白無暇的門座，朱紅色門樓與飛揚的屋簷，彷若日本神話中龍宮的溫泉樓門，是武雄最具代表的地標。這座沒有使用一根釘子打造的木造樓門建於1915年，為日本國家指定重要文化財。樓門設計與東京車站相同，皆出自日本近代建築之父辰野金吾之手。2013年為了百歲紀念而進行整修工程時，在樓門天花板四角發現了各自刻著鼠、兔、馬、雞的杉板，與東京車站天花板上的八個浮雕完整湊成十二生肖，解開一直以來東京車站「缺少的四隻生肖」之謎。究竟是設計師的玩心抑或別有深意，留予後人無限浪漫遐想。

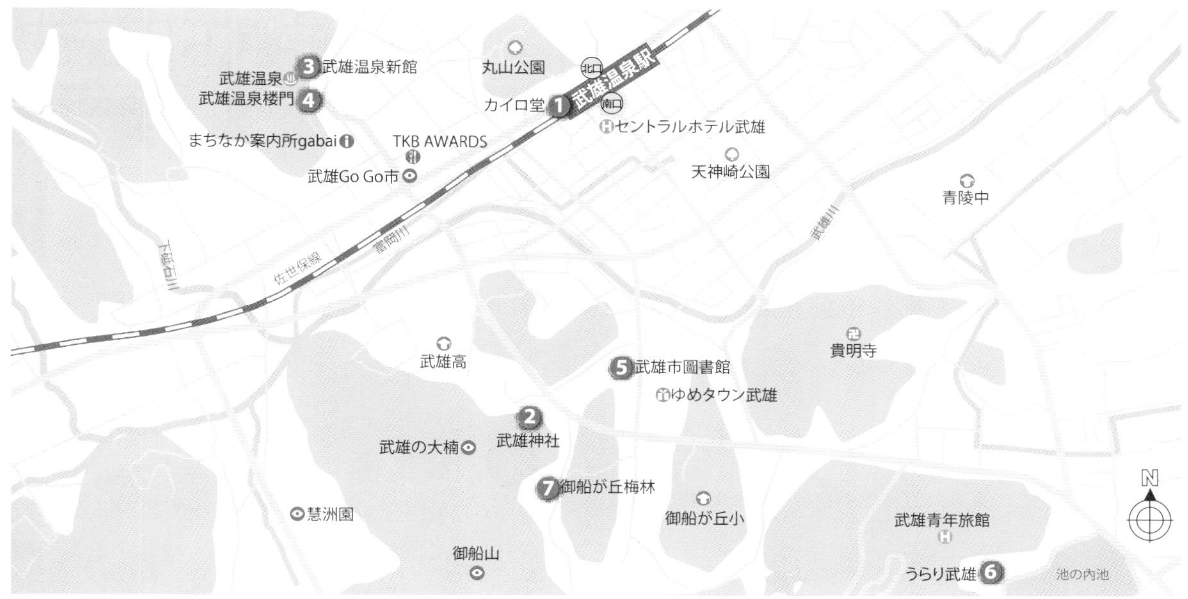

5 武雄市図書館

武雄溫泉站徒步15分。武雄溫泉車站南口搭乘祐德巴士「武雄．三間坂線」於「図書館前」站下車直達。JR九州巴士「嬉野線」於「ゆめタウン」下車直達　武雄市武雄町大字武雄5304-1　0954-20-0222　9:00~21:00　takeo.city-library.jp

挑高寬敞的木質空間、時尚大器的設計感，與抬頭仰望，一路延伸至視線盡頭的壯觀書牆，走進武雄市立圖書館驚豔其美麗之餘，內心升起的是被書籍環抱的幸福與想趕快一探究竟的興奮。2013年4月，武雄市長開創日本圖書館界的首例，與全世界最美書店之一的東京蔦屋書店合作，將圖書館結合書店、咖啡店，強調照明與更貼近使用者日常閱讀習慣的陳列，讓過往總是帶點距離感的圖書館搖身一變成為舒適的閱讀空間，開館以來，深受居民以及觀光客的喜愛。

6 うらり武雄

武雄溫泉駅提供接送，需事先預約　武雄市武雄町大字永島15750-1　0954-27-7717　Check In 15:00~，Check Out ~11:00　uraritakeo.jp

うらり武雄的客房不僅擁有寬敞的空間和現代化的設施，所有客房都配備私人溫泉池，讓每位入住旅客提供最頂級的放鬆享受。不只如此，無論是在室內的溫泉浴場還是開放感十足的露天溫泉，這裡的每一處細節都能讓人充分感受到溫泉帶來的療癒效果。入住的旅人還能品嚐到以佐賀極上食材製作的創作會席料理，滿足最挑剔的味蕾。

7 御船之丘梅林

武雄溫泉站徒步23分　武雄市武雄町大字武雄5166　0954-22-2256　平常入園免費，「うめ~ランド」活動期間￥500

御船之丘梅林位於御船山的東側山腳下，五萬坪的土地上，種了約3000株的梅樹。每年2月中旬到3月下旬，不管是當地人或是觀光客一定都會去看看那一整片梅花鋪天蓋地般綻放的美景。梅花季期間，梅林旁還會開設期間限定的「御船が丘梅林茶屋」，在梅花清香下嚐嚐「梅の花餅」，十分風雅。

樂泡湯飲茶啖湯豆腐

15

嬉野溫泉

うれしのおんせん Ureshino Onsen

相當受到女性喜歡的嬉野溫泉為三大美肌之湯，傳說神功皇后戰爭歸來時看到疲累的白鶴將翅膀浸浴在溫泉中，突然變得活力十足，因此叫受傷的士兵進入泡湯，士兵的傷勢因而受到治療，相當高興的皇后便說「真是高興(うれしの)！」，溫泉也因此得名。

ACCESS

於福岡博多、天神巴士總站搭乘急行巴士可達嬉野溫泉，大部分的列車都只停嬉野IC，停靠嬉野巴士中心的班次1天約只有4班，單程車資為大人￥2,200，小學生以下￥1,100，採預約制。從嬉野巴士中心至嬉野溫泉商店街及各大旅館皆徒步可達，在觀光協會也可租借自行車，共5輛，原則上需騎在觀光協會所規劃的路線，1天￥500。

泡湯優惠票券

・湯遊嬉野券／湯遊嬉野チケット

另外也有發行「湯遊嬉野券」，一本共16張優惠券，總價￥2,000，可以在嬉野溫泉的16處旅館或溫泉使用。在觀光案內所、交流中心等處皆可購買。各處的入浴時間皆有所不同，所需要的優惠券數也不盡相同，約有半數的泡湯處需使用6張優惠券，其他則為4~5張。

0954-43-0137(嬉野溫泉觀光協會)

spa-u.net/deals/

① 湯遊廣場

嬉野溫泉巴士中心徒步5分 嬉野市嬉野町下宿乙822-1 0954-43-0137(嬉野溫泉觀光協會) 自由參觀，足湯24小時開放 免費

湯遊廣場位在嬉野溫泉主街道旁，逛街逛累的話便能在此放鬆休憩，這裡不但是各式活動的舉辦場地，也是嬉野當地民眾與遊客的交流場所。廣場內的一角有個造型與Siebold之湯相似的足湯，稱為「Siebold足湯(シーボルトのあし湯)」，Siebold足湯全天候24小時免費開放。

② Siebold之湯

シーボルトの湯

嬉野溫泉巴士中心徒步約7分 嬉野市嬉野町下宿乙818-2 0954-43-1426 6:00~22:00(入場至21:30) 第3個週三(遇假日順延翌日休) 大浴場國中學生以上~未滿70歲￥450、小學生￥220，70歲以上￥340；貸切湯(包場)50分￥2,500(限5人以下，需另付大浴場回數券大人券5張) www.city.ureshino.lg.jp/kanko/siebold.html 毛巾需自備

大眾浴場Siebold之湯原名為「古湯溫泉」，1996年因設施老舊而遭到關閉的命運，在當地居民強力請願與熱切期盼下，Siebold之湯於2010年重建完成。依大正時代原貌重建的木造哥德式建築外觀，再搭配顯眼的橘色屋頂，更讓這裡成為嬉野最美麗的地標。除了1樓的男湯及女湯大浴場外，1樓及2樓另有5間貸切湯(包場)，泡完湯可以在廣闊的館內空間休憩，還可到2樓的露天陽台及小型展覽走走逛逛。

4 元祖忍者村 肥前夢街道

嬉野溫泉巴士中心徒步約15分 嬉野市嬉野町下野甲716-1 0954-43-1990 9:30~16:00(週末及例假日至17:00) 週二 入園費國中生以上¥1,100、3歲~小學生¥600；修行手形(玩8次遊戲)¥1,000；忍者裝大人¥1,300、小學生以下¥1,000，頭巾¥100 www.hizenyumekaidou.info

佐賀的肥前夢街道是九州唯一一座以忍者為主題所興建的超大型主題樂園，由江戶時代從長崎到小倉之間所連結的重要街道而得名。當時所有對海外的交易幾乎都需仰仗這條舊時長崎街道，不論是貿易或是傳遞文化，重要性及地位可見一斑。另外還有充滿武術樂趣的忍者屋敷、機關屋、鬼屋，或是可以練習射箭、打靶，甚至還有可以射飛鏢的各種遊樂設施，讓人覺得自己就是武藝高強、劫富濟貧的忍者劍客了。

5 224 shop + saryo

豐玉姬神社徒步約5分 嬉野市嬉野町下宿乙909 0954- 43-1220 1F Cafe SARYO週末11:00~17:00，Bar週五~日21:00~24:00；2F shop 10:00~16:00(週末及例假日至18:00) 1F Café SARYO週一~五，Bar週一~四；2F shop週三 www.224porcelain.com/shop

224 shop + saryo也是嬉野溫泉不可錯過的店家。純白的兩層樓空間，用大大的玻璃展示店內空間，彷佛藝廊一般的擺設讓人眼前為之一亮。2樓空間其實是品牌224porcelain的發信基地，店內展示了224自家生產的器具，也有來自世界各地的嚴選商品，每一樣都是兼具設計與實用的商品，1樓的茶寮則能享用嬉野茶與當地老舖的點心，而且所用餐具都是自家產品，從器皿到食物，都在在向訪客展示嬉野的不同魅力，而這正是店家的用心。

3 湯宿廣場

嬉野溫泉巴士中心徒步3分 嬉野市嬉野町下宿乙2187-4 0954-42-3310(嬉野市溫泉觀光課) 足湯8:00~23:00、足蒸9:00~20:00 免費

湯宿廣場於2013年開放，與鄰近的湯遊廣場相同，這裡的足湯與足蒸也大方地免費供民眾使用。湯宿廣場足蒸的高溫蒸氣，為嬉野溫泉天然溫泉水經特殊技術所製成，蒸氣化後的溫泉水粒子約為0.38奈米，為毛孔大小的20萬分之一，不僅具有高度滲透力，連美肌之湯的功效也更容易被吸收，同時具有美容與健康效果。廣場內的足湯處則有精心設計的無障礙區域，讓行動不便的坐輪椅者也可以輕鬆泡湯，十分貼心。

足蒸使用方式

STEP 1 雙腳放入洞裡

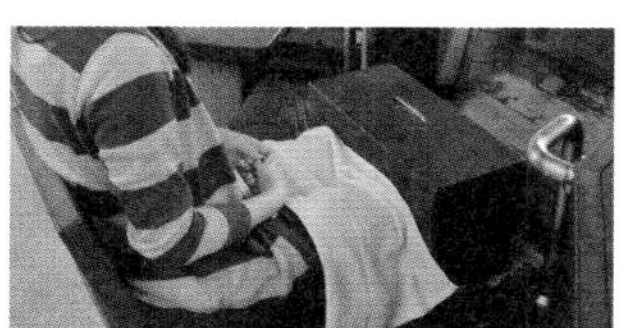

STEP 2 將小凳子般的木箱蓋上，再蓋上毛巾防止蒸氣外流，蒸約10~15分。也可以不使用木箱，直接將毛巾蓋在腳上。

6 豐玉姬神社

嬉野溫泉巴士中心徒步5分 嬉野市嬉野町下宿乙2231-2 0954-43-0680 自由參拜 免費

豐玉姬神社位於嬉野溫泉街中心，神社內所供奉的豐玉姬為日本神話中海神「綿津見」之女，因擁有美麗的容貌及吹彈可破的肌膚，因此被稱為「美肌之神」。在豐玉姬神社中央有座全長約110公分的陶瓷白鯰魚像，為豐玉姬的使者，在鯰魚社中舀起水灑在鯰魚身上後，再輕輕撫摸，隨後雙手合十虔誠地許下心願，據傳不僅能讓肌膚變得光滑美麗，還對皮膚疾病有所助益。

7 輪來

豐玉姬神社徒步5分 嬉野市嬉野町下宿乙915 0954-43-3058 9:00~18:00，週日7:00~18:00 不定休 温泉茶まご(溫泉茶葉蛋)¥90、うれしの紅茶ソフト(嬉野紅茶冰淇淋) ¥300 www.facebook.com/onsenkaidou.link/

在溫泉街漫步時，一定會注意到轉角的輪來。雖然只是一家小店，輪來卻有許多當地的定番伴手禮，以嬉野溫泉製成的美肌肥皂、香甜可口的溫泉饅頭、豐富的嬉野綠茶製品以外，店內還可以吃到以嬉野紅茶製成的冰淇淋，入口不只有奶香，紅茶的濃濃芬芳更讓人驚豔，冰涼滋味成為店內最暢銷的商品，另外也有純天然的義式冰淇淋，焙茶(ほうじ茶)口味也是超人氣品項喔。

8 宗庵 よこ長

嬉野溫泉巴士中心徒步5分 嬉野市嬉野町下宿乙2190 0954-42-0563 午餐10:30~15:00(L.O)、晚餐17:30~20:30(L.O.) 週三(週假日提前休或順延翌日休) 湯どうふ定食(湯豆腐套餐)¥990、特選湯どうふ定食(特選湯豆腐套餐) ¥1,230 yococho.com

知名的嬉野溫泉名物——湯豆腐的發祥地就在這裡，曾在美食漫畫《美味大挑戰》中出現過的宗庵 よこ長，即使是平日中午也常常客滿，深受饕客喜愛。宗庵 よこ長的湯豆腐皆由直營工廠「豆匠 よこ長」所製作，100%使用嬉野產大豆，無論是濃度、硬度都十分講究，經過嚴格把關的湯豆腐嚐起來香濃柔軟，飽餐後也可買塊湯豆腐回住宿處，回味這細膩柔順的口感。

9 佐嘉平川屋 嬉野店

豐玉姬神社徒步約6分 嬉野市嬉野町下宿乙1463 0954-43-1241 9:00~18:00(L.O.17:00) 溫泉湯豆腐定食￥2,000 saga-hirakawaya.jp/brand/

佐嘉平川屋也是當地的湯豆腐名店，創業已經超過60年，店內的溫泉湯豆腐使用木棉豆腐，將豆腐放入湯中烹煮，只見原本透明的湯逐漸變濁，最後呈現出豆漿一般的乳白色，當湯底變色之後就可以開始放入青菜烹煮，表面稍微溶解後的豆腐最為軟嫩，入口即化的口感吸附帶有濃濃豆香的湯汁，再加上佐嘉平川屋特調的柚子醋、芝麻醬一起入口，多重的香味十分迷人。

10 茶家 六地蔵

豐玉姬神社徒步約3分 嬉野市嬉野町大字下宿乙2199 0954-42-0372 10:00~18:00 週三 義式冰淇淋￥300/種 www.n-bikouen.co.jp

茶家 六地蔵是嬉野茶老舖「中島美香園」開設的茶飲空間，從店面進去，會先看到各式各式的茶葉，當季新摘的綠茶、精心熟成的紅茶，每一樣都是由自家茶園生產的茶葉製成，店內最有人氣的就是自製的茶口味義式冰淇淋，甘醇的抹茶香氣與淡雅的焙茶，兩種口味各有人擁護，但不論哪種都吃得出純天然的美味，坐在店內看著窗外雅致的日式小庭園，吃著清涼消暑的冰淇淋，讓嬉野的午後充滿濃濃茶香吧。

值得順遊

UPLIFT SHIMOJYUKU

嬉野溫泉駅前即達 嬉野市嬉野町大字下宿甲4763-1 0954-43-6510 10:00~17:00 每月第2、4個週二 www.uplift-shimojyuku.com

UPLIFT SHIMOJYUKU是一家結合咖啡館和商店的特色景點。選入佐賀的地產名物，種類豐富，還每日供應新鮮蔬菜和當地農家製作的加工品，為購物增添更多故事性和情感。而周圍綠草如茵，讓人感覺不到身處車站前，反而像置身於電影中的度假場景，為訪問嬉野的旅客提供一個放鬆享受的場所。

轟の滝公園

嬉野溫泉巴士中心徒步20分；或在嬉野溫泉巴士中心搭乘往彼杵的JR九州巴士，約5分至「大野原口」站，下車後徒步5分 嬉野市嬉野町大字下宿丙163-1 0954-42-3310(嬉野市溫泉觀光課) 自由參觀 免費

轟之瀑布的名稱源自於其氣勢磅礴的水流聲，分為三段的瀑布高達11公尺，上游祭祀著不動明王，下游則注入了面積約2,500平方公尺的湖泊中，在地勢平坦的轟之瀑布公園內觀看更顯瀑布的壯闊，尤其正前方紅色的「滝見橋」上更是絕佳的欣賞視野。

清秀文雅陶瓷器 日本燒物重鎮之城

16

有田 ありた Arita

已經創業400年的有田燒幾乎就是日本燒物的代名詞，從JR上有田駅到有田駅短短5公里，沿途盡是各家窯元或販賣有田燒的商店，可體驗拉坏、捏陶或彩繪的樂趣，還有許多以有田燒盛裝美味的特色餐廳、咖啡店，市郊更有別具氣氛的主題公園，適合花上一整天進行文化之旅。

ACCESS

由JR佐世保線有田駅或上有田駅下車，徒步約10~20分；部分景點則需搭乘巴士或計程車前往。在有田駅KILN ARITA観光案内所、有田館(有田観光協会)、上有田駅前(原田酒店)、ろくろ座設有自行車租借處，1日¥1,000 (押金¥1,000)。

1 有田瓷器公園

有田ポーセリンパーク

JR有田駅搭計程車約8分，開車由波佐見有田I.C出入口下交流道約3分 西松浦郡有田町戸矢乙340-28 0955-41-0030 10:00~17:00、12~2月到16:00 入園免費 www.arita-touki.com

有田瓷器公園處處都是雅緻的歐風建築，包括仿俄羅斯式的古堡，或是歐洲博物館，設計相當具有一致性，門上的浮雕也務求與真實城堡相同，廣場上還有以陶瓷器所製成的大型西洋跳棋。除了豐富館藏，公園內有許多別出心裁、設計得十分典雅美麗的公共設施，也全是由陶瓷器所製成，就像是一個大型的陶瓷藝術品。

2 陶山神社

JR上有田駅徒步17分、JR有田駅搭計程車3分，JR有田駅搭乘接駁車(有田町コミュニティバス)，在「札の辻」站下車徒步5分 西松浦郡有田町大樽2-5-1 0955-42-3310 自由參拜 有田燒御守¥800 arita-toso.net

來自朝鮮的李参平可以說是有田燒的創始者，並帶領著韓國陶工們致力發展有田燒的輝煌歷史，創建於1658年的陶山神社，原本是祭祀從神原八幡宮分靈而來的應神天皇，從明治時期之後漸漸地改稱為陶山神社，並且供奉李参平和佐賀藩藩主鍋島直茂，以紀念其貢獻與功勞，並且希望祂們庇祐陶瓷相關行業與有田地區的居民。神社境內不只狛犬、鳥居等是陶瓷製品，最特別的是繪馬和守護符，居然也是有田燒製成，全日本也只有這裡才看得到。

3 Arita Será

アリタセラ

JR有田駅搭計程車約5分 西松浦郡有田町赤坂丙2351-169 0955-43-2288 9:00~17:00(依店舖而異) www.arita.gr.jp

Arita Será是集合了25家店有田燒專賣店的購物中心，從骨董級的古伊萬里到迎合現代風格所設計的餐具，通通都可以找到自己所需，而且價格比東京便宜好幾成。更有餐廳業者特別遠道而來挑選搭配自家料理的器皿。如果想要買點別具特色的商品送人，充滿有田燒特色的燒酎杯是不錯選擇。

④窯壁小徑

トンバイ塀のある裏通り

JR上有田駅徒步約15分、有田館徒步約3分 有田町泉山~上幸平~大樽地區・稗古場地區 0955-43-2121(有田観光協會) 自由參觀

有田町最具味道的風景當屬窯壁小徑。窯壁上頭形狀不規則且顏色多樣的「磚塊」其實是耐火磚(トンバイ)與陶器碎片、紅土混合而成，其中耐火磚為建造登窯時所使用的材料，廢棄登窯的耐火磚便藉此再次利用。據傳窯壁起源於江戶時代，陶藝職人雖在城鎮中開設店鋪，但為了防止他人窺探自己的獨門製陶技術，窯燒處都建於人煙稀少的場所，並且在建物及工房外圍高築窯壁，美麗的窯壁因此成型。

⑤佐賀縣立九州陶瓷文化館

JR有田駅徒步約12分 西松浦郡有田町戸杓乙3100-1 0955-43-3681 9:00~17:00(入館至16:30) 休週一(遇假日順延翌日休)、12/29~1/3 免費，特展期間另計費 saga-museum.jp/ceramic/

九州陶瓷文化館內共有3層樓，2樓最主要的是第5展示室、相關照片的展示場、館藏各種陶瓷器的儲存室，以及可供實際學習捏製陶瓷器的陶藝工房，還有教導如何上色的Painting Room。第5展示室內所展示的陶瓷器，是由住在東京的柴田夫婦所捐贈，總計10,311件大小不同的有田燒陶藝品，一次展示其中約1,000件作品，每年12月更換展示物。其他還有現代的九州陶藝和九州的古陶瓷，也清楚的標示出陶瓷的製作流程。

⑥源右衛門窯 有田窯元

JR有田駅搭計程車約5分 西松浦郡有田町丸尾丙2726 0955-42-4164 8:00~17:00，週末及例假日9:00~17:00 休不定休 免費參觀 www.gen-emon.co.jp

已有260年以上歷史的源右衛門窯在有田燒界頗具盛名，承襲了有田燒的傳統技法，製作許多適合現代生活的餐具，歷史悠久的建築中依然保留泥土地面，數十位職人們就在此各司其職。來到展示販賣中心，除了可以選購有田燒、參觀有田燒的製作過程之外，還有一個小型的古伊萬里資料館，讓顧客們能對有田的陶瓷有更深的認識。

⑦Gallery有田 有田本店

ギャラリー有田

JR有田駅徒步約5分 西松浦郡有田町本町乙3057 0955-42-2952 11:00~17:00 休不定休 有田名物ごどうふ膳(吳豆腐定食)¥1,600 gallery-arita.co.jp

Gallery有田提供的標準和風定食形式中，可以品嚐到知名的佐賀牛以及有田才吃得到的吳豆腐，切成一口大小的佐賀牛只用煎烤方式展現肉質的原始美味，而吳豆腐則是佐上獨家自製的味噌醬，清爽開胃。也有提供下午茶，可從店內羅列的有田燒杯子中任選咖啡杯，也可以直接在此選購各種有田燒餐具器皿。

秘窯之鄉賞陶瓷風景 市街品嘗美味漢堡排

17

伊萬里

いまり Imari

伊萬里的陶瓷器在日本享富盛名，事實上讓伊萬里出名的高級陶瓷許多都是在大川內山的深山中所燒製，雖然伊万里駅附近就有許多景點，不僅可欣賞到燒物，有「秘窯之鄉」稱號的大川內山更是不容錯過。

ACCESS

由JR筑肥線伊万里駅下車即抵；或從JR佐世保線的有田駅轉乘松浦鐵道，在伊万里駅下車，再轉乘巴士前往各景點。在松浦鐵道伊万里駅內的觀光協會即可租借電動自行車1日￥700（需出示身分證明，或繳交￥10,000保證金，會在還車時歸還）。

❶大川內山

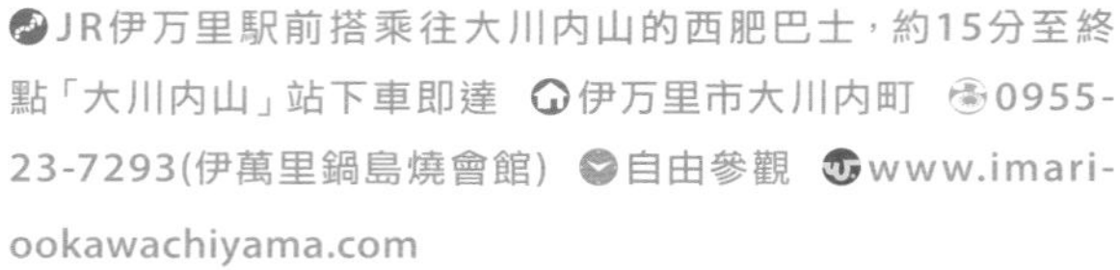

JR伊万里駅前搭乘往大川內山的西肥巴士，約15分至終點「大川內山」站下車即達　伊万里市大川內町　0955-23-7293(伊萬里鍋島燒會館)　自由參觀　www.imari-ookawachiyama.com

如果想要追本溯源地了解伊萬里燒，大川內山是當時佐賀藩城主鍋島家的御用窯元，據説因為不希望獨家的燒製方法外傳，所以故意遷往以山林為天然屏障的深山中，以確保鍋島燒的秘技不致外流，無論是工匠或技師，都在藩的管理之下，沒有經過允許，任何人都不能出城。現在環山翠綠圍繞著這個「秘窯之鄉」，一家家窯元依著山勢搭建，蜿蜒略窄的小街，相同溫和色調的房舍，高聳的煙囪交錯，漫步其中讓人感到十分的安適優閒。

❷伊萬里鍋島燒會館

JR伊万里駅前搭乘往大川內山的西肥巴士，約15分至終點「大川內山」站，下車後徒步2分　伊万里市大川內町1806　0955-23-7293　9:00~17:00　コーヒー(咖啡)￥500、伊萬里茶杯約￥2,000起

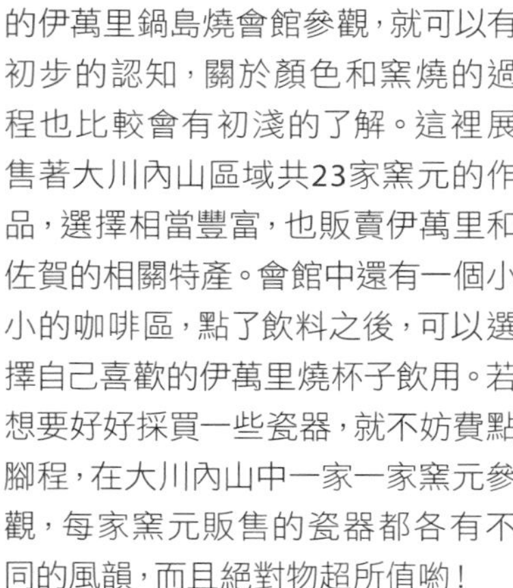

如果想要多了解伊萬里燒，可以先到停車場旁的伊萬里鍋島燒會館參觀，就可以有初步的認知，關於顏色和窯燒的過程也比較會有初淺的了解。這裡展售著大川內山區域共23家窯元的作品，選擇相當豐富，也販賣伊萬里和佐賀的相關特產。會館中還有一個小小的咖啡區，點了飲料之後，可以選擇自己喜歡的伊萬里燒杯子飲用。若想要好好採買一些瓷器，就不妨費點腳程，在大川內山中一家一家窯元參觀，每家窯元販售的瓷器都各有不同的風韻，而且絕對物超所值喲！

3 鍋島藩窯公園

JR伊万里駅前搭乘往大川內山的西肥巴士，約20分至終點「大川內山」站，下車後徒步2分到唐臼小屋、徒步12分可到登窯 伊万里市大川內町 0955-23-7293(伊萬里鍋島燒會館) 自由參觀 免費

過伊萬里川的鍋島藩窯橋，橋梁上有兩只大壺，光澤燦白的瓷器勾繪出紅藍黃艷麗花卉，是標準的色鍋島；鍋島藩窯橋的橋身，也各嵌有龍鳳陶板；停車場邊由數十塊鍋島染付拼成的大面陶板，清楚地繪出了各家窯元與小徑路線。大川內山的東側另有一個燒製陶瓷的登窯，除了展示，如果遇上重要作品需要，依然能夠使用。從主要道路越過伊萬里川，可以看到相當特別的唐臼小屋，這是復原古時候由人工利用強大水力擊碎陶瓷原料的道具，清涼的水聲讓人心靈舒暢。小屋前還有感應式的風鈴塔，只要有人經過，陶瓷製的風鈴就會發出清脆悅耳的鈴聲，成為山谷中的雅音樂章。

4 畑萬陶苑

JR伊万里駅前搭乘往大川內山的西肥巴士，約20分至終點「大川內山」站，下車後徒步5分 伊万里市大川內町乙1820 0955-23-2784 9:00~17:00 休1/1 hataman.jp

大川內山目前仍有30多家窯元，由於當年的鍋島窯元是官方窯元，上好的鍋島燒當然是專供給將軍、諸侯、大名，或是朝廷的進貢品，因此擁有鮮豔的色彩與精緻的紋樣就是鍋島燒的最大特徵。承襲了鍋島藩傳統美學與技術的畑萬陶苑，目前擁有20位燒物職人，而第四代的社長畑石真嗣本身就是政府認定的伊萬里有田燒傳統工藝士，為了傳承並讓人們想要收藏更多作品，大量運用傳統技術創作許多鍋島燒的新紋樣與設計。

值得順遊

松浦一酒造

九州擁有好山好水，也就成了好酒的故鄉，除了燒酎，日本酒也相當美味，位於伊萬里市郊的松浦一酒造就是好酒的品質保證。使用有田當地的甘美泉水和最適合釀酒的山田錦來釀酒，最受歡迎的大吟釀曾多次獲得新酒評鑑的肯定，用伊萬里生產南高梅所釀的梅酒香氣十足，相當受到女性歡迎。

伊萬里牛漢堡排

伊萬里牛漢堡排為伊萬里研發的當地美食，2010年及2011年連續兩年獲得九州當地美味大獎賽冠軍的高度評價，是來到伊萬里不可錯過的美味。伊萬里牛漢堡排以等級4以上的伊萬里牛製成，完全不添加蛋、牛奶等使其黏著的食材，伊萬里牛的肉質細軟、脂肪豐富，而且甜度及風味十足。

坐擁海灣松原，動畫《Yuri!!! on ICE》帶來新活力

18

唐津

からつ Karatsu

唐津位於九州的西北部，自古就是與唐(指唐代中國、韓國)銜接的玄關(津，港口之意)，也因此接收了來自中國的文化，孕育出獨特的唐津燒，江戶時的城下町到了明治時期更因出口煤炭而蓬勃發展，街道上可見西式典雅建築以及日式傳統房屋。

ACCESS

從博多前來，可利用福岡地下鐵空港線至「姪浜」駅下車，轉乘JR筑肥線(西唐津行)到唐津駅下車。若是從佐賀前來，只要搭乘JR唐津線約61分即可達。

1 唐津城

JR唐津駅徒步約20分，或搭乘昭和巴士市内循環線東行在「唐津城入口」站下車即達 唐津市東城内8-1 0955-72-5697 9:00~17:00(入場至16:40) 休12/29~12/31 天守閣大人¥500、國中小學生¥250 karatsujo.com

別名「舞鶴城」的唐津城位於向海灣延伸的滿島山上，面海而建，視野廣闊，天氣晴朗時，可從天守閣鳥瞰一片綠意的虹之松原與唐津灣中的高島，另一頭則能夠觀賞到松浦川與唐津城下町風景。周邊的舞鶴公園為賞花勝地，春天時500多株吉野櫻齊開，爛漫至極；到了五月份則是紫藤花的時節，一串串垂掛在棚架上盛開，隨風搖曳，棚架下則成了紫色步道，引人駐足。到了夜間的點燈活動，白色的城牆就如浮在夜空中，如夢似幻。最推薦的拍照地點在附近的舞鶴橋，同時將橋、水面及夢幻的唐津城一起攝入鏡頭裡。

2 舊高取邸

JR唐津駅徒步約15分 唐津市北城内5-40 0955-75-0289 9:30~17:00(入館至16:30) 休週一(遇假日順延翌日休)、12/29~1/3 15歲以上¥520、國中小學生¥260 www.karatsu-bunka.or.jp/kyutakatoritei.html 連假、年末年始有特別開館日(詳見官網)

結合日式屋瓦與西式洋房，舊高取邸是明治時期被稱作「炭坑王」的商人高取伊好(1850~1927年)的宅邸，這處國指定重要文化財不僅占地廣達2300坪，內部更是十分豪華。沙發、壁爐出現在和室以外，精美的杉戶繪以及造型不同的欄間都是看點，大廣間裡甚至還設置了能劇舞台，在全日本都十分罕見。因為鄰近唐津灣，從2樓更可看到借景唐津灣的庭園全貌，另一側的西式洋房還可看到豪華待客空間，精緻又充滿昔日生活面貌，非常值得一看。

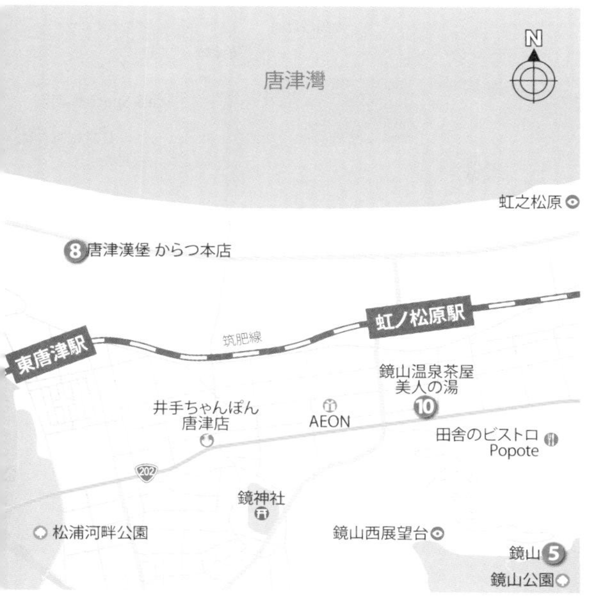

❸虹の松原

JR虹ノ松原駅徒步約10分 唐津市東唐津~浜玉町 自由參觀 免費

蜿蜒在唐津灣前的一片茂密黑松林，不只從鏡山上看下來壯觀，實際走入松林裡，也能感受到它的蒼勁之美。這片松林由約100萬顆黑松樹組成，最早是為了防潮、防砂所種植的防風林，想不到一直到現在，和気比松原、三保の松原合稱為「日本的三大松林」，細心的植育有了成果。

❹曳山展示場

JR唐津駅徒步約1分 唐津市新興町2881-1 0955-73-4361 9:00~17:00(入場至16:40) 12/29~12/31 15歲以上￥310、國中小學生￥150

從唐津車站出來，就會看到曳山雕像，這是因為每年11月的唐津宮日祭早已是當地代表文化。要是無法躬逢其盛，平日造訪唐津時可以到曳山展示場參觀，每個町的代表曳山(山車)平時都放在這裡。曳山的作用其實是要在巡遊中守護神轎，因此造型大多有著強大、吉祥的寓意，每個町的曳山造型各異，但都是由職人手工製作，每一台都擁有百年歷史，細膩華麗的做工讓人讚嘆。

唐津宮日祭

唐津最大的盛事就是就是唐津神社的秋日大祭—唐津宮日祭，每年11月2～4日之間，由當地14個町組成曳山隊伍會推著代表該町的華麗曳山，在熱烈歡呼聲中巡遊市區，熱鬧祭典每年都會吸引將近50萬人來訪，可以說是整個佐賀最重要的祭典，甚至還被列入世界文化遺產。

❺鏡山

JR唐津駅北口徒步約10分至唐津大手口巴士中心，搭乘開往「宇木・半田」的昭和巴士，在「鏡山入口」站下車，徒步即達 唐津市鏡山 0955-72-9250(唐津市公園課) 自由參觀

鏡山位在唐津市區的東南方，是俯瞰唐津市區美景的最佳觀景點。到鏡山展望虹の松原，這片翠綠的松林就像是一條碧綠色的絲緞，沿著唐津蜿蜒的海岸畫出一道美的弧線。這碧綠松林和湛藍海水，就像是「虹」一樣的絕美弧線，鏡山觀景果真名不虛傳。

6 唐津市鄉土會館Arpino

JR唐津駅徒步1分 唐津市新興町2881-1 0955-75-5155 9:00~18:00 www.arpino-karatsu.jp

唐津市鄉土會館Arpino就位在車站一旁，交通非常方便，這裡擁有最豐富的唐津物產與伴手禮，可以找到以唐津宮日祭曳山造型做成的貼紙、杯子、小玩具、T恤，或者是當地角色「唐ワンくん」的各式周邊商品，除此之外，還有小城羊羹、宝當神社的御守、呼子的章魚、佐賀牛肉等零嘴及料理包，光是1樓的物產可以逛上一陣，2樓還有唐津燒的展示賣場，對唐津傳統的焼き物有興趣的話，也很推薦上樓看看。

7 Caravan

JR唐津駅徒步約3分 唐津市中町1845 0955-74-2326 11:30~15:00(L.O.14:30)、18:00~22:00(L.O.20:30) 休週二、第3週日、週一 $客製化依顧客選擇的部位、重量大小計價 ca1979.com

位在小巷弄內的Caravan是和牛專賣店，自1979年創立以來，店主都以相同的熱忱在烹調、待客，就是希望能讓客人了解佐賀牛的美味，度過美好的用餐時間。店內提供的和牛都是霜降恰好的A5等級佐賀牛、伊萬里牛，熟成後引出絕佳風味，烹調前還會讓客人看看自己選擇的牛肉，光是看到油花分布的鮮嫩牛肉就讓人飢腸轆轆，店主還會現場切片做成美麗花朵，接著或加上芥末生食、或炙燒幾秒，讓客人品味佐賀牛的鮮美，才真正進入重頭戲，大塊牛排直接上鐵板燒烤，待外表微微熟了之後，淋上酒以大火燒烤，讓牛排外表酥脆，內裡則是剛好的嫩度，絕佳的美味讓人回味再三。

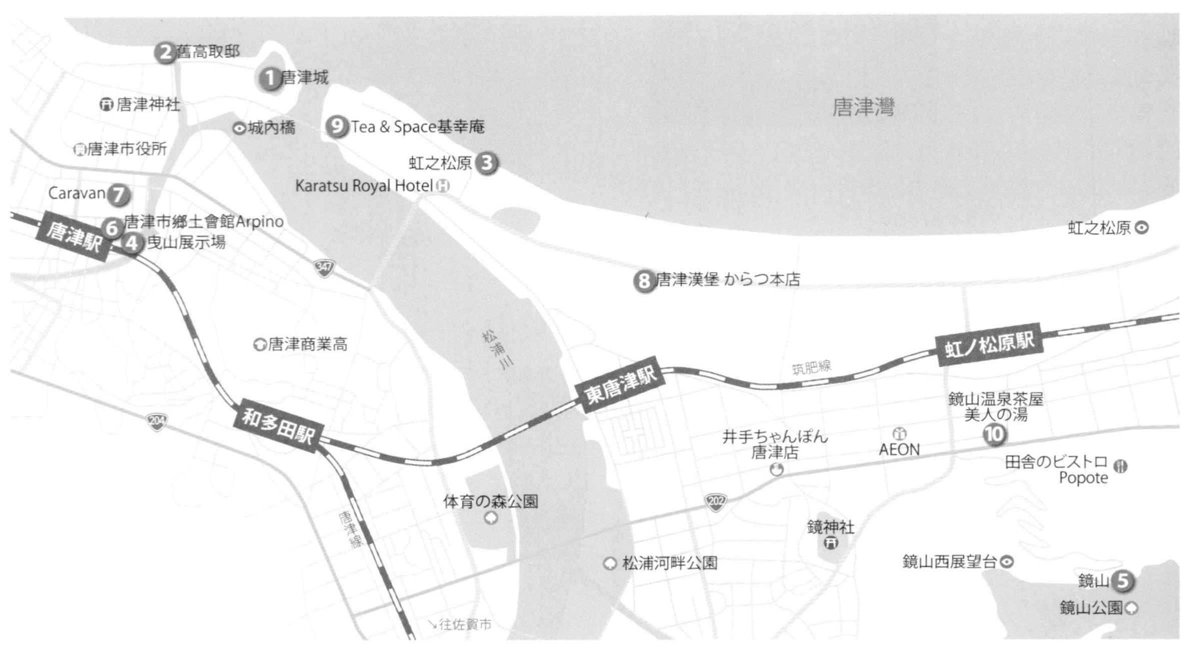

8 唐津漢堡 松原本店

JR東唐津駅或虹ノ松原駅徒歩約26分 唐津市虹ノ松原 0955-70-6446 10:00~19:30 special burger(特製漢堡)¥600、egg burger(雞蛋漢堡)¥460 唐津市區也有一家分店

唐津漢堡曾在TBS節目的全國當地美味漢堡排行中得到第四名的成績，主要的銷售店鋪型態為移動販賣車，本店就位在虹之松原裡。來到本店，可以看到許多當地人駕車到這裡，點好餐後就回到車內等著漢堡送來。多樣的口味選擇中，最推薦的就是份量十足的特製漢堡，歐姆蛋般滑嫩的煎蛋與生菜、火腿、多汁漢堡排，加上唐津漢堡特地煎得酥酥脆脆的麵包，組合出令人難忘的口感與味道。

9 Tea & Space基幸庵

JR唐津駅徒步約23分 唐津市東唐津1-9-21 0955-72-8188 11:00~18:00 週二、第4個週一 ぜんざい+ほうじ茶(善哉+焙茶)¥780、基幸庵風あんみつパフェ¥820 www.kikouan.com

座落在車來人往的橋樑一旁，基幸庵是一家結合雜貨與咖啡的店鋪，店內一側擺放了店家從各地挑來的嚴選雜貨，可以找到當地的唐津燒、佐賀的有田燒、東北岩手的鐵器等商品，一旁的茶空間則提供店家特製的日式甜點，ぜんざい(善哉)裡的大顆紅豆是用職人傳授的煮法細心烹煮，保有紅豆顆粒恰好的口感，散發出香甜豆香，而特製あんみつ(餡蜜)更是特別，手工做成的白玉丸子有著紮實口感，搭上抹茶寒天以外，冰淇淋上還放了一片味噌口味的傳統餅乾，處處都是驚喜。

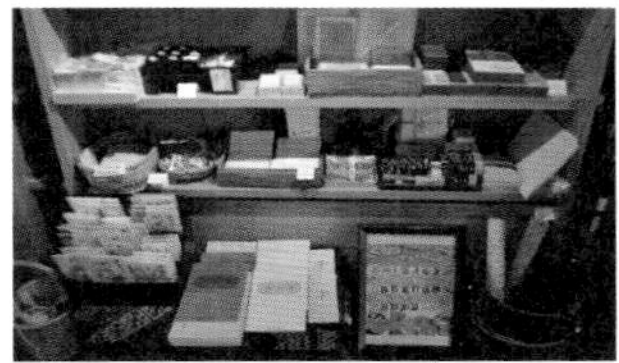

10 鏡山溫泉茶屋 美人湯

JR虹の松原駅徒歩約8分 唐津市津市鏡4733 0955-70-6333 10:00~22:00(入店至21:30)，餐廳11:00~14:30、17:00~20:00(L.O.) 第3個週四(1、2、8月無休)、12/31、餐廳週一~六15:00~17:00 大人¥800(17:00後¥700)、小孩¥750(17:00後¥400) kagamiyamaonsenchaya.com

鏡山溫泉茶屋是鏡山山腳下的大眾溫泉，來到這裡可以體驗日式大眾浴場的樂趣、享受鏡山的溫泉，這裡的溫泉是從地下1600公尺的深處汲取而出，泉質包括鐵質泉、弱放射泉、碳酸鹽泉，具有美肌效果以外，還對糖尿病、痛風、高血壓有療效。茶屋裡也設有餐廳，肚子餓了可以到這裡用餐。而且因為茶屋就是動畫《Yuri!!! on ICE》中主人公勇利的老家，成為粉絲必訪的聖地，店家為了招待動漫迷還特別裝飾不少海報、人形立牌呢。

值得順遊

海舟本店

JR唐津駅搭乘開往呼子的巴士，車程約35分 唐津市呼子町殿ノ浦552-2 0955-82-5977 11:00~18:00 不定休 いか活き造り定食(花枝生魚片定食)¥3,300 www.yobuko-kaisyu.com

呼子面臨玄界灘，是個不折不扣的海港，海中珍味、魚蝦蟹貝，個個質美味鮮，使這裡成為日本極富盛名的海港之一。而其中最美味的莫過於花枝了。這裡流行直接將活花枝切成細絲，沾點醬油吃起來更加甘甜。晚餐時段，就來這個海港品嚐新鮮的海味吧！

濱海小鎮的美酒之旅

19

肥前浜

ひぜんはま Hizenhama

肥前浜宿在江戶時代作為多良海道往返的住宿點而興盛，到了明治以後造酒產業更盛，主要由「酒藏通」和「茅草屋街道」構成。這兩個部分於2006年同時被選定為「重要傳統的建築群保存地區」，是具有高度歷史價值的地區。

ACCESS

搭乘JR長崎本線至肥前浜駅下車即可徒步至各大景點。肥前浜駅設有觀光資訊中心，遊客可以在這裡拿到導覽小冊或者租借自行車(1日¥500起)。由於肥前浜駅周邊沒有置物櫃，如果有大件行李，可以在這裡免費寄存。

① HAMA BAR

肥前浜駅內　佐賀縣鹿島市浜町930-2　0954-60-4160　11:30~16:30，週五六日加開18:00~21:00　5藏大吟釀(各40ml)¥1,500　hamashuku.com/hamabar/

以「讓人輕鬆享受鹿島美酒」為理念誕生的日本酒酒吧HAMA BAR，擁有來自鹿島五家酒藏的各種日本酒，根據造訪問時間的不同，還有可能品嚐到剛釀好的「生酒」、秋季的「冷卸」等季節限定美酒。若想要下酒菜也有不少套餐可以選擇，親切的服務人員也是一大亮點。推薦搭配奶酪和酒粕製成的「奶酪酒粕漬」。厚實口感與日本酒搭配得天衣無縫，讓人愈喝愈上癮！

② 肥前浜宿酒藏通

肥前浜駅步行10分　佐賀縣鹿島市浜町933　自由參觀

肥前浜宿以作為港口城鎮和宿場町，以酒造等釀造業為中心、街道和水路為骨架，保存了許多白壁土藏和茅葺町屋等傳統建築。這裡的建築包括防火結構的居藏造町屋、土藏造的大型酒藏、栈瓦葺真壁造町屋、茅葺町屋、武家住宅和西洋風建築等，這些高質量的建築共同營造出豐富多彩的町並景觀，散發出獨特而多變的風情。

③ 觀光酒藏肥前屋

肥前浜駅步行約8分　佐賀縣鹿島市浜町乙2761-2　0120-145-504　9:00~17:00　週末例假日、年末年始　純米大吟釀光武¥3,960，肥前浜宿梅酒¥1,423　www.hizennya.com

位在肥前浜宿老街道上的肥前屋，是光武酒造的販賣處與峰松藏。在這裡可以投幣試喝約10種不同酒款，包括剛榨的生酒、燒酎、用日本酒釀製的梅酒等，另外也貼心為不喝酒的人提供免費試喝甘酒、醋飲等。除了販售與試飲之外，在酒藏內也把酒造過程中攪拌酒槽的步驟「櫂入」做了虛擬體驗，再深入屋內還有昭和時代的懷舊展品展示等，都是值得拍照打卡的景點。

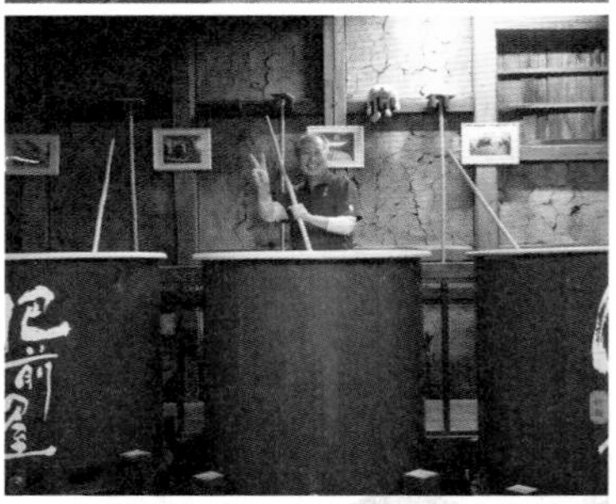

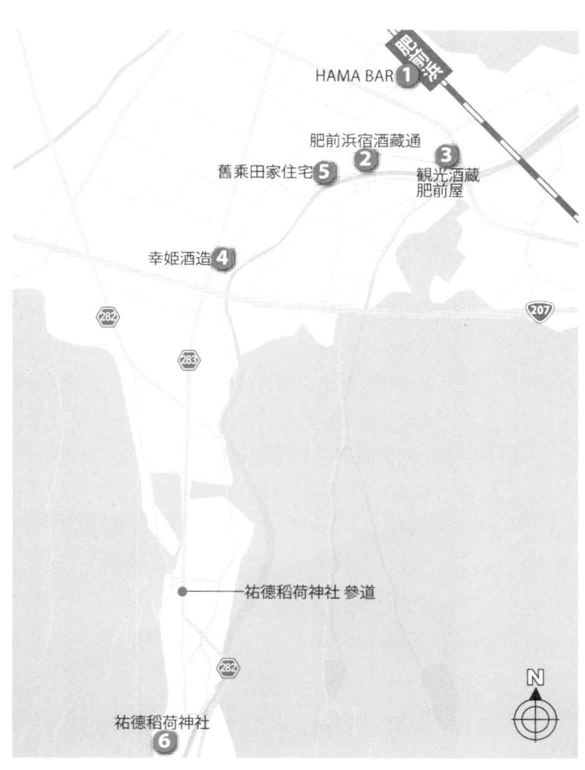

4 幸姫酒造

肥前浜駅步行約15分 佐賀縣鹿島市古枝599 0954-63-3708 9:00~16:00 休1/1～1/3 純米吟釀幸姬RISE￥2,200，幸姬甘酒￥765 www.sachihime.co.jp 酒藏見學需預約，詳見官網

製作祐德稻荷神社御神酒的造酒廠正是幸姬酒造。自1934年(昭和9年)創業以來，即使在戰爭期間也從未停歇。昔日這家酒造的主人為了祈求獨生女兒幸福而創作了「幸姬」這個品牌，在酒廠參觀時，可以免費試飲包括剛榨出的生酒、日本酒製作的梅酒等約10種酒品，以及甘酒。

5 舊乘田家住宅

肥前浜駅步行約8分 佐賀縣鹿島市古枝甲11 10:00~17:00 休週二 免費參觀

這棟建築為兩層樓，底層設有座敷和佛間等房間，二樓則用作儲物室和兒童房。天花板以土造塗覆，據推測這是為了養蚕而確保的保溫功能。這裡不僅展示了武士宅邸特有的建築風格，還擁有寬敞的土間和田地。反映了兵農未分離的在鄉武士生活情況，因而作為珍貴的武家屋敷遺構，也被指定為市的重要文化財。

6 祐德稻荷神社

肥前鹿島駅的鹿島巴士中心搭祐德巴士約10分 佐賀縣鹿島市古枝乙1855 0954-62-2151 境內自由參拜，祐德博物館9:00~16:30 祐德博物館大人￥300、大學~高中生￥200、國中小學生￥100 www.yutokusan.jp

祐德稻荷神社是日本三大稻荷之一，主要是保佑人們商業繁榮、漁獲豐富、交通安全等。其奧宮方面有許多紅色的鳥居，十分壯觀；夏天走進來感覺十分涼爽，是登山散步的不錯選擇，每年十二月則會舉行感謝神靈賜與豐收的火祭，神社還會準備今年新米釀製的甘酒，為這物富民豐的一年畫下完美句點。

坂道海港 洋風不止

20 長崎市 ながさきし Nagasaki City

長崎是個依山傍海的城市，一半以上的住家都在山坡上，無論是順著坂道散步發現巷弄之間的趣味，或是從山坡上眺望長崎市街和整個港灣，都是遊玩長崎的好方法。

ACCESS
由JR長崎駅下車，再轉搭路面電車或巴士前往各景點。

①長崎新地中華街

路面電車「新地中華街」站徒步1分 長崎市新地町10-13 095-822-6540(長崎新地中華街商店街組合) 休依店舖而異 www.nagasaki-chinatown.com

日本在16世紀排外(西洋)最盛的時期，其他商船被限制入港，中國船隻卻被得以在任何港口自由出入，中國文化更平平穩穩地在長崎建立起基礎。長崎新地中華街和橫濱、神戶並列日本三大中華街，從江戶時代就是和中國往來頻繁貿易商存放貨物的倉庫，今日的中華街由東西南北四個門界定出總長約250公尺，呈現十字狀的石坂路，總共聚集了約40家的中華料理、中國雜貨，以及服飾、食材等餐廳、商店。

②長崎出島碼頭

路面電車「出島」站徒步2分、「メディカルセンター」站徒步5分；JR長崎駅徒步13分 長崎市出島町1-1 095-828-3939 休依店舖而異 dejimawharf.com

17世紀中幕府鎖國禁教，於長崎海岸築造「出島」，作為唯一獲許對日貿易的荷蘭商館駐地。明治時代長崎港岸填海造地，出島沉埋地底，近年施行復原整備計畫，再現出島的昔日面貌。現在這裡結合各種服務與海景的複合式設施，就位在長崎港的航站旁。完全使用展現原木色調的二層樓建築之中，進駐了將近20家餐廳及商店，是最受年輕人歡迎的約會地點，每到傍晚，只見情侶們漫步在綿延150公尺的甲板上，享受夜幕逐漸降下，或者在各家餐廳的露天座椅上品嚐美味。

③出島和蘭商館跡

路面電車「出島」站徒步約2分 長崎市出島町6-1 095-821-7200 8:00~21:00(入場至20:40) 大人¥520、高中生¥200、國中小學生¥100 nagasakidejima.jp

自出島和蘭商館跡西側的水門進入，依江戶、幕末開國、明治的時間軸而遊，可以見到荷蘭商館長居所「カピタン部屋」、商船長居所「一番船頭部屋」、傳入西洋料理的「料理部屋」等建物。以日荷貿易和出島生活為主題，木造町屋陳設了來自荷蘭和印尼的家具物件，再現荷蘭商館員在出島生活的情境。

④長崎県美術館

路面電車「出島」徒步3分，「メディカルセンター」徒步2分 長崎市出島町2-1 095-833-2110 10:00~20:00(企劃、常設展示室入場至19:30) 休第2、4個週一(遇假日順延翌日休)，年末年始(12/29~1/1) 大人¥420、大學生或70歲以上長者¥310、國中小學生¥210 www.nagasaki-museum.jp

由建築大師隈研吾設計的長崎縣立美術館，貫徹其建築與環境共生的理念，坐落在長崎港旁，橫跨運河而生。美術館由包含了禮品店、縣民藝廊和活動工房的「藝廊棟」和配置常設展覽室、特展室等的「美術館棟」所構成，貫穿兩層樓的入口大廳高挑寬敞，玻璃帷幕引進大片自然光，予人開闊的視野。

5 中通り商店街

眼鏡橋徒步1分 長崎市古川町~諏訪町~麹屋町 nagasaki.allcore.jp

位於中島川和寺町之間的「中通り商店街」，自江戶中期開設至今，是長崎歷史最悠久的商店街。小小街道上人潮川流不息，除了慕名而來的外地遊客，這裡也是當地人的採購地，不時聽見街坊居民充滿活力的寒暄談笑，有著十分熱鬧的生活感。

6 興福寺

路面電車「市民会館」站徒步8分、眼鏡橋徒步10分 長崎市寺町4-32 095-822-1076 9:00~17:00 大人¥300、國高中生¥200、小學生¥100 kofukuji.com

興福寺是前來長崎貿易的明朝商人與僧侶為了祈求航海安全而建的小廟，奉祀觀音菩薩、地藏王菩薩、媽祖。之後在中國禪宗名僧隱元受邀前來弘法後壯大成為之後隱元開創黃檗宗的發源地，同時也將書畫、雕刻、茶道、料理等各式明朝文化傳入日本，給予後世深遠的影響。寺內的大雄寶殿由建造眼鏡橋的默子如定禪師創建，梁柱上精緻的雕刻、巧奪天工的碎冰窗格，屋簷上高達1.8公尺的瓢瓶都是珍貴的唐廟建築特色，為日本國家指定文化財。

7 眼鏡橋

路面電車「めがね橋」站徒步3分 長崎市魚の町2 自由參觀

來到這座架在中島川上、日本最古老的石造拱橋，連著映在水面的倒影一起看，真的就像一副眼鏡。寬永11年(1634年)，興福寺的第二代住持默子如定為了讓神轎隊伍風風光光地入寺，引入中國造橋技術，特別蓋了這座在當時是最稱頭的石橋。一直到了近代，眼鏡橋與東京的日本橋、岩國的錦帶橋並列為日本三名橋，可惜在1982年一次大洪水中被沖壞，現在看到的是重建之後的新橋。

8 長崎雜貨 たてまつる

路面電車「西浜町」或「大波止」站徒步約3分 長崎市江戸町2-19 095-827-2688 10:00~18:30 休週二 長崎手拭巾¥1,430(不含竹製掛杆) tatematsuru.thebase.in

坐落近港的江戶町，たてまつる的手拭巾可是長崎的新名物。以剪紙畫的形式繪出一則則長崎故事，應用攝影概念，選擇有趣的敘事觀點，創作充滿動態感和想像空間的設計，最後在手拭巾上染出鮮亮奪目的長崎風物。

10 南蛮茶屋

路面電車「めがね橋」站徒步約2分 長崎市東古川町1-1 095-823-9084 14:00~21:30 南蛮茶¥500 www.facebook.com/NANBANCHAYA

以咖啡的舊稱「南蠻茶」為店名，摒棄美式咖啡，根據歷史文獻的記載反覆實驗，以深焙的厚重回甘，再現南蠻茶的最初風味。搭配咖啡的甜點十分簡單，只有手工奶油起司蛋糕和英國小甜餅二種選擇。奶油起司蛋糕造型獨特，入口清爽不膩；特地自英國進口小甜餅歷史悠久，簡單的麵粉加鹽製餅，裹一層薄糖為餡，和南蠻茶的濃苦相得益彰。

9 elv café

エルブカフェ

路面電車「めがね橋」站徒步1分 長崎市栄町6-16 095-823-5118 12:00~18:00 休週一(遇假日照常營業)、第2個週日 菠菜咖哩(附沙拉、飲料)¥1,600

elv café的空間昔日曾是間童裝店，店主以懷舊為題，巧妙混搭六〇、七〇年代的歐洲古董家具，再嚴選長崎地產的新鮮食材，手工製作純天然的美味——調合15種印度香料的原創咖哩，醇厚的菠菜或酸香的蕃茄馬薩拉，搭佐清爽的綠沙拉和玄米飯，藝術般的擺盤令人食指大動。

⑪長崎卓袱 浜勝 長崎店

路面電車「思案橋」站徒步1分 長崎市鍛冶屋町6-50 095-826-8321 11:00~21:30(L.O.20:00) ぶらぶら卓袱 一人份¥4,800 www.sippoku.jp

浜勝是在地的桌袱料理名店，傳統桌袱料理中，端上桌的都是大份量的餐點，店家特別提供一人份的選擇，份量減少，料理樣式依舊豐富。以滿盛山海野之幸的椀物料理開席，其後是蜜豆冷盤、以雙色蛋為首的三品盛、刺身、柚庵燒鰆魚、油炸蝦麵包；接下來是重頭戲大鉢和中鉢：滿盛山海之幸的華麗拼盤及雲仙豚角煮，以地酒和高湯燉煮入味的五花肉搭配漬高菜和壹岐島產越光米，讓人開懷大啖。

⑫BISTRO BORDEAUX

路面電車「思案橋」站徒步2分 長崎市浜町8-28 2F 095-825-9378 11:00~23:00 休不定休 トルコ風ライス(土耳其風炒飯)單點¥1,280、套餐¥1,780 bistro-bordeaux.com

已成為長崎特色料理的土耳其風炒飯，正是發源自這家老店，所使用的都是長崎特產的食材，包括將來自島原的豬肉以義大利米蘭豬排的方式調理，比一般炸豬排少了多餘油脂，令人意外地，一旁搭配的福神漬和紫蘇相當對味，讓日本與西洋的風味，在口中融合。

長崎蛋糕必買名店

福砂屋 長崎本店

路面電車「思案橋」站徒步2分 長崎市船大工町3-1 095-821-2938 9:30~17:00 カステラ(長崎蛋糕)0.6號1條¥1,458、特製五三焼カステラ(五三燒長崎蛋糕)1條¥3,564 www.fukusaya.co.jp

西元1624年，福砂屋的創始人從居住在長崎的葡萄牙人習得「Castella」作法後創立了第一家長崎蛋糕店，從打蛋、打發、混合、攪拌到烘焙，都是由同一職人全權負責。散發美麗金黃色澤的蛋糕有著濃厚蛋香，是職人手藝經驗的最美結晶。

文明堂總本店

路面電車「大波止」站徒步1分 長崎市江戸町1-1 095-824-0002 9:00~18:00 カステラ(長崎蛋糕)0.6號¥1,296、カステラカット 1箱(切片5入長崎蛋糕，分原味、巧克力、抹茶口味)¥972 www.bunmeido.ne.jp

創立於1900年的文明堂總本店是將長崎蛋糕發揚光大的名店。與契約農場共同開發的「南蛮卵」新鮮雞蛋，加上特別以佐賀糯米發酵的麥芽糖，保存開業以來的傳統技法與風味，底部的砂糖顆粒更增加獨特口感。為了怕刀子的味道滲入蛋糕，因此所有的長崎蛋糕都已經切好才裝盒。

松翁軒 本店

路面電車「市民会館」站徒步1分 長崎市魚の町3-19 095-822-0410 9:00~18:00，2F喫茶室セヴィリヤ11:00~17:00 松翁軒カステラ0.6號(長崎蛋糕)¥1,296 www.shooken.com

松翁軒創業自天和元年(1681年)，擁有三百多年傲人歷史，以保濕性高的長崎蛋糕專用粉、島原半島契約農家每天早上直送的雞蛋，完全倚靠純熟職人手工製作的松翁軒長崎蛋糕，濕潤綿密，底層口感鮮明的雙目糖是與麵糊一起烘烤時沒有融盡而沉積的糖粒，絕非另外鋪灑。

⑬大浦天主堂

路面電車「大浦天主堂」徒步5分。長崎バス「大浦天主堂」徒步5分　長崎市南山手町5-3　095-823-2628　8:30~18:00(最終入場17:30)　大浦天主堂門票(含大浦天主堂キリシタン博物館)大人¥1,000、國高中生¥400、小學生¥300　oura-church.jp

大浦天主堂是1864年時，為了長崎居留地裡的外國人以及紀念豐臣秀吉時期殉教的二十六位聖人而建的教會，正式名稱為「日本二十六聖殉教者堂」。由法國傳教士Girard和Furet所設計，是日本現存最古老的哥德式教會建築，並被指定為日本國寶，2018年7月更被列入世界文化遺產。在落成1個多月後，十數名來自浦上村的日本人來到天主堂門前，向當時的Petitjean主教坦承基督徒的身分，這些自日本禁教以來潛伏250年以上的信徒，堪稱世界宗教史中的奇蹟，震驚了世界。

⑭祈禱之丘繪本美術館

祈りの丘 絵本美術館

路面電車「大浦天主堂」站徒步5分　長崎市南山手町2-10　095-828-0716　10:00~17:30(入館至17:00)　週一(遇假日順延翌日休)、換展期間、年末年始　大學生以上¥300、小學生~高中生¥200　www.douwakan.co.jp/museum

南山手地區的祈禱之丘繪本美術館是由一家超過40年歷史的書店所開設，出身長崎縣離島五島地區的老闆，由於童年時島上交通不便，無法常看到各種書，所以立志開書店，定期寄送書籍到偏遠地方，更以當地特有的和洋折衷建築，設計出這座夢與想像的空間，英式紅磚牆、和式八角青瓦屋頂、粗灰泥塗砌岩石的長崎塀，庭院滿植爬藤花木，門拱上以繪本的人氣角色「熊」為意象，邀請孩子進入繪本的美好天地。1999年開館，館內1樓是兒童書店和童話館，可以隨意參觀翻閱，2~3樓就是美術館，展出日本和世界各地的繪本原畫作。

⑮哥拉巴園

GLOVER GARDEN

路面電車「大浦天主堂」站徒步7分　長崎市南山手町8-1　095-822-8223　8:00~20:00、7~9月~21:30，時間依月分微調(詳見官網)　大人¥620、高中生¥310、國中小學生¥180　www.glover-garden.jp

1974年開設的哥拉巴園，保存了舊居留地時代最重要的三座洋館建築——哥拉巴故居、林格故居、奧爾特故居，列為重要文化財。園內還移築了長崎市六座明治時期的洋館，展示舊居留地時代的生活和日本近代化的歷史。漫步於洋風濃厚的石坂道上，仔細一看，還可以發現園方特地設置的愛心石，聽說找到就能得到幸福呢！

7 森KIRARA

森きらら

從佐世保駅前於5號站牌搭乘「經下船越開往動植物園」或「展海峰」的市營巴士，在「九十九動植物園」站下車即達，車資大人¥450，小孩¥230 長崎縣佐世保市船越町2172 0956-28-0011 9:00~17:00(入園至16:30) 高中生以上¥830、4歲~國中生¥210、3歲以下免費 www.morikirara.jp

「森KIRARA」在相較海KIRARA(海閃閃)，雖然位置要來得較遠，遊客較少，但其實這裡可以見到超多種類的動植物，從獅子、獵豹等凶猛動物，到浣熊、狐獴、羊駝、河狸這類可愛生物以外，還有玫瑰園、溫室等植物園區，另外企鵝館內更有日本最大的頂棚式水槽，也是園內的一級看點。可以站在窺視甲板上，與企鵝用同樣的視角，看看牠們散步的模樣，也可以到極淺水槽觀察牠們走路的樣子，而頂棚水槽更是不用多說，踏進館內，就可以看到波光粼粼的樣子，原來館內1樓的頂棚幾乎都是水槽，而且頂棚上方沒有屋頂，還可以直接看到天空！

值得順遊

豪斯登堡

JR佐世保線的ハウステンボス(豪斯登堡)駅下車徒步3分即達 長崎縣佐世保市ハウステンボス町1-1 0570-064-110 9:00~21:00，週六至22:00 (依季節而異，詳見官網) 休 園內各設施休息時間請洽詢服務人員 1日通票成人¥7,400、國高中生¥6,400、小學生¥4,800、4歲~未滿小學生¥3,700、65歲以上¥5,400；3點後護照(15:00後入場) 成人¥5,600、國高中生¥4,800、小學生¥3,600、4歲~未滿小學生¥2,800、65歲以上¥4,200 www.huistenbosch.co.jp

紅磚牆、斜瓦屋頂的典雅歐式建築，彷彿瞬間穿越時空，來到歐洲，不要懷疑，這裡就是豪斯登堡。2024年春天已邁入32週年的豪斯登堡，從海埔新生地開始，完成一連串不可能的任務，包括海水淡化、土壤改良、綠化造林等，又請來造鎮專家，從宮殿、城堡、花園到飯店，打造出九州最美的景觀樂園。其中「花卉道路」讓人彷彿到了荷蘭農村，風車、運河、鬱金香外，每天由荷蘭師傅表演乳酪製作過程，還可以在旁邊的小舖買到30多種荷蘭進口的乳酪。

長崎BIO PARK

從長崎駅搭乘開往「大串」的路線巴士，在「バイオパーク」巴士站下即達。從豪斯登堡駅前有免費接駁巴士運行，一天3班，單程約45分 長崎縣西海市西彼町中山郷2291-1 0959-27-1090 10:00~17:00(入園至16:00) 大人¥1,900、國高中生¥1,300、3歲~小學生¥900 www.biopark.co.jp

長崎BIO PARK以生態為名，就是要讓人們真正與動物接觸，不僅園區依山勢而建，幾乎完全開放的空間更讓動物享受自由。來到這裡，與其說是到了動物園，不如說是旅人前來拜訪動物朋友。園內可愛形象獲得超高人氣的「水豚」，可說是這裡的超級明星，想感受被水豚包圍的感受，不妨買些竹葉餵食牠們吧。除了明星動物水豚，還有活潑好動的狐猴們，也會在路邊伺機討零食，不時還會跳到身上與你玩耍，可以一次接觸到多種可愛動物，喜歡動物的人可千萬不能錯過。

忘卻時光，沉浸在悠閒氛圍中

22

平戶

ひらど Hirado

位於長崎縣西端的海港平戶，是大航海時代的城下町，當時貿易通商繁盛的歲月痕跡，至今依舊保留在街道風景之中，街道上隨處可見西洋與東洋風建物巧妙融合所呈現出的獨特風情，甚至還有鄭成功紀念館。

松浦史料博物館 4
Kitchen 眺望亭
崎方公園
常灯鼻
3 平戶荷蘭商館
オランダ塀
六角井戸
崎方町
森藤食堂
平戶溫泉 うで湯あし湯
浦の町
平戶-田平-神浦-的山
光明寺
宮の町
寺院と教会の見える風景
2 平戶沙勿略記念教會
平戶觀光協會
幸橋
1 平戶城
亀岡神社
平戶市役所
往最教寺
川内峠
往田平天主堂

ACCESS
從JR有田駅轉乘松浦鐵道電車抵達「田平平戶口」駅，車資¥1,570。或從JR佐世保駅搭乘西肥巴士至「平戶口桟橋」站下車，車資¥1,800，約1小時20分。

1 平戶城

搭乘西肥巴士至「平戶市役所」站下車，徒步約10分 平戶市岩の町1458 0950-22-2201 8:30~18:00(10/1~3/31至17:00) 大人¥520、高中生¥310、國中小學生¥200 休12/30、12/31 hirado-castle.jp

位列日本百選名城之一的平戶城是松浦氏的居所，又稱作「亀岡城」。平戶城三面環海，擁有天然的壕溝，與其他日本名城相較，平戶城規模要小上許多，不過因為地處山丘之上，平戶城坐擁有十分美麗的風景，不僅可以看到九州本島，從天守閣還可以眺望平戶大橋，晴朗時更可以遠眺黑子島的原生林以及壹岐島，蔚藍的海水與蓊鬱的綠意相襯，增添了不少魅力。

©長崎県観光連盟

©長崎県観光連盟

2 平戶沙勿略紀念教會

平戸ザビエル記念教

「平戶桟橋」巴士站下徒步10分，或在「平戶市役所前」巴士站下徒步5分 平戶市鏡川259-1 6:00~16:30，週日10:00~16:30 免費 www.nagasaki-tabinet.com/junrei/359 照片攝影、刊登皆須得到天主教長崎總教區許可

走在平戶市裡，絕對無法忽視尖尖的塔頂以及聳立的十字架，平戶沙勿略紀念教會幾乎可以說是平戶的代表景觀，這座天主教堂是為了紀念聖方濟各·沙勿略於1550年造訪平戶而在昭和6年(1913年)所建。高聳入雲的尖塔彰顯著哥德式的華麗，綠色與白色相間的外觀更飄散著異國風情，教堂內尖拱層疊，陽光自採光窗灑落，美麗之外也帶有莊嚴的氣息，庭園中還有一處紀念碑，是為了紀念日本禁教時受壓迫的人們。

©長崎県観光連盟

3 平戶荷蘭商館

平戸オランダ商館

從平戶大橋開車10分，從平戶港交流廣場徒步5分 平戶市大久保町2477 0950-26-0636 8:30~17:30 大人¥310、小孩¥210 6月第3個週二~四 hirado-shoukan.jp

©長崎県観光連盟

平戶荷蘭商館是1609年在幕府同意之下，由東印度公司建立的東亞貿易據點。隨著貿易逐漸興盛，商館的規模也逐漸擴大，興建了宿舍等多棟建築，1639年建成的石造倉庫更是日本首座西洋式建築，可惜受到日本鎖國政策影響，1641年時遭到拆除。現在所見雖然是復原的建築，但這棟白色的建築卻訴説著平戶作為貿易港口以及幕府時代政策轉變的歷史故事。

©長崎県観光連盟

常燈之鼻

在平戶荷蘭商館遺跡的東北方一隅，有一處用石頭堆砌出的高台，這裡被稱為「常燈之鼻」。原來1616年商館擴建時增建了這處防波堤，商貿繁華之時更在此設立了燈塔，為往來船隻指引安全的方向，燈塔雖早已不復在，1989年作為日荷友好380週年的紀念，特地在原址設立了一座常夜燈，幽微的燈火照耀著平戶港口，也乘載著思古的歷史情調。

©長崎県観光連盟

4 松浦史料博物館

巴士站「平戶棧橋バスセンター」下徒步約8分 平戶市鏡川町12 0950-22-2236 8:30~17:30 大人¥510，高中生¥300，中小學生¥200 12/29~1/1 大人¥600、高中生¥350、國中小學生¥200 www.matsura.or.jp

松浦史料博物館是保存平戶藩主松浦氏一家各式文物的博物館，前身是松浦氏在明治時代平戶城廢城後的居所「鶴ヶ峯邸」，簡約的建築充滿傳統日式的優雅氣息，不僅有介紹平戶地理環境與對外交流的資料，因為平戶作為江戶幕府鎖國前與歐洲貿易往來的主要港口，博物館內也藏有許多與對外貿易、天主教相關的重要史料，以及松浦氏一家的私藏珍品。

川內峠

從平戶大橋開車15分 平戶市大野町 0950-22-4111(平戶市觀光課)

位於西海國立公園的川內峠是一片將近30公頃的寬廣草原，夏天是一整片如茵的翠綠地毯，秋天則掀起一波波金黃的芒草海浪，冬天還會換上雪白的大塊銀妝，四季迥異的壯闊景色令人迷醉，更教人讚嘆的是山頂的壯觀全景，向東可以見到散落海上的九十九島，朝北則可看到玄海灘、甚至能夠遠眺對馬海峽呢。

©長崎県観光連盟

©長崎県観光連盟

最教寺

從平戶大橋開車約6分，從平戶港交流廣場徒步17分 平戶市岩の上町1206 0950-22-2469 8:30~17:00 三重大塔、霊宝館週四休 三重大塔・霊宝館 大人¥400、國中生¥300、小學生¥200 www.city.hirado.nagasaki.jp/kanko/bnka/bnk02.html

©長崎県観光連盟

最教寺興建於1607年，據説這裡是開創日本真言宗的空海和尚經歷大唐取經之行，回到日本後的坐禪之地，也因此有「西高野山」的稱號。每年節分之日(2月3日)最教寺都會舉辦「哭泣相撲」，參賽者都是一歲以下的嬰兒，源於「哭泣嬰兒健康成長」的俗諺，誰家的嬰兒最先哭泣就獲勝了。這項趣味的習俗也是最教寺的重要行事。

23 小浜 おばま Obama

位在島原半島中心的雲仙地獄與左側的小浜則是一處溫泉鄉，不僅有日本最長的足湯設施，還有蒸汽騰騰的地熱景色，煙霧繚繞的小鎮風情寧靜又怡人。

ACCESS
從諫早駅前的巴士總站搭乘開往雲仙、小浜的島鐵巴士，約80分可抵達雲仙市內各景區。

1 小浜足湯

ほっとふっと105

島鐵巴士小浜總站徒步7分　長崎縣雲仙市小浜町北本町905-70　0957-74-2672　11~3月10:00~18:00，4~10月~19:00　免費　nagasaki-tabinet.com/guide/50084

小浜也是以溫泉聞名的小鎮，最有名的要屬全長達105公尺的小浜足湯，是日本最長的足湯，泡在足湯裡，不僅可以用熱燙的溫度舒緩雙腳的疲勞，眼前更是正對著一整片海岸風光，要是在夕陽時分前來的話，還可以欣賞夕陽緩緩將海天染為橘紅的景色，好不美麗。

3 YUASOBI小浜温泉

島鐵巴士小浜總站徒步10分　長崎縣雲仙市小浜町碼頭20-1　0957-76-0883　10:00~23:00　不定休　一小時￥3,000起（最多4人），波の湯茜50分￥3,000　www.instagram.com/yuasobi.nagasaki/

YUASOBI為「湯遊」之意，於2022年全新開幕，各式各樣的主題湯屋，配 上獨特的浴池設計，包括方形、圓形、茶壷等，充滿玩心。每個房間都配有溫泉蒸氣桑拿和水風呂，只要投入專用硬幣，純天然溫泉水就會自動流入浴缸，讓人盡享不同的溫泉體驗。

波の湯茜

在設施外還有一處面向大海的濱海溫泉「波の湯茜」，主打離海最近的溫泉浴池，直接面對大海泡湯，開放感十足。由於小浜溫泉面海的夕陽十分美麗，傍晚時段十分搶手，一定要記得事前預約。

2 海鮮市場 蒸し釜や

島鐵巴士小浜總站徒步10分　長崎縣雲仙市小浜町マリーナ19-2　0957-75-0077　11:30~15:00，17:30~22:00　海鮮蒸氣料理時價，おまかせ海鮮丼￥1,980　www.musigamaya.com

小浜溫泉是日本熱能最高的溫泉地，不僅擁有豐富的溫泉資源，還享受地道的海鮮和山珍。海鮮市場蒸釜屋擁有14座溫泉蒸釜，每天提供新鮮捕獲的海鮮和蔬菜，包括港式點心套餐、雞肉、豬肉等，推薦可以從現場水池中挑選各種海鮮，上面都明碼標價，不用擔心花大錢。接著將食材拿至蒸釜區，就會由專人以小浜溫泉的高溫源泉蒸氣進行烹調，帶來獨特的美食體驗。

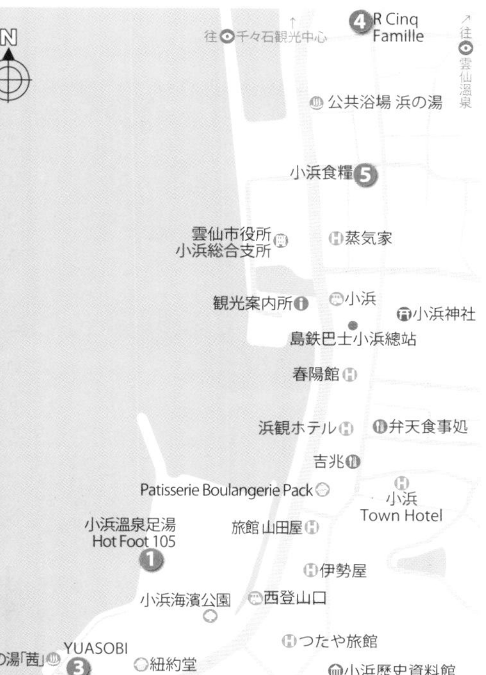

❹R Cinq Famille

アールサンクファミーユ

島鉄巴士小浜總站徒步6分 長崎縣雲仙市小浜町北本町114-6 957-60-4522 10:00~17:00 不定休 冰棒¥350起 www.instagram.com/rcinqfamille/

R CINQ FAMILLE是一家充滿愛與溫情的冰品店。店名「R」代表店主三個孩子的名字首字母，「CINQ」是法語中的數字五，「FAMILLE」意為家庭，象徵著他們一家五口的幸福生活。店主人松尾先生是一名技藝精湛的糕點師，以甜點

技法設計冰品菜單，提供超過30種不同口味的冰品，不僅外觀可愛，更是以其素材的原味取勝。此外還可以購買到各式小餅乾，同樣注重食材的品質與口感，讓每一口都充滿濃郁的幸福滋味。

❺小浜食糧

島鉄巴士小浜總站徒步3分 長崎縣雲仙市小浜町北本町14-15 0957-75-0115 8:00~18:00 雲仙鬆餅8入¥1,380，Cruz袋裝6入¥410 www.e-cruz.net

小浜食糧旗下兩大品牌「Cruz」與「Bon Patty」是長崎伴手禮的代表作。「Cruz」是葡萄牙語中的「十字架」，刻有十字架圖案的薄煎餅源自小浜溫泉煎餅，既非日式也非西式，口感輕盈酥脆，搭

配洗練的白巧克力與薑香，味道獨特。裝自上市以來便採用鈴木信太郎畫伯在訪長崎時繪製的插畫，復古又可愛。而「Bon Patty」的鬆餅夾上各種口味的奶油餡，口感豐富而獨特。

值得順遊

雲仙地獄

搭乘島鉄巴士開往雲仙的車次，在「雲仙」站、「雲仙お山の情報館」站下車皆可達 雲仙市小浜町雲仙320 0957-73-3434 www.unzen.org

島原半島上有座海拔高1359公尺的山，自古以來航行於中國與日本之間的商船從海上望過去，總會看到因火山作用而產生的煙霧繚繞，在那白色煙霧之中若隱若現的山頭，好像傳說中的蓬萊仙島，於是，「雲仙」這個名字就在眾人之間流傳起來。雲仙溫泉鄉位於日本最早的國家公園「雲仙天草國家公園」內，硫磺蒸氣噴煙的裊裊煙霧看來十分震撼。其間設有步道，連接「御絲地獄」、「大叫喚地獄」等約30處景觀。迎陣陣刺鼻的硫磺味，約30分鐘的路程可親身體驗一趟地獄巡禮。雲仙地獄茶屋裡可以買到利用地熱蒸熟的溫泉蛋，2顆¥200。

千千石觀光中心

諫早駅開車25分，搭往雲仙、小浜的島鐵巴士約50分至「愛野展望所」再走12分即達 長崎縣雲仙市千々石町丙160 0957-37-2254 9:00~17:00 不定休 炸馬鈴薯ジャガちゃん¥300，長崎蛋糕1斤¥1,836

這裡是一處位在高台上，結合展望台的土特產賣店、餐廳。有點像是較為復古的道路休息中心，店內選自長崎各地的伴手禮，還有當地才吃得到的B級美食「じゃがちゃん」深受遊客喜愛。另外店裡還有長崎蛋糕的生產線，可以買到剛做好的蛋糕。不論是購物還是休息，千千石觀光中心都是旅途中不可錯過的理想停留地點。

歷史名城 迷人丰采浴火重生

24

島原

しまばら Shimabara

島原自古就有「水之都」的美稱，澄澈冰涼的泉水，色彩斑斕的錦鯉悠游其中，與城下町風情交織成獨一無二的悠閒步調、風情萬種的景緻。而曾因兩次火山爆發引起大災難的島原，大自然威力所造成的景觀，相當值得一看。

ACCESS

由JR諫早駅轉乘開往南島原的島原鐵道至島原駅；或從熊本港前往島原後，再徒步至島原外港駅，即可利用島原鐵道前往島原駅。由島原鐵道島原駅下車徒步約10分可達各景點。

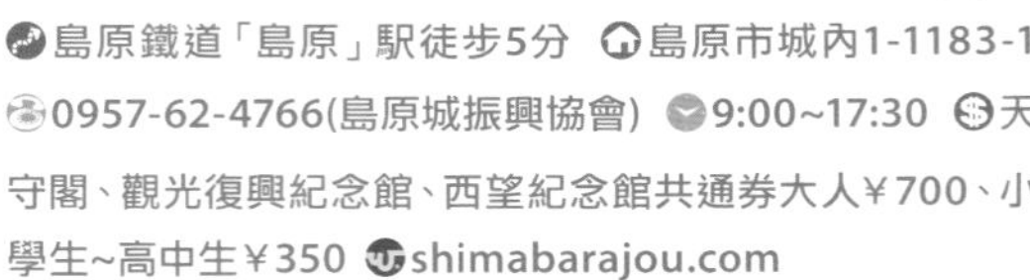

1 島原城

島原鐵道「島原」駅徒步5分 島原市城內1-1183-1 0957-62-4766(島原城振興協會) 9:00~17:30 天守閣、觀光復興紀念館、西望紀念館共通券大人¥700、小學生~高中生¥350 shimabarajou.com

1616年，江戶時代從奈良來的大名松倉重政成為島原領主，於1618年開始築城，耗費了7年時間，利用名為「四壁山」和「森岳」的小土丘地形打造出島原城，因此又有森岳城的別稱，歷經許多姓氏的城主居住超過250年之後，在明治時代遭到廢城而解體，僅存城壁。

為了修復重建島原城，經過居民多方努力募資，於1964年完成天守閣的復原，其他建築也依照資料陸續修復，讓遊客們看到原本的樣貌。島原城護城河相當美麗，春天有豔紫的菖蒲，夏天有無瑕的白色蓮花，當然和城池相當融合的櫻花更是吸引人，冬天從枯葉間看到澄澈天空下的天守閣，也別有一番風情。

島原城內介紹

1F基督教史料展

展示介紹島原的貿易與宣教時代，特別是當地繁榮的基督教文化與南蠻文化。此外，禁教時代的嚴酷信仰打壓和島原の乱的歷史事件也有詳細展覽。

2F鄉土史料展

各家勢力的統治更替頻繁，但松平忠房統治島原藩穩定近200年，領民安定，文化和經濟發展迅速。鄉土資料展示了藩主和島原城的相關文物。

3F民俗史料展

延續2樓的主題，民俗資料區展示了島原地方的陶器、武器及南蠻來的象和京美人偶。這裡滿是懷舊文物，彷彿時光倒流。

5F展望所

努力登上5樓，島原的歷史街道盡收眼底，還能遠眺市內、眉山以及海對面的熊本群山。

2 武家屋敷

島原鐵道「島原」駅徒步15分 島原市下の丁 0957-63-1087(武家屋敷売店) 9:30~17:00，賣店至17:30 休12/29、12/30 免費參觀

島原城的西北側，綿延了約400公尺長的武家屋敷跡，是島原城建城時所逐漸形成的武士宅邸，在島原市區中的7個街町都可以看到遺跡，有些宅邸之間沒有牆壁，由於當時許多武士都是相當於今天軍隊中能夠拿槍的步兵，因此又被稱為鐵砲町。雖然保存最原始樣貌的武家屋敷如今只剩下3家，但是道路中央的清流水道讓屋敷景觀更加具有特色。

3 四明荘

島原鐵道「島原」駅徒步14分 長崎縣島原市新町2-125 0957-63-1121 9:00~18:00 大人¥400，兒童¥200

四明荘是明治時期的一位執業醫師伊東元三所打造的宅邸。由於這裡四方視野開闊，因此命名為「四明荘」。庭園內有一處色彩斑斕的鯉魚池，每天約有3000噸的清泉流入池中，座敷的正面和左側面都延伸至池邊，從稍高的屋敷望下去，座敷與庭園相互融合，呈現出獨特而美麗的景觀。在居室棟的背後還有一個四角形的池塘，池中有四個小島，周圍用低矮的石塊護岸，池底鋪設了沙子，與正面的庭園風格截然不同，別具一番趣味。

4 清流亭 鯉の泳ぐまち観光交流センター

島原鐵道「島原」駅徒步11分 長崎縣島原市新町2-247-1 0957-64-2450 9:00~18:00

作為島原觀光的中心據點，清流亭提供島原特產展示與觀光資訊。境內有利用湧水建造的池塘，色彩繽紛的錦鯉悠然自得地悠游其中，被清泉與綠意環繞的遊客中心，不僅是休憩的好去處，也是一個搜集島原旅遊資訊的理想場所。

5 café mio

島原鐵道「島原」駅徒步8分 長崎縣島原市万町503-5 0957-73-9030 11:00~17:00 休週四 湧水咖啡¥500，湧水蘇打¥600 mio-shimabara.com

開設在旅宿「hotel水脈」的1樓，café mio提供當日汲取的湧水手沖咖啡、本地水果製成的果汁氣水、不同湧水地點的飲水品鑑套餐以及各式地產時蔬製成的輕食。2樓則設有舒適的「湧 work」共享工作空間。

6 猪原金物店

島原鐵道「島原」駅徒歩5分 長崎縣島原市上の町912 0957-62-3117 9:30~18:00 休週三 www.inohara.jp

猪原金物店於明治10年(1877年)創業，店內展示並銷售來自國內外的長銷商品，還收藏並展示了明治至昭和時代的珍稀商品，讓顧客能夠一覽歷史的軌跡。店鋪本身是幕末時期的町屋建築，並於2003年被指定為國家登錄有形文化財。在這裡，您不僅能找到各種實用且高品質的廚房金物商品，還能感受到日本傳統文化的深厚底蘊。

茶房&ギャラリー 速魚川

猪原金物店後方 0957-62-3117 11:00~17:30 休週三、四 島原排咖哩¥1,320，寒ざらし¥462

茶房速魚川提供使用湧水與當地食材烹製的新鮮美味料理。用湧水沖出來的咖啡口感清新醇厚，其它像是島原名物寒ざらし、素麵、以及使用當地新鮮蔬菜製作的咖哩，都很推薦。坐在茶房的中庭，可以一邊欣賞悠遊復育在池中的日本石龜，一邊聆聽清脆的流水聲，享受片刻的寧靜與放鬆。

7 青い理髪館 工房モモ

島原鐵道「島原」駅徒歩5分 島原市上の町888-2 0957-64-6057 10:30~18:00(週一至17:00) 休不定休 咖啡¥450起、かんざらしset ¥800 www.rihatsukan-kobomomo.com

島原城下的商店街內有一棟建於大正12年的青色木造洋房 1、2樓與前方是西式建築，房屋後半部則是和風的空間，和洋折衷的風情是當年最流行的設計，1950年時曾作為理髮廳開業，理髮廳歇業由當地人士支援修復，成為了現在備受歡迎的咖啡廳。

8 姫松屋 本店

島原鐵道「島原」駅徒歩7分 島原市城内1-1208(島原城正面) 0957-63-7272 11:00~19:00 具雜煮¥1,200 www.himematsuya.jp

「具雜煮」是島原半島的特產，島原人多在新年時品嚐，而姬松屋從1813年開始就以提供溫和柔順風味的具雜煮受到好評。姬松屋嚴選了13種產自島原和長崎縣境內的各種新鮮材料，包括シロナ(島原特產的蔬菜，似青江菜但帶有芥末的香氣)、3種魚板、星鰻、牛蒡、煎蛋、香菇、凍豆腐、蓮藕、雞肉、春菊和最主要的麻糬等，放入鍋中，與麻糬慢火燉煮出食材最純粹的好滋味。

9 梟《創作らーめん》

島原鐵道「島原」駅徒歩7分 長崎縣島原市新町1-459 090-7340-1919 11:30~14:30，18:00~23:00 休週三、每月第2個週二 梟拉麵¥800，海老と潮¥1,000 www.instagram.com/fukurou_ramen_shimabara/

創作系拉麵梟，將傳統的拉麵玩出新境界。招牌梟拉麵以蛤蜊、甘貝高湯，加上豆乳打造西式奶油感湯頭，配上煎得油香的厚培根，有滋有味卻又清爽甘甜，深受拉麵老饕的喜愛。一碗麵吃完，還可以再加價點份加味飯，拌湯吃又是另一種享受。

值得順遊

賞海豚行程

搭乘島鉄巴士至口之津港航運大樓下車即達 長崎縣南島原市口之津町丙4358-6 (口之津港航運大樓內) 0957-86-4433 10:00~16:00，一天約5班次 休天氣不佳時、1/1 大人¥3,000、小學生¥2,000、4歲以上幼兒¥1,000 iruka-watching.com 網路預約享9折優惠

島原南部與熊本天草之間的海域被稱為「早崎瀬戸」，此處海流激烈，有豐富的魚種，吸引了約300頭瓶鼻海豚棲息於此，也因為海豚就住在這片海域，只要天候好可以出船，基本上有95%的機率可以用超近距離看到野生海豚在船邊嬉戲，船程約60~80分，加上全年都可以乘船遊覽，非常受到歡迎。

銀杏名城 城下鬧市古今兼容

25

熊本城周邊

くまもとじょうしゅうへん Around Kumamoto Castle

有著日本三大名城熊本城的熊本市區，銀杏造型的街燈、往來交錯的路面電車以及歷代文人雅士的舊居，優雅清閒。在這裡，敢吃生肉的人推薦鄉土料理「馬肉」，定能滿足好奇的旅行味蕾。

ACCESS

從熊本機場搭九州產交巴士至熊本駅前站下車;或從博多駅搭JR新幹線至JR鹿兒島本線熊本駅下車，轉搭熊本市電(路面電車)或巴士前往各景點。

1 熊本城

熊本市電「熊本城・市役所前」站下車徒步3分，或搭乘熊本城周遊巴士しろめぐりん，至桜の馬場 城彩苑駐車場下車，車資¥180 熊本市中央區本丸1-1 096-223-5011(熊本城營運中心) 9:00~17:00 高中生以上¥800，國中小學生¥300 kumamoto-guide.jp/kumamoto-castle/ 目前入口以南口為主，僅假日會增加開放北口。售票處設在南口及城彩苑內

熊本城與大阪城、姬路城合稱為日本三大名城，以長達242公尺的巨大石基砌成的城牆所圍繞，為日本現存最長的城牆。由於城內種有許多銀杏樹，因此又有銀杏城的稱號。熊本城最初是由加藤清正築建，規模相當宏大，從1601年開始，前後花了7年才竣工，共有3座天守閣，並有29道城門，是人人稱道的易守難攻格局。熊本城於2016年4月的熊本地震中嚴重受災，歷經5年的修復，大小天守閣已於2021年6月重新開放參觀，其他區域則陸續修復中。

2 加藤神社

熊本市電「熊本城・市役所前」站徒步10分 熊本市本丸2-1 096-352-7316 自由參拜 www.kato-jinja.or.jp

來到熊本，又見到「加藤」二字，對日本歷史稍有了解的人一定都會想到加藤清正，加藤神社正是祭祀加藤清正的神社。加藤清正是熊本藩主，關原之戰後成為肥後國五十二萬石的大名，現在所見的熊本城就由他所建。加藤神社最早興建於明治4年(1871年)，由於當時頒布了神佛分離令，遂在熊本城本丸及宇土櫓之間建設神社，當時名為「錦山神社」，明治42年時更名為加藤神社，昭和37年遷移到現址。加藤神社因為鄰近熊本城，可以用另一角度近距離欣賞城廓，也因此吸引許多人到訪。

火之國祭典

想看熱力滾滾的祭典，就不能錯過熊本的火之國祭典！這個祭典第1次舉辦於昭和53年(1978年)，重頭戲為以當地名謠「おてもやん」為主題音樂的競舞大會，各個團體使出看家本領舞出熱情，到現在仍是熊本一年一度的盛大祭典。就算只是圍觀欣賞，聽到這有趣的民謠時，身體竟也不自覺地跟著音樂舞動，在這仲夏的夜晚，體會到火之國的熱情活力！

國道3號和坪井川之間(水道町交差点~銀座通り交差点)舉行 096-328-2948(熊本市イベント推進課) 8月第1個週五~日 kumamoto-guide.jp/hinokunimatsuri

3 城見櫓

熊本市電「熊本城・市役所前」站徒步約3分、「熊本城前」站徒步約5分 熊本市中央区花畑町1-10(熊本城長塀前) 096-356-1146 11:30~15:00、17:00~21:30(L.O.21:00)，採預約制 休 不定休(年末年始) 會席料理￥6,000起 www.shiromiyagura.com

城見櫓就位在熊本城腳，從2樓的窗戶向外一望，就可以見到熊本城的美景。而這裡提供熊本的鄉土料理——馬肉料理，是熊本的知名美味，為了讓人能夠享受最單純的原味，這裡堅持採用境內飼養的優良品種，而最高級的肉是使用從一匹400~500公斤的馬肉中只能取出7~8公斤的頂級肉品——三枚腹，上頭油花網絡遍布，一入口就可以感受到鮮美的油脂在喉中散發。

4 熊本縣傳統工藝館

熊本市電「熊本城・市役所前」站徒步約5分 熊本市中央区千葉城町3-35 096-324-4930 9:00~17:00 休 週一(遇假日順延翌日休)、年末年始(12/28~1/4) 入館免費；2F展覽大人￥210、大學生￥130、高中生以下免費 kumamoto-kougeikan.jp

位於熊本城周邊，徒步就可以抵達的傳統工藝館是一座以生活工藝品為主題，展示並販賣熊本縣當地傳統手工藝品的展示館。包括肥後象眼(在鐵皮上嵌入金銀粉的一種飾品)、陶器、漆器、刀刃、竹製品、鄉土玩具等80多種用品，另外也有播放手工藝製作過程的影片，紀念品店內的精緻手工藝品評價相當不錯，並不定期舉行小型藝術展，還設有教導製作竹藝、刀刃等工藝品的教室，兼具了保留傳統工藝與鼓勵當地藝術家的功能。

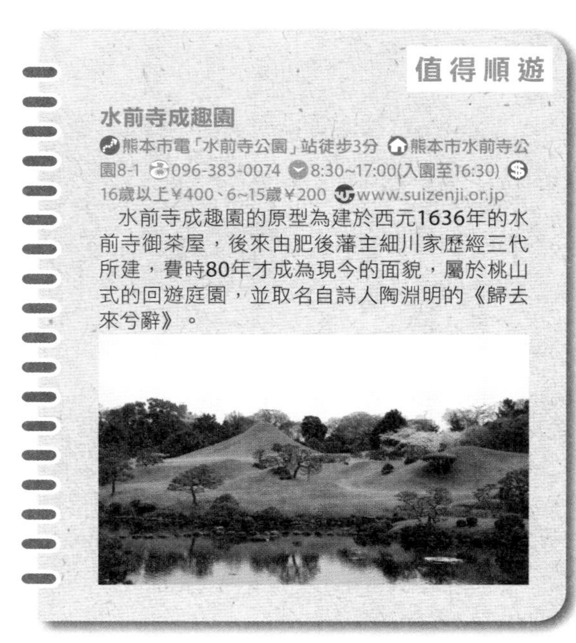

值得順遊

水前寺成趣園

熊本市電「水前寺公園」站徒步3分 熊本市水前寺公園8-1 096-383-0074 8:30~17:00(入園至16:30) 16歲以上￥400、6~15歲￥200 www.suizenji.or.jp

水前寺成趣園的原型為建於西元1636年的水前寺御茶屋，後來由肥後藩主細川家歷經三代所建，費時80年才成為現今的面貌，屬於桃山式的回遊庭園，並取名自詩人陶淵明的《歸去來兮辭》。

5 桜の馬場 城彩苑

熊本市電「熊本城・市役所前」站徒步約3分；或搭乘熊本城周遊巴士しろめぐりん，至桜の馬場 城彩苑下車，車資¥180 熊本市中央区二の丸1-1 096-322-5060(城彩苑綜合觀光案內所) 商店9:00~18:00，美食11:00~18:00(依店舖而異)；熊本城ミュージアム わくわく座9:00~17:30(入館至17:00) 休熊本城ミュージアム わくわく座12/29~12/31 熊本城ミュージアム わくわく座大人¥300 www.sakuranobaba-johsaien.jp

熊本城有400多年悠長的文化歷史，為了讓更多人能夠體會、接觸到這裡的歷史文化，城彩苑便這麼誕生了。在城彩苑裡主要可以分為二大部分，湧々座(わくわく座)為歷史文化體驗設施，館內可以聽、看、接觸到熊本城的歷史文化，藉由生動的高科技、趣味演出與民眾互動。另一部分則有桜の小路伴手禮、美食區，在這裡有各種熊本名產與美食，逛完熊本城後，剛好來這裡吃吃買買。

6 櫻町熊本

SAKURA MACHI KUMAMOTO

熊本駅搭乘市電至「辛島町」，或巴士至SAKURA MACHI下車 熊本市中央區桜町3-10 096-354-1111 商店10:00~20:00，餐廳10:00~23:00 sakuramachi-kumamoto.jp

櫻町熊本是近年很熱門的熊本商場，集結百貨、美食、飯店、巴士交通站與休閒於一地，深受居民與遊客喜愛。退稅櫃台在B1，巴士案內所在2F，一旁還有能買得到熊本熊各式各樣周邊商品的賣店。頂樓則有美麗的庭園，吃喝玩買交通在這裡通通都可以得到大滿足。

7 長崎次郎書店

熊本市電「新町」站下車1分 熊本市中央区新町4-1-19 096-326-4410 11:00~19:00 休1/1、藤崎宮秋日大祭當天 www.nagasaki-jiro.jp

從市電下車，就可以看到位在轉角處的這一棟老建築。長崎次郎書店創立於明治7年(1874年)，是熊本的書局、文具老舖，西南戰爭時曾毀於戰火，現在的建物則是大正年間由建築師保岡勝也興建而成，書店被列入日本有形文化財之列，也是新町一帶的地標。這裡過去是文人聚集之地，日本文豪森鷗外也在《小倉日記》中記錄他拜訪書店主人一事。但其實長崎次郎書店曾在幾年前倒閉，後來由上通的長崎書店接手經營，才保留下了這一處文化之地。

長崎次郎喫茶室

長崎次郎書店2F 096-354-7973 11:26~18:26 ガヨ・マウンテン(咖啡)¥518

平成26年(2014年)長崎次郎書店重新開業後，10月時在2樓開設了喫茶室，喫茶室的營業時間很特別11:26，其實就是書店重新開業的時間點，別具意義。店內充滿木頭色彩，天花板上的梁柱、傾斜的屋頂，簡單的木頭桌椅與地板，再加上鋼琴、古董風琴，優雅的復古情懷十分迷人，村上春樹也曾造訪。

8 元祖 森からし蓮根 本店

熊本市電「新町」站徒步約2分 熊本市中央区新町2-12-32 096-351-0001 8:00~17:00 不定休 からし蓮根(芥末蓮藕)1盒¥1,296(中) www.karashirenkon.co.jp

據傳，當年為了讓體弱多病的熊本城主細川忠利多吃點健康的食品，這家店的祖先平五郎便利用蓮藕，在孔中塞入與味噌混合的芥末，接著裹上蠶豆粉、麵粉和蛋黃混和而成的麵衣，以菜籽油下鍋油炸，城主吃了胃口大開，成為最愛的美味，也因此成為熊本的鄉土料理。芥末蓮藕是天然食品，沒有添加任何防腐劑，如在夏天，購買後2天內必須食用完畢、冬天則可放上一個禮拜左右。

9 肥後よかモン市場

JR熊本駅內白川口 熊本市西区春日3-15-30(熊本駅內) 096-356-5015 商店8:00~21:00，餐飲11:00~23:00，熊本駅総合観光案內所8:00~19:00 www.jrkumamotocity.com/zh-tw/amu

因應熊本駅的高架化工程，原本的えきマチ1丁目也經過整修，改以「肥後よかもん市場」之名於2018年3月重新開幕，成為熊本站的必逛商場。在這裡可以找到各式各樣的熊本物產與伴手禮，像是以陣太鼓聞名的お菓子の香梅、販賣當地特產いきなり団子的老舖長寿庵、熊本知名洋菓子鋪SWISS等，還有熊本拉麵桂花、天外天進駐，每一家店舖都是熊本名門，不管是用餐或購物都不能錯過此地。

10 AMU PLAZA KUMAMOTO

熊本駅下車即達 熊本市西區春日3-15-26 096-206-2800 10:00~20:00 不定休 www.jrkumamotocity.com/zh-tw/amu

位於JR熊本駅周邊的大型商業設施「AMU PLAZA KUMAMOTO」是熊本新興的觀光景點之一。這裡以設有百貨、飯店和電影院的JR熊本站大樓為中心，聚集土特產和當地美食，促進了多元化的交流。在挑高的立體庭園中還有高達10公尺的水流與森林造景，讓人感受城市綠意。由於緊鄰車站，可以在旅行結束前來這裡集中一次購買土特產，不必在旅途中攜帶大量行李。充分利用這裡的便利設施，盡情享受在熊本的美好時光吧！

26

上通・下通

かみとおり・しもとおり Kami Tori·Shimo Tori

從熊本市的通町筋路面電車站開始，北面商店街為上通，南面商店街則為下通，為熊本市的繁華地帶，不管是吃、喝、玩、樂，一應俱全。

ACCESS
由熊本市電(路面電車)「通町筋」站、「花畑町」、站「熊本城・市役所前」站、「水道町」站下車可抵。

❶熊本屋台村

熊本市電「通町筋」站徒步約1分 熊本市中央区城東町2-22 080-4974-2179 12:00~23:30(各店營時不一) 休第1、3個週三(旺季時無休)；各店休日不一 kumamoto-yataimura.com/

包含一處可以舉辦活動的小型公共廣場及17家店鋪的「熊本屋台村」，2024年迎來開幕2週年。而這17家店鋪可都是聚集了熊本在地名店或是話題新店鋪，好吃當然不用多説，所在地點更是精華中的精華，光站在屋台街入口處抬頭一望，完全就是熊本城的城下町第一排立地位置，而且緊鄰上下通，當逛街逛到肚子餓、不知道要吃什麼時，直接往這邊移動就對了，因為這裡可是從午餐時段就開始營業了。也因是新開幕的屋台，在店鋪設計上也以江戶時代「店主1：客8」的傳統屋台設計，加上依季節妝點不同風格裝飾，讓這裡好吃好拍，也能盡情感受傳統屋台氣息。

❷SWISS上通店 スイス

熊本市電「通町筋」站徒步2分 熊本市中央区上通町1-15 096-355-7141 10:00~20:00，Cafe11:30~18:30 $Liquor Marron¥460 www.s-swiss.com

在熊本想吃甜點，絕不能錯過SWISS，因為SWISS是熊本第一家洋菓子鋪。據説當初創業者到歐洲旅遊之後對瑞士留下深刻印象，認為瑞士融合了周邊各國的特色，後來才會以此為店名。自1962年創業以來一直深受當地人愛戴，店內最有名的商品就是Liquor Marron，這一款由綠色包裝紙包裹的甜點，蛋糕部分吸滿了甜甜的利口酒，像三明治一樣中間包了栗子奶油，甜蜜的滋味還帶有濃濃酒香，是SWISS的獨家美味。

❸熊本ラーメンこむらさき中央店

熊本市電「通町筋」站徒步約6分 熊本市中央区上通町8-16 096-325-8972 11:00~15:30、18:00~21:30(L.O.) $王様ラーメン¥800、蒜香調味料(罐裝) ¥580 komurasaki.com/index.php

要説熊本代表拉麵，也一定不能錯過位在上通的こむらさき，從昭和29年就創業的老店，持續超過一甲子的好味道，能至今人氣不墜，絕非浪得虛名。豚骨基底的湯頭，配上麵上一字排開的美味叉燒，豆芽、筍乾、木耳、蔥花，完全是熊本拉麵的老牌定番配備。

❹すき焼加茂川

熊本市電「通町筋」站徒步2分 熊本市中央區上通町2-6 096-354-2929 11:00~14:30(L.O.14:00)、17:00~21:30(L.O.21:00) 休週二 天草大王鉄鍋定食¥2,200 www.kamogawagenpo.co.jp

加茂川是熊本當地的壽喜燒老舖，創業於明治14年(1881年)，店內裝潢充滿舊時的氛圍。人氣壽喜燒使用嚴選肉品，沾上店家秘製的醬汁，讓肉的美味更為鮮明，此外還可以吃到以熊本地雞「天草大王」做成的料理，鮮嫩的雞肉帶有紮實嚼勁，不論是做成鐵鍋燒還是壽喜燒都很美味。

❺蜂樂饅頭 熊本上通店

熊本市電「通町筋」站徒步3分 熊本市上通町5-4 096-352-0380 10:00~19:00 休週二 蜂樂饅頭¥110 www.houraku.co.jp

來到上下通，光買東西都買到時間不夠用了，如果逛街逛到肚子餓了，建議可以買個小東西先填填肚子。蜂樂饅頭長得很像我們平常在吃的車輪餅，分為黑餡(紅豆餡)與白餡(豆沙餡)兩種，由於單價不高，且邊走邊吃十分方便，份量也剛好可以墊一下肚子，所以店門口總是有大排長龍的人潮。

❻鯛吉 熊本上通りFS店

熊本市電「通町筋」站徒步約3分 熊本市中央區上通町6-23 096-326-5282 7:30~22:00 くまもん焼クリーム(熊本熊造型鯛魚燒)¥200

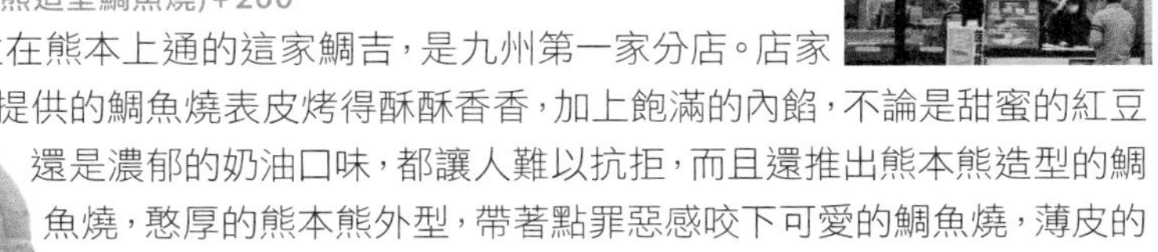

位在熊本上通的這家鯛吉，是九州第一家分店。店家提供的鯛魚燒表皮烤得酥酥香香，加上飽滿的內餡，不論是甜蜜的紅豆還是濃郁的奶油口味，都讓人難以抗拒，而且還推出熊本熊造型的鯛魚燒，憨厚的熊本熊外型，帶著點罪惡感咬下可愛的鯛魚燒，薄皮的酥脆與熱燙的奶油簡直絕配，好吃得讓人將罪惡感拋諸腦後。

❼金龍堂

熊本市電「通町筋」站徒步3分 熊本市中央區上通町5-1 096-356-4733 10:00~21:00

金龍堂是熊本當地的老牌書店，營業已經超過90年，不僅是日本醫書出版協會的認證店因此可以看到許多相關書籍，除此之外，店內書籍非常豐富，時尚彩妝流行雜誌一應俱全，還有各式攝影寫真書，另外還有一區是專門設置給小朋友的童書專區，2樓則是各式各樣的漫畫書，可以滿足書迷的心。

8 Gluck Coffee Spot

熊本市電「通町筋」站徒步5分　熊本市中央区城東町5-52　096-288-2556　7:00~19:00　咖啡￥500　gluckcoffeespot.jp

Gluck Coffee Spot可以說是熊本咖啡界的新星，2017年開幕後就迅速成為當地文青、年輕人的愛店，由60年古民家改造而成的店面低調又吸睛，保留了房屋完整的結構，老舊的外觀掛上帆布布簾、點上一盞小燈，就是最吸睛的招牌，店內一樣是結合傳統與新穎的裝潢，古屋裡面擺上吧台、空氣裡流洩的是悅耳的音樂，加上位在小巷之內，悠閒的氛圍很難不讓人喜歡。

9 Omoken Park

熊本市電「通町筋」站徒步4分　熊本市中央区上通町7-7-1　096-288-0230　10:00~19:00　休週二　飲料￥400起　omoken-park.jp/

Omoken Park因熊本大地震嚴重損害，移除建築後所空出的不算大空間，在建築師巧妙設計下，成了一處結合咖啡及社區公共露臺的多功能互動空間。你可以來這裡點杯咖啡享受天光，也可以自在地走進來，上到2樓露臺去看看往來的人行街景。

10 古着屋BIG TIME

熊本市電「通町筋」站徒步5分　熊本市中央区上通町8-22 B1、1F　050-3530-7932　11:00~21:00　bigtime.jp

BIG TIME是連鎖的古著屋，在東京、福岡等地也有分店。熊本店裡的商品從包包、髮飾、帽子、皮帶等配件，或者是外套、襯衫、洋裝都一應俱全，這些服飾保存狀況都十分良好，經過整理之後更是整潔，店內商品數量龐大，卻不會過於雜亂，各種衣物分門別類地擺放，要尋找同類服飾時非常方便。

11 OLIVE DRAB

熊本市電「通町筋」站徒步3分　熊本市中央区上通町5-48　096-354-1617　11:00~17:00　休週二　www.olive-drab.jp

屋簷上立著海豚與海鷗，OLIVE DRAB可愛風格讓人印象深刻。這裡是專賣母嬰服飾、雜貨用品的店家，造自當地傳統民屋，加入可愛年輕的元素，店內則是滿滿的小孩服飾，可愛的上衣、褲子、時尚的裙子以外，還有帽子、鞋子等多種配件，另外也有適合媽媽的服飾、背包，每一件商品都是由店長仔細挑選，材質舒適、風格又年輕，十分受到當地媽媽的喜愛。

⑫BAYBROOK

熊本市電「通町筋」站徒步5分　熊本市中央区上通町6-5 2F　096-322-8553　11:00~20:00　www.baybrook.co.jp

作為在熊本已開業35年的選物店，BAYBROOK依舊提供最新潮的流行，店內1樓是女性服飾，2樓是男裝區，3樓則是販售精品的「BAYBROOK Ciao!」。店內的服飾都是店家堅持信念挑選的好物，從休閒、自然舒適到正式的風格都很齊全，為的就是讓顧客可以打造出自我風格。

⑬壱之倉庫

熊本市電「通町筋」站徒步8分　熊本市中央区南坪井町2-8　096-325-3911　11:30~15:00(L.O.14:00)、17:00~23:30(L.O.23:00)　赤牛丼¥1,430　www.ichinosoko.com

壱之倉庫是上乃裏通各家古民家改造店鋪的先驅，這棟倉庫最早建於江戶時代，當時是作為酒倉使用，大正年間改由紡織業者收購，作為保存蠶繭的一號倉庫，廢棄之後由店家從山鹿町移築到此地。店內餐點包含義大利料理與和風餐點，現烤披薩、燉飯、義大利麵以外，還有生馬肉、赤牛丼等鄉土料理，豐富餐點讓人大呼滿足。

⑭お茶の堀野園 茶以香 上通店

熊本市電「通町筋」站徒步約5分　熊本市中央区上通町7-10　096-355-1100　11:00~19:00(咖啡廳L.O.18:30)　休 週二　甘熟紅茶(熊本熊罐裝)¥1,000　www.horinoen.com/chaikou.html

以販售深蒸茶為主打茶品的お茶の堀野園，熊本市區唯一的店鋪就位在上通的底端，從摩登玻璃外觀的店鋪走進去，還得通過一段小小的廊道，才能進到店鋪裡面，日本茶、紅茶、烏龍茶、茶器通通都有，加上店內以健康為訴求，熊本縣產的乾物，像是香菇也買得到。上通店裡還附設茶以香和咖啡，可以在這裡享用各式茶品、抹茶及甜點。

⑮鶴屋百貨店

熊本市電「水道町」站下車即達、「通町筋」站徒步2分 熊本市中央区手取本町6-1 096-356-2111 10:00~19:00(週五、六至19:30)，7F餐廳11:00~21:00，依店舖而異 不定休 www.tsuruya-dept.co.jp

鶴屋百貨店是熊本的老字號百貨，在熊本的地位就像阪急百貨一樣，走的是高價位貴婦路線。本館的地下樓層為食品、菓子賣場，1~4樓為女性服飾用品，5~6樓為家飾及兒童用品、7樓為餐廳街。而在地下2樓、3樓、7樓都有連絡通道能到東館，逛起來十分方便。

Kumamon Square くまモンスクエア

鶴屋百貨東館1F 096-327-9066 10:00~19:00；熊本熊出場時間11:30、14:00、16:00(假日)。(詳見官網) www.kumamon-sq.jp

Kumamon Square不僅有各式各樣的熊本熊周邊商品，還是熊本熊的部長辦公室所在地！只要在官網公布的時間來到這裡，一定會被會場人山人海的模樣震驚，時間一到，熊本熊便在眾人的簇擁下進入會場，接著登上舞台與大家互動、帶動跳，來自世界各地的粉絲們熱情回應，讓人讚嘆熊本熊的超人氣，也深陷其可愛魅力。

⑯COCOSA

熊本市電「通町筋」站徒步2分 熊本市中央区下通1-3-8 096-352-0553 商店11:00~20:00，咖啡8:00~22:00，B1F超市10:00~23:00 cocosa.jp

COCOSA是熊本下通很受歡迎的百貨商場，風格年輕的商場裡進駐了不少話題店家，有流行服飾、生活雜貨及各式飾品配件，也有FREAK' S STORE、URBAN RESEARCH、無印良品等知名品牌，除此之外，地下一樓還有占地廣大的超市，從食材、點心、飲料、鮮食、便當、烘培用具，生活中需要的大小商品都找得到。

⑰珈琲アロー

熊本市電「花畑町」站徒步2分 熊本市中央区花畑町10-10 096-352-8945 11:00~22:00，週日14:00~22:00 咖啡￥600 www.coffee-arrow.jp/

珈琲アロー是隱藏的咖啡名店，在熊本甚至整個日本咖啡界都頗為出名，造訪的名人不勝其數，就連昭和天皇都曾是座上賓。店主八井巖自1964年創業以來，幾乎沒有休息地每天營業，即使已經超過80歲也依舊如此。店內咖啡不採烘焙方式，而是以淺煎處理豆子，加上他嚴格剔除不好的豆子，才造就琥珀色的美味咖啡；一飲散發出溫和、甘甜的淡淡香氣，更像是喝茶一般的芬芳，就連出了名不愛咖啡的三島由紀夫也曾大大稱讚呢。

18 CARINO

市電「通町筋」站下車徒步3分 熊本市中央区安政町1-2 096-322-4141 10:00~23:00，依店鋪而異 www.carino.co.jp/shimotori/

CARINO是座小型百貨，主要由蔦屋書店進駐，地下一樓、一樓及三樓都屬於書店範圍，書店以外還有幾家咖啡、雜貨，像是上乃裏通的咖啡名店的分店AND COFFEE BREWERS、雜貨KALDI coffee farm，或是九州鬆餅的材料店，另外二樓則有生活雜貨、服飾店、美妝用品店@cosme store，店鋪雖然不多卻個個精彩。

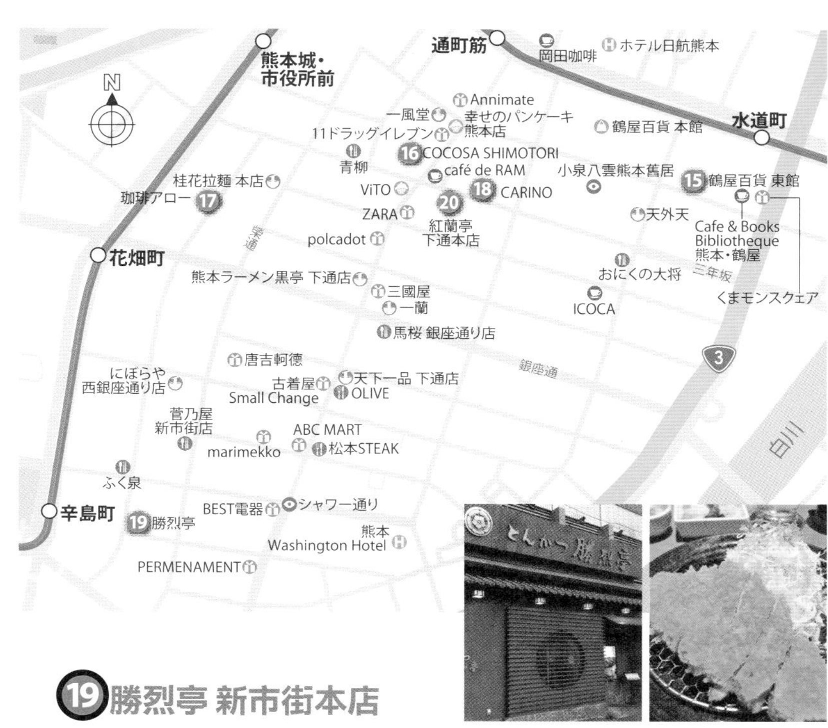

19 勝烈亭 新市街本店

熊本市電「辛島町」站徒步5分 熊本市中央区新市街8-18 096-322-8771 11:00~21:30(L.O.21:00) 休 年末年始(12/31~1/2) $ 上ロースかつ膳(里肌肉豬排套餐)¥1,780 hayashi-sangyo.jp

新市街的勝烈亭，是熊本在地的炸豬排名店，為了追求豬排的品質，使用特約農場提供的鹿兒島黑豬肉，就連酥脆的關鍵麵包粉都選擇自己生產，將豬肉裹上顆粒較粗的麵包粉，再用手仔細感受肉排的溼度，接著下鍋油炸出金黃色澤，上桌的豬排果然十分美味，柔軟的豬肉裡有著鮮甜的肉汁，酥脆的麵衣更增添口感，每一口都是店家滿滿的用心。

20 紅蘭亭 下通本店

熊本市電「通町筋」站徒步3分 熊本市中央区上通町1-15 096-352-7177 11:00~16:00(L.O.15:00) 休 12/31、1/1 $ 太平燕¥1,050、中華定食午餐(太平燕+糖醋排骨)¥1,480 www.kourantei.com

紅蘭亭是創業於1934年的熊本中華料理老舖，而在其各式美味料理中，就屬「太平燕」最出名，還變成是熊本的名物之一呢！其實太平燕，指的是一種類似長崎什錦麵(ちゃんぽん)的麵食，與長崎什錦麵一比，似乎只是將麵換成春雨(即為冬粉)，其實紅蘭亭的太平燕，最特別的地方在於上面還會放上個「虎皮蛋」，QQ的口感配上由雞骨、豚骨共同熬出來的鮮美湯頭加上滿滿的新鮮蔬菜，吃得出健康，也吃得出滿滿的熊本美味。

壯麗火口 自然絕景一望無際

27 阿蘇 あそ Aso

阿蘇可說是火山的故鄉，火山不但帶來豐沛的溫泉，也是形成高原地形的主因。而一連5個火山口的特殊景致——阿蘇五岳，更是全世界最大的火山口地形，雄闊的火山、草原，與處處可見的溫泉勝地，自然風光讓人心曠神怡。

ACCESS

搭乘JR豐肥本線至阿蘇駅即達。

阿蘇BOY：週末、例假日每天一班，9:11熊本發車，10:32抵達阿蘇；回程17:14阿蘇出發，18:27抵達熊本，大人單程¥2,910。至當地可再轉乘九州產交巴士遊覽阿蘇地區。

阿蘇山火口シャトル巴士(Shuttle Bus)：由「阿蘇山西駅」至終站「火口」，車程5分，下車後即抵達阿蘇火口。阿蘇山西駅出發第一班11:20，火口出發最後一班15:20。單程大人¥600、小孩¥300 www.kyusanko.co.jp/aso/business

1 草千里

在JR阿蘇駅搭產交巴士阿蘇火口線約26分至「草千里(阿蘇火山博物館前)」下車即達 阿蘇市草千里ヶ浜 0967-34-1765(阿蘇草千里騎馬俱樂部) 騎馬俱樂部9:00~16:00(依季節而異) 騎馬俱樂部12~2月底 一人乘坐¥1,500~5,000；乘坐時間5~25分，依費用區分 aso-visitorcenter.com/outdoor/

草千里，讓人遙想蒙古的塞上風光，草千里就位於火山博物館前，是一片夾在火山群間的寬闊草原，晨間時分常常瀰漫輕霧，再加上四周終年飄煙的山頭，並有放牧的成群牛馬，景致非常特別。天氣晴朗的白天則又是另一番景象，尤其是夏天，茂密的青草，布滿天地之間，還有遼闊的藍天白雲，是阿蘇最具代表的景觀之一，也是遊客必到之處。

2 中岳火口

JR阿蘇駅前搭乘產交巴士阿蘇火口線至「阿蘇山西駅」站下車，再轉搭阿蘇山火口シャトル巴士至終站「火口」，出站後徒步即達 阿蘇市黒川阿蘇山 0967-34-1600 (阿蘇旅客服務中心) 阿蘇山公園道路3/20~10/31 8:30~18:00(入山至17:30)、11月8:30~17:30(入山至17:00)、12/1~3/19 9:00~17:00(入山至16:30) 免費 www.aso.ne.jp/~volcano 由於阿蘇火山口仍持續噴發，會依每天偵測到的硫磺濃度決定是否開放，出發前請至官網確認

阿蘇以火山聞名，來到這裡必遊的景點之一，就是壯觀的火口。其實所謂的阿蘇山並不是指一座山，而是包括高岳、中岳、根子岳、杵島岳、烏帽子岳五座活火山，目前開放參觀的只有五山中的中岳。中岳擁有世界最大的破火山口，火口湖因為周圍的岩石富含鐵、銅，融化後呈現出藍綠色澤，火口湖蒸騰地冒著煙，空氣中瀰漫著硫磺的氣味，舉目一望，周邊是荒蕪的土地以及暗紅的山脈，獨特壯麗的風景令人難忘。

3 米塚

JR阿蘇駅開車約20分 阿蘇市永草 0967-34-1600(阿蘇旅客服務中心)

阿蘇五岳之一的米塚可說是阿蘇的地標，可愛逗趣的形狀，看來像是覆倒於大地上的一顆布丁，非常地卡通。相傳米塚是當地守護神——健磐龍命，用豐收的米堆積而成，山頂小小凹陷直徑約100公尺的火山遺跡，則是健磐龍命為了憐憫飢民，而將山頂的米掬出所造成。

❹阿蘇火山博物館

在JR阿蘇駅搭產交巴士阿蘇火口線約26分至「草千里(阿蘇火山博物館前)」下車即達 阿蘇市赤水1930-1 0967-34-2111 9:00~17:00(入館至16:30) 13~64歲¥1,100、7~12歲¥550、65歲以上¥880、6歲以下免費 www.asomuse.jp

阿蘇火山博物館是日本最具規模的火山博物館，深入淺出地介紹火山相關知識，最大的特色是由於不遠的中岳火山口仍在活躍著，阿蘇火山博物館內的視聽室中，可以看見架設於中岳觀測攝影機所拍下的火山口活動情形，畫面充滿震撼魄力，給人身歷其境的感受。

❺新草千里 ニュー草千里

在JR阿蘇駅搭產交巴士阿蘇火口線約26分至「草千里(阿蘇火山博物館前)」下車徒步1分即達 阿蘇市永草2391-15 0967-34-0131 咖啡10:00~17:00(L.O.)，餐廳11:00~15:30(L.O.14:30)，山の駅物産館10:00~17:00 義式冰淇淋¥500/球 www.newkusasenri.com

新草千里是火山博物館旁的景觀餐廳，2樓的景觀餐廳有著一整片玻璃窗，正對著草千里，可以一邊享用阿蘇物產做成的佳餚，一邊欣賞草千里一望無際的綠波。也可以到1樓的咖啡空間品嚐使用ASO MILK做成的義式冰淇淋，香濃牛奶與水果的組合有著最天然的美味，另外也有販賣土產的物產館可以逛逛。

❻白川水源

南阿蘇鐵道「南阿蘇白川水源駅」出站後徒步8分 南阿蘇村白川2092-1 0967-67-1111(南阿蘇村商工觀光課) 8:00~17:00 環境協力金 高中生以上¥100

阿蘇的純淨水源十分有名，白川水源更是其中佼佼者，還被日本環境省列入「日本名水百選」之一。白川水源是位在南阿蘇白水地區的地底湧泉，每分鐘湧水量多達60噸，水溫常年保持14度的沁涼，而且泉水多年以來皆十分乾淨，可以清楚看到水池內的植物，仔細一看，還能看到地底湧泉冒出的汽泡。

28 宮地 みやじ Miyaji

來到宮地就絕對不能錯過阿蘇神社與門前町界隈，在饒富韻味的門前町商店街上，感受美食飄香外，手上拿張阿蘇神社周邊地圖，尋寶般地找尋街角水基(湧水處)，小小的風景藏有大大的能量與風情。

ACCESS
搭乘JR豊肥本線至宮地駅即達。

1 阿蘇神社

JR宮地駅徒步15分、搭巴士4分　阿蘇市一の宮町宮地3083-1　0967-22-0064　自由參拜，御守所9:00~17:00　免費　asojinja.or.jp

全日本450座阿蘇神社的總本社就位在宮地駅徒步可達之處，順著橫參道漫步到神社前，首先映入眼簾的是高達18公尺的古樸樓門，以寺廟樣式的雙層樓山門式建造的樓門壯觀而獨特，與茨城的鹿島神宮、福岡的筥崎八幡宮齊名，並稱為日本三大樓門。神社內祭祀的阿蘇十二明神以阿蘇的開拓之祖「健磐龍命」為首，除了可參拜神祇外，境內還有可許下心願的「願掛け石」與結緣的「高砂の松」，男性以順時鐘方向、女性以逆時鐘方向在高砂の松周邊繞兩圈，據説就可以締結良緣。

火振り神事

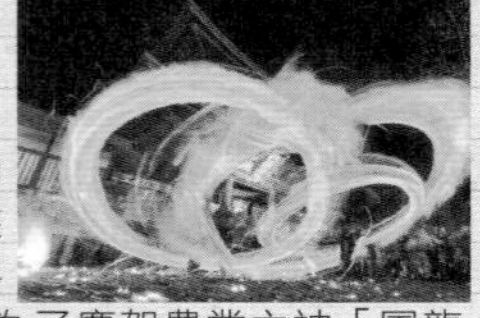

阿蘇神社於每年3月中旬會舉辦「火振り神事」，這項儀式是阿蘇祈禱農作豐收的農耕祭事之一，火振り神事是為了慶賀農業之神「国龍神」(くにたつのかみ)的婚禮，在迎接新娘　神前的舉行儀式，在繩索前端綁上茅草束、點火，接著用力轉動，形成了黑夜中的一輪火焰，奇幻的景色吸引不少人前去一觀。

2 阿蘇 とり宮

JR宮地駅徒步10分，門前町商店街上　阿蘇市一の宮町宮地3092-2　0967-22-0357　9:00~18:00，炸物10:00起供應　週三　馬ロッケ(馬肉可樂餅)￥200　www.torimiya.com

創業於昭和30年(1955年)擁有超過一甲子歷史的肉舖，不只販售新鮮的生馬肉片及赤牛等肉品，配菜、調味料等商品也是種類繁多，其中最受喜愛的就是那現炸的馬肉可樂餅，香脆外衣與綿密的內餡十分搭調，一同咀嚼時，國產馬鈴薯的甜香、馬肉的柔嫩、粉皮的酥脆在口中結合為一，越嚼越香。

3 etu

JR宮地駅徒步20分，門前町商店街上　阿蘇市一の宮町宮地1859　90-3665-8290　11:00~17:00　週三、四、五　www.facebook.com/etu.aso

etu店外是傳統日式房屋的樣貌，推門而入，則會來到帶有濃濃西方風情的雜貨屋。店內雜貨非常多樣，大多數都是有著精細花紋的杯子、盤子等餐具，也有和風的餐具、充滿歐風的古道具，或者是新潮可愛的設計胸章等小物，店面雖然不大商品卻非常豐富，十分值得一逛。

④たのや

JR宮地駅徒歩約20分，門前町商店街上 阿蘇市一の宮町宮地3094 0967-22-0255 9:00~19:00 休週三 $たのしゅー(たのしゅー泡芙)¥180

たのや是門前町上的知名蛋糕店，店內的泡芙「たのしゅー」十分受歡迎，小小的泡芙裡面包了滿滿的卡士達醬，讓人一吃就愛上，布丁也是人氣商品，軟嫩的布丁擁有超濃厚的乳香味，口齒留香的程度令人驚嘆，另外還有用熊本熊造型容器裝的甜點，吃完後還可以把熊本熊帶回家喔。

⑤北風商店

JR宮地駅徒步20分，舊女學校跡內 阿蘇市一の宮町宮地3204 0967-22-7544 11:00~17:30 休週三、四、不定休 kitakazepunch.shop/

北風商店是一家有趣的小店，簡簡單單的幾張桌子幾個架子，就讓這家小店不僅清爽簡約，更絲毫不顯侷促。店內商品大多是文具、擺飾、印章等小物，但是卻有著非常討喜的圖案們，不管是可愛的貓咪、小狗、熊貓，還是帶點惡趣味的禿頭大叔，都讓人忍不住會心一笑。

⑥TOMMY'S

JR宮地駅徒步20分，舊女學校跡內 阿蘇市一の宮町宮地3204 090-7817-3105 10:00~17:00 休週三、四

一走進店內，TOMMY'S就展露出讓人沉迷的魅力。店裡有著各式玻璃器皿、歐風的生活用具，還有經過修復的桌、椅、櫃子等家具，繪有精緻紋路的櫃子，或是帶有木頭紋理的家具，一件件堆疊在一起，彷彿也讓那股復古的氣息更加濃厚。

⑦café et brocante Tien Tien

JR宮地駅徒步20分，舊女學校跡內 阿蘇市一の宮町宮地3204 080-6406-8133 11:00~17:00 休週三、四 $カボチャのチーズケーキ(南瓜起士蛋糕)¥1,000 tientien.jp

café et brocante Tien Tien算得上是宮地的午茶甜點名店，不過位置卻有些隱密，置身在舊女學校跡之中，木頭地板、天花板、桌椅以及窗框，營造出舒適又讓人放鬆的寬敞空間。南瓜蛋糕口感扎實，帶有起士及南瓜的香氣，還能夠咬到大塊的南瓜，配上一杯溫熱的紅茶，讓午後的時光更加美好。

優遊懷舊山城小鎮

29

人吉

ひとよし Hitoyoshi

被稱為「小京都」的人吉，擁有許多寺院與史蹟，熊本縣內的古蹟有大半都位在這座城市，小鎮的各個角落，亦保留許多傳承百年的老式商號建築，而且這裡還是動畫《夏目友人帳》的主要場景，許多景點都曾在動畫中出現，也因此成為動畫聖地。

ACCESS

因2020年大雨災害，目前JR八代駅~JR人吉駅~JR吉松駅區間皆尚未通車，預計2025年陸續修復。人吉對外交通目前以巴士為主，對外跨區高速巴士搭車站在「人吉IC」下車。

1 青井阿蘇神社

JR人吉駅徒步5分 人吉市上青井町118 0966-22-2274 9:00~17:00 www.aoisan.jp

來到人吉，最不可錯過的就是國寶青井阿蘇神社。創立於大同元年(806年)的青井阿蘇神社，是人吉球磨地區的總鎮守。五棟社殿群：本殿、廊、幣殿、拜殿、樓門，在2008年被認定為國寶，其中，最值得一看的，一是傳統茅葺樓門，二是殿內華麗細緻的雕刻。茅葺屋頂之下繁複的斗拱撐架起的氣勢非同凡響，以茅葺建築列名國寶，青井阿蘇神社是日本第一個。幣殿樑上的雕刻在歲月的沖刷之下色彩已斑駁，更凸顯雕刻的立體；廊的盡頭是雲龍插角，華麗的造型盡顯總社的氣魄。

2 球磨川泛舟

球磨川くだり

JR人吉駅徒步20分 人吉市下新町333-1(人吉発船場) 0966-22-5555 清流コース，航程30分，11:00/13:00/15:00各一班次 清流コース 國中生以上¥3,000、小學生¥1,600、3歲以上¥1,000，一位大人可免費攜帶一位未滿3歲幼兒 www.kumagawa.co.jp 清流コース發船時間20分前須至HASSENBA完成報到手續，其他遊船行程十分多樣，詳見官網

球磨川是日本三大急流之一，在這裡，依不同季節可以體驗不同的乘船樂趣。不論是泛舟的快意刺激，搭乘小船順遊而下感受河水流動的自在，或者是在櫻花盛開時節乘船遊覽兩岸花海，還是在冬日裡包下設有暖桌的小船的愜意，都是體會球磨川風情的不同選擇。

3 人吉鐵道博物館MOZOCA STATION 868

JR人吉駅徒步2分 人吉市中青井町343-14 0966-23-2000 9:00~17:00 週三(遇假日順延)，年末年始(12/30~1/2) 自由參觀，ミニトレイン(小火車)¥200，4ちゃん(滑車)¥200 www.city.hitoyoshi.lg.jp/museum/

位在人吉駅旁的這座鐵道博物館2015年開幕，十分新穎。MOZOCA是當地方言「もぞか」，意思是「小、可愛」，博物館與這個名稱十分相襯，館內到處都是可愛的事物，不但可以搭乘迷你版的SL人吉號，還可以看到可愛的小玉站長和くろちゃん，2樓還有舒適的圖書區以及滑車「4ちゃん(レイルバイク)」，館內雖然大多是針對兒童設計的設施，但豐富的圖像與擺設也可以深入了解肥薩線沿線的魅力，絕對能夠擄獲大小朋友的心。

❹人吉城跡

JR人吉駅徒步約20分 人吉市麓町18-4 0966-22-2324(人吉市教育委員會文化課) 人吉城 史館9:00~17:00(入館至16:30) 週二(週假日順延翌日休)、年末年始(12/29~1/3) 人吉城 史館¥210、高中生以下免費 歷史館因水災尚未修復完成，目前閉館中

人吉城是從鎌倉幕府到幕末將近700年間，相良家的居城，據説相良氏統治此地時，在城南發現了一塊有著上弦月花紋的奇石，因此人吉城也被稱作「繊月城」。人吉城背山面川，以球磨川為天然外濠，江戶末期在城牆上打造的「武者返し」是少見的退敵設計，也是日本百選名城之一。現在的人吉城雖然只剩下復原的城牆及角櫓等遺跡，但每到春季，球磨川邊的櫻花盛開，便又是賞花的熱門地了。

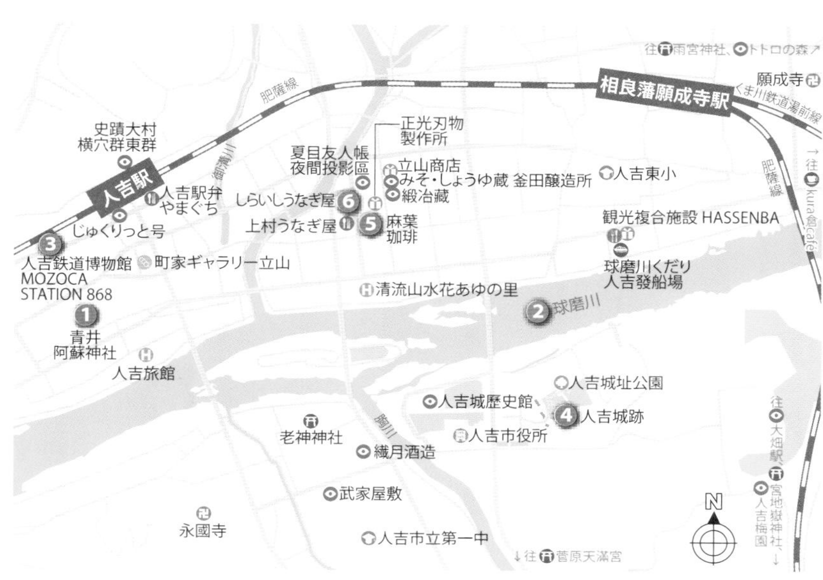

❺麻葉珈琲

JR人吉駅徒步10分 人吉市紺屋町24 0966-32-8858 10:00~18:00 手沖咖啡¥500、自家製布丁¥400、黑炭拿鐵¥600 www.instagram.com/asabacoffee/

130年民宅老屋改建，全黑的木造老屋建築外觀，和風內裝，建築外牆則以玻璃來透光，適巧融入摩登新氣息。優雅的2層樓空間，也巧妙加入將人吉鄉土玩具，鮮豔的色彩正好讓黑色的空間中有了視覺亮點。店內除了抹茶、黑炭拿鐵等飲品外，主打自家烘焙新鮮咖啡，喜歡單品手沖的話，也有3款單一產地豆單選擇。甜點推薦自家製布丁頗受歡迎外，來自名店虎屋的甜點也很人氣。

❻しらいしうなぎ屋

JR人吉駅徒步10分 人吉市紺屋町126 0966-22-2450 11:00~14:00 不定休 鰻魚飯¥2,800起

人吉市區裡有兩家知名的鰻魚飯，其中一家便是しらいしうなぎ屋。店內提供的鰻魚飯口味屬於清爽系，經過炭火燒烤的鰻魚有著美麗的色澤，魚皮略帶有焦脆口感，魚肉的油脂則被封鎖在這層外皮之中，一口咬下，細緻的魚肉裡是豐富的油脂，鮮甜的醬燒加上魚肉的滋味，搭配吸附了醬汁的白飯，每一口都是恰到好處的美味。

30 黑川溫泉 くろかわおんせん Kurokawa Onsen

熊本阿蘇高原附近的黑川溫泉頗負盛名，在溫泉街上也有許多美味的特色名物等著大夥來品嘗。

ACCESS

從博多巴士總站、西鐵天神巴士中心、福岡機場國內線等站可搭乘高速巴士至黑川溫泉；從阿蘇駅、別府駅或由布院駅可搭乘「九州橫斷巴士」至黑川溫泉。從黑川溫泉巴士站至溫泉街約徒步5~15分可達。

露天風呂巡迴入湯手形

來到黑川溫泉泡湯，幾乎是人人都會買一個由各商家共同發想、讓遊客們巡遊泡湯的「露天風呂めぐり入湯手形」。這個手形是個繪上黑川溫泉象徵圖畫的木牌，拿著它就可於每日8:30~21:00之間在黑川溫泉內的26家旅館或溫泉的露天風呂任選3處泡湯，手形背面附有3張溫泉貼紙，泡湯一次會撕下一張並蓋上印章，有效期限是6個月。另外3張貼紙中的其中一張，也可以使用在配合的17家商店、土產店使用喔。

購買處：各旅館、風の舍　¥1,500

① 地藏堂

「黑川溫泉」巴士站下車徒步約6分　阿蘇郡南小国町満願寺(黑川溫泉川端通り)　自由參觀　免費

黑川溫泉的起源有個奇妙的傳說，與地藏堂內所供奉的地藏有極大的淵源。很久以前，有位名為甚吉的貧窮鹽商，為了讓臥病在床的父親吃甜瓜，不得已只好到他人的果園偷竊，出發前先行向地藏懺悔並祈求父親病癒，不料行竊時失風被地主發現，一刀將他的頭砍下來，想不到落地的卻是地藏的頭。後來有位修行僧決定將地藏的頭帶回熊本安放，途中經過黑川溫泉時，地藏示意想在此安置，而供奉之處不久便流出了溫泉，也是黑川溫泉最早的溫泉「地藏湯」。現今在地藏堂內吊掛著許多使用過的露天風呂入湯手形，也形成另外一種風情。

② 豆腐吉祥

「黑川溫泉」巴士站下車徒步約7分　阿蘇郡南小国町満願寺6618　0967-44-0659　10:00~17:00　休 不定休　とうふ定食(豆腐定食)¥1,600起、とうふアイス(豆腐冰淇淋)¥450　gotousakaya.base.shop/

精選日本國產黃豆和黑川溫泉附近的名水「筑後川」，加上純天然鹽滷所製作出的豆腐，正是吉祥大受歡迎的原因。原本是黑川溫泉的豆腐店，由於所製作的豆腐頗受好評，除了當地人還有許多特地遠道前來的老主顧，甚至有人還自己攜帶調味料，只為一嚐好味，因此在眾多客人期盼之下決定開餐廳，提供以豆腐為主的各種料理。

③ 湯音

「黑川溫泉」巴士站下車徒步約5分　阿蘇郡南小国町満願寺6602　0967-44-0777　9:00~18:00　二十四の幸せ茶(幸福茶)400g¥1,200　yunon.jp

湯音結合了飲食及購物機能，店內左側為餐飲處，右側為商品販售處，在這裡不但可以吃到いきなり団子、馬肉料理等多道熊本美食，還可購買熊本土產、牛奶等口味的義大利麵條、各式柚子口味調味料，以及各種色澤亮麗誘人的果醬，每一個都勾起人的味蕾及好奇心。

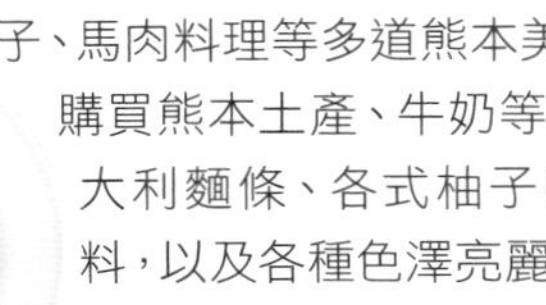

4 後藤酒店

「黑川溫泉」巴士站下車徒步7分 阿蘇郡南小国町満願寺6991-1 0967-44-0027 8:40~22:00 不定休 湯上がり美人¥578 www.kurokawa-sake.com

後藤酒店位於黑川溫泉街的中心位置，店內放眼一望，如雜貨店般的懷舊店鋪內販售著琳瑯滿目的商品。其中最為推薦的就是熊本縣內產的各式酒類，尤其是以黑川湧水釀造的黑川溫泉地產啤酒「湯上がり美人」，無論是香氣濃郁、無苦味的黑啤酒(月夜の湯上がり美人)，散發果香的麥酒(立ち姿湯上がり美人)，還是清爽順口的皮爾森啤酒(湯上がり双美人)，都十分受到歡迎。

6 白玉っ子

「黑川溫泉」巴士站下車徒步約5分 阿蘇郡南小国町満願寺6600-2 0967-48-8228 10:00~17:00 抹茶と白玉¥660

在溫泉街泡湯遊逛，當然得來一碗和風味甚濃的甜點，找找位於河川畔的大紅和傘絕對錯不了，走入店內還流洩著日本傳統童謠，煞有風情。選用百分之百日本糯米以石臼磨製成粉，再製作出口感十足、彈性絕佳的一顆顆白玉湯圓。配上黃豆粉、小倉紅豆、芝麻、黑糖蜜等多種豐富滋味，推薦喜歡不同口味的人可點湯白玉，隨個人喜好選擇熱點或冰點。比較特別的是，雖然端上桌的為甜點，但會附上招牌的漬物，原本只是想讓客人調整味覺，卻大受歡迎。

5 Pâtisserie Roku

「黑川溫泉」巴士站下車徒步約6分 阿蘇郡南小国町満願寺6610-1 0967-48-8101 9:00~18:00 週二 プレーンロール(瑞士捲)¥1,200 www.kurokawa-roku.jp

Pâtisserie Roku的盛名遠播，許多女性一提到黑川溫泉就想到這家好吃的蛋糕店。店內是將舊有的咖啡店改裝，只保留了一小部分提供給客人品嘗的區域，人氣最高的就是口味相當多元的瑞士捲。另外，起司蛋糕和黑蜜豆漿起司布丁也是不能錯過的原創美食，融合豆漿與奶油起司調製而成的布丁再加上黑糖蜜汁，充滿傳統的日本和風味道。

值得順遊

鍋ヶ滝

從阿蘇駅開車約50分，從黑川溫泉鄉開車約33分，從杖立溫泉出發22分路程 小国町黒渕4101 9:00~17:00(入園至16:30) 年末年始(12/28~1/3) 入園費高中生以上¥300、國中小學生¥150、未滿小學生免費 ogunitown.info/nabegataki/ 入園採網路預約制，務必先網路購票後再前往

鍋ヶ滝是小國町的人氣景點，鍋ヶ滝與阿蘇火口一樣形成於9萬年前的火山噴發，經歷歲月篆刻，形成如今的模樣。瀑布的高低落差雖然只有10公尺，但卻有20公尺寬，傾瀉而下的水流宛如簾幕一般展開，周遭林木間灑落的陽光照耀其上，粼粼的波光十分優美。

飽覽美麗海景 熊本人的渡假勝地

31

天草

あまくさ Amakusa

天草是熊本西南方的外島，由120多個大小島嶼組成。海景、夕陽以外，天草的新鮮海產更是有名，島上還留有島原之戰及基督教發展的珍貴史料，而且因為海水乾淨、氣候適合，附近海域一年四季都可以觀賞海豚呢，難怪會成為熊本人假期時的最佳去處。

ACCESS

要前往天草，必須要先搭乘JR三角線到三角駅，接著轉搭渡輪前往本渡等港口，再轉乘巴士前往各景點。

天草寶島渡輪的運行日程會配合觀光列車「坐A列車去吧」，從三角港出發，途中停靠松島及本渡港，可以依據自己要前往的觀光地選擇下船港口，抵達本渡港船程約1小時。

①崎津聚落

產交巴士「崎津」站下車徒步約5分 天草市河浦町崎津 0969-32-6784(文化課世界遺產・キリシタン資料館係) www.city.amakusa.kumamoto.jp/sakitsu-sekai/

位在天草偏南的崎津聚落，有著與眾不同的風光。聚落裡滿是悠閒的漁村氣息，因為就靠海邊，不但有質樸的日本民家房屋，湛藍的海水景觀，而且還有莊嚴的教會，漁村與教堂並存的風光不僅十分特別，更在日本的基督教信仰中占有一席之地，具有深厚的文化意義，也因此被列入日本的國家重要文化景觀。

崎津教會

產交巴士「崎津教会入口」站下車徒步1分 天草市河浦町崎津539 0969-78-6000(崎津集落遊客服務中心) 9:00~17:00 教堂內部不可攝影，參觀需要預約

崎津教會可以說是這個小村落的象徵，日本禁教期間，當地居民將信仰轉在檯面下進行，就這樣度過了240年的禁教日子，對信仰的堅持讓世人驚嘆。現在的教會是1934年由法國傳道士重建而成，當初重建時特地選在此處，是因為這裡曾是當年以踏繪(踩踏耶穌聖母畫像)驗明是否為教徒的地點，將充滿壓迫的象徵轉化為信仰中心。教會有著哥德式的外觀，內部少見地鋪著榻榻米，坐在榻榻米上抬頭仰望，靜謐的氛圍更為莊嚴。

旧網元岩下家 よらんかな

崎津教會徒步約2分，巴士「教　入口」站下車徒步1分 天草市河浦町崎津618

よらんかな是崎津聚落裡的休憩所，這棟建築其實是當地超過120年歷史的古民家，不僅充滿濃濃的日式傳統風情，最特別的是可以看到從前當地漁師生活的風貌。天花板比較低、階梯較斜，就連玄關也是開在靠海側，建築後方還有所謂的「カケ」，類似船舶處的建設，讓船隻可以停靠此處，這些都是為了方便漁業工作所設，也是聚落裡特有的景觀。

教堂與神社並存的風景

崎津教會是崎津聚落的地標，從教會來到一旁的諏訪神社，爬上階梯後回頭一望，就能看到神社鳥居與教會尖塔共存的畫面，融合歐式與日式的小鎮街景充滿特色，這個景觀也是崎津聚落成為文化資產的一大原因。

②大江教會

搭乘產交巴士至「天主堂入口」站下車徒步10分 天草市天草町大江1782 0969-22-2243(天草寶島觀光協會) 9:00~17:00 www.t-island.jp/spot/74 教堂內禁止攝影

大江教會是基督教解禁之後，天草地區最早建造的教會，教堂建築興建於昭和8年(1933年)，是由法國傳教士Garnier以私人財產建造的教堂。外觀採羅馬式建築風格，坐落在山丘之上的教堂有著雪白的外牆，在陽光的照耀之下顯得十分莊嚴。教堂內設有創立者Garnier的銅像，一旁還有重現法國神蹟故事「露德聖母」的雕像及造景，充滿神聖莊嚴的氣氛。

3 鬼海ヶ浦

從下田溫泉開車約5分鐘 天草市天草町下田北 0969-42-1111(天草觀光課) 自由參觀 免費 www.t-island.jp/spot/66

天草四面環海，島上有許多欣賞夕陽的絕佳地點，其中更有最具代表的「天草八景」。八景之一就是位在濱海道路旁的鬼海之浦，從鬼海之浦展望台區，可以欣賞到天草的礁岩景色，沿岸的礁岩被海浪沖刷出一條條深刻的紋路，巨大的深色礁岩矗立海中，走下展望台的樓梯，還可以近距離欣賞礁岩的雄壯姿態。這裡同時也入選日本夕陽百選名景，日落時分，夕陽為綿延的礁岩景色染上金黃光彩，讓廣闊無垠的海景更顯美麗。

4 天草海鮮藏

本渡巴士中心搭車約23分 天草市五和町鬼池4733-1 0969-52-7707 9:00~18:00 不定休 kaisenkura.com

到天草來就是要大啖海鮮與賞海豚，距離本渡巴士中心不遠的天草海鮮藏可一次滿足這些願望。店內結合餐廳與土產店，可以在這裡找到天草特產的各式商品，海產、調味料以外，

還有做成整隻龍蝦包裝的餅乾，另一側則是餐廳，可以在這裡吃到當季新鮮的海產，每一樣都是天草大海的恩惠。另外，只要事先上網預約，就可以搭船出海邂逅海豚了。

5 菓子工房えすぽると

距離本渡巴士中心約10分鐘車程 天草市佐伊津町2140-8 0969-23-6827 9:00~17:00 週日 四郎の初恋 12入￥756 amaame.com

えすぽると是專門販賣洋菓子點心工房，為了讓甜點能夠呈現出天草帶有基督教文化以及南洋風情的特色，店家不斷以在地食材研發創新甜點。尤其是獨創的甜點「四郎の初恋」，這個有著初戀般酸甜滋味的點心，運

用了天草栽種出的無花果，據說無花果是由天正遣歐少年使節的帶隊神父帶到天草，才從而傳入日本；店家運用這項具有意義的水果，融入和式糖貽之中，無花果籽特有的口感讓軟軟的糖中多了驚喜，酸甜的滋味更是迅速成為天草的代表點心。

32

湯布院溫泉

ゆふいんおんせん Yufuin Onsen

湯布院位居有著「豐後富士」之稱的由布岳山腳下，相當涼快乾爽，有豐沛泉量的溫泉，和許多美麗花卉，四季都可欣賞優雅景緻。

ACCESS

從博多駅搭乘直達由布院駅的特急列車前往。想要順遊湯布院溫泉、黑川溫泉與別府溫泉三個溫泉區的遊客，巴士是十分方便的選擇，但需注意的是，九州橫斷巴士需先預約。

① 金鱗湖

JR由布院駅徒步約25分 0977-85-4464(由布院溫泉觀光協會) 由布市湯布院町川上 自由參觀 免費

明治時期的儒學家毛利空桑造訪此地，看到鮒魚在湖中翻騰，陽光下魚鱗閃現金色的光澤，因而替它取名：金鱗湖。數條小溪流貫而入，加上有溫泉湧出，氣溫低的時候，湖面升起一片白色霧靄，周圍圍繞著杉樹林，宛如某個東歐隱世小鎮的不知名湖泊，如夢似幻。在湖邊沿著棧道散步，或是閒倚咖啡座瞭望湖光山色，靜靜想著，走了一整天，混合著歐洲風情的昭和由布院，該怎麼定義？歐式田園風光也好，昭和庶民風情也罷，與溫泉鄉截然不同的由布院，適合吹吹風四處晃蕩，什麼也不想。

② 湯之坪橫丁

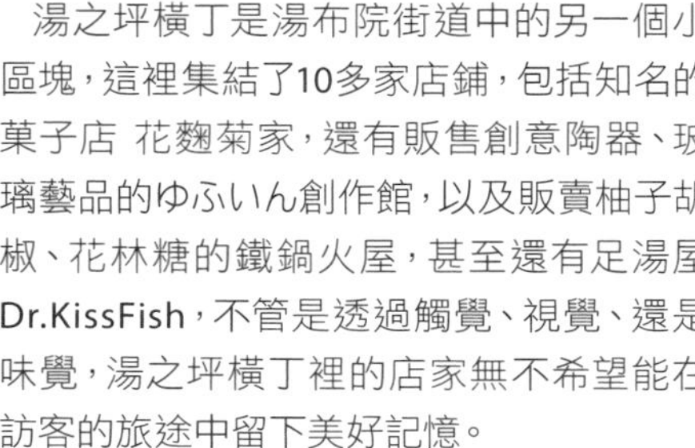

JR由布院駅徒步13分 由布市湯布院町川上1524-1 9:00~18:00(依店鋪而異) www.yufuin.org

湯之坪橫丁是湯布院街道中的另一個小區塊，這裡集結了10多家店鋪，包括知名的菓子店 花麴菊家，還有販售創意陶器、玻璃藝品的ゆふいん創作館，以及販賣柚子胡椒、花林糖的鐵鍋火屋，甚至還有足湯屋Dr.KissFish，不管是透過觸覺、視覺、還是味覺，湯之坪橫丁裡的店家無不希望能在訪客的旅途中留下美好記憶。

③ 由布院玉之湯

JR由布院駅徒步約15分 由布市湯布院町川上2731-1 0977-84-2158 一泊二食，二人一室每人¥35,790起 www.tamanoyu.co.jp

充分利用自然恣意生長的茂密樹林，營造出絕世獨立般的世外桃源。為了讓旅客能隨時感受到自然季節之美，清晨摘取自山野的野花及蔬果，成為穿廊與桌檯間的擺飾。「尊重旅客的隱私，給予沒有壓力的服務」，是玉之湯旅館的待客之道，因此15棟分離的建築群安靜地分布在三千坪樹林中，從旅館內的任一角落都可輕易地眺望這片綠意，整體給人整潔大方、舒適卻不沉重的舒暢感。

Tea Room Nicol

由布院玉之湯內 0977-84-2158 11:00~15:00，Nicol's Bar 17:30~22:00 あんパン(紅豆麵包)¥140 www.tamanoyu.co.jp

為御三家之一「由布院玉之湯」的附設咖啡廳，內部約有一半的壁面為大片落地窗，不僅讓自然光充盈了整個空間，更讓窗外雜木林的盎然綠意展開於眼前，充滿蓬勃生氣。除了景觀，餐點也同樣誘人，店內的神戸にしむら咖啡、錫蘭紅茶與別府老店的友永紅豆麵包，每一項都是名氣十足，再搭配上招牌蘋果派或是餡蜜，美食美景，旅行就該如此愜意而享受。

往山莊無量塔、由布院空想之森美術館↑
湯布院鉄鍋火屋本店
ゆふいん創作館
焼き四方山
花麴菊家
御宿 ゆふいん亭
クラフト館 蜂の巣
ゆふいんの犬屋敷
ゆふいんの貓屋敷
Café Duo
湯布院昭和館
湯布院夢美術館
BeeHoney
ガラスの森
ゆふの華
金賞から揚
金賞コロッケ 本店
湯布院薫風工房
花より
ノルウェイの森
湯布院の浪漫 灯館
Marc Chagall Museum
Cafe La Ruche
今泉堂
手打そば 泉
金鱗湖
湯の岳庵
天祖神社
天井桟敷
鍵屋
由布まぶし 心 金鱗湖本店
草庵秋櫻
湯布院民藝村
Yufuin Winery
YUFUIN FLORAL VILLAGE
豆吉本舗
湯之坪横町
SNOOPY茶屋
湯布院醤油屋 本店
湯布院ばくだん焼本舗
杉養蜂園
赤司菓子舗
千國の蔵
さんりお屋
琴鍵羊羹
由布院Milch
金賞可樂餅2號店
夢蔵
鞠智
B.Bee's
どんぐりの森
超市マルミヤストア
超市Acoop
果醬工房kotokotoya
草庵秋櫻 四季工房
←往ゆふいん文学の森、おやど 二本の葦束
↑往亜李蘭離宮 湯布院本店
B-Speak
湯の坪街道
Trick 3D Art Yufuin
Jam kitchen & Café Kotokotoya
COMICO ART MUSEUM YUFUIN
由布院玉之湯
Tea Room Nicol
由布見橋
龜之井別莊
由布院別邸 樹
山紫御泊處 花之舞
アトリエときデザイン研究所
末田美術館
由布市役所
ラーメン侍
地鶏ラーメン 福助
nicoドーナツ
木生舍
湯布院公民館
銀の彩
巴士中心
Milch Donut&Café
由布院駅
ゆふいんチッキ
和カフェ・雑貨 縁
旅館上の湯
往秀峰館↘

❹ YUFUIN FLORAL VILLAGE

JR由布院駅徒歩約15分　由布市湯布院町川上1503-3　0977-85-5132　9:30~17:30　floral-village.com

FLORAL VILLAGE與湯布院的日式風情全然不同，走進FLORAL VILLAGE，於眼前出現的是爬滿藤蔓的外牆、一個個黃色的小屋，別緻的建築就像在日本街道上轉個彎卻拐進了歐洲小鎮，氣氛衝突卻更為迷人。光是建築就足以吸引遊客在此流連忘返，園內還有餐廳、特產店、小店鋪，甚至還有小型的動物園，十分值得一逛。

©NHN JAPAN Corp.

❺ COMICO ART MUSEUM YUFUIN

JR由布院駅徒歩15分　由布市湯布院町川上2995-1　0977-76-8166　9:00~17:00，導覽時間9:40~16:00　隔週週一、不定休　大人¥1,700，大學¥1,200、國高中生¥1,000、小學¥700，小學以下免費　camy.oita.jp　入場採網路預約制，導覽語音有多國語

由建築大師隈研吾所設計的美術館臨川而建，既能見到雄壯的由布岳，也能感受由布川的流水潺潺，隈研吾以「村落」為概念，巧妙運用各種素材，讓建築融入街景。建築師也利用燒杉作為外觀壁材，不僅讓建築調和周遭風景，天然的黑更襯托景色，近看還能感受到木頭的溫度。

除了建材以外，2樓陽台還有借景由布岳的枯山水庭園，呈現出展室與自然之間的遠近關係。美術館採預約制，必須先上網預約參訪時段，會由導覽介紹，每次導覽約60分。觀賞完作品之後，不妨到2樓的多功能休息室，木頭色的開闊空間十分舒適，就由窗外大片的由布風光，為美術館之行畫下完美句點。

⑥ B-speak

JR由布院駅徒步約8分 由布市湯布院町川上3040-2 0977-28-2166 10:00~17:00 不定休(1年2次) Pロール プレーン1本(瑞士捲一條)¥1,620 www.b-speak.net

來到湯布院溫泉，絕對不能錯過這間店的瑞士捲。B-speak是由山莊無量塔開設的小糕點舖，濃厚的奶油香氣與鬆軟的蛋糕體，讓這裡的瑞士捲受歡迎的程度，就像山莊無量塔的房間一樣搶手，每天大概中午過後便會賣光，有時運氣好還會有剩，但日本人大都會事先預約。如果想要吃的話，還是一開店便造訪比較保險。

⑦ jam kitchen kotokotoya

JR由布院駅徒步約10分 由布市湯布院町川上3037-6 0977-85-2203 10:00~18:00 果醬125g¥730起 www.kotokotoya.com

創立於1986年的kotokotoya正是從果醬起家，日文中kotokoto就是燉煮果醬的擬聲字。所有的商品都是經過不斷嘗試之後，選擇最適合果醬的水果品種來製作，例如草莓就是精選酸味強烈的果實，加入糖分之後才會融合出最完美的果醬滋味。店內所有的果醬都可以讓客人隨意試吃，品嚐到滿意的味道才選購。

⑧ 由布院Milch 本店

JR由布院駅徒步10分 由布市湯布院町川上3015-1 0977-28-2800 10:30~17:30 不定休 kase kuchen(起士蛋糕)¥280 milch-japan.co.jp

湯布院街道上這家人潮洶湧的甜點店，是繼B-speak之外，由布院又一家人氣甜點店，「Milch」是德語中的牛奶之意，店家選用百分百的湯布院牛奶製作成美味的蛋糕，主打的起士蛋糕光是拿著可以聞到陣陣香氣，用湯匙輕輕舀起，一口吃下，香濃的起士芬芳便在口中漫延，更驚喜的是蛋糕的口感，內裡近似半熟狀態的濃郁起士，加上表面經烘烤的蛋糕，絕妙的搭配讓人難忘。

⑨ 湯の岳庵

JR由布院駅徒步約20分 由布市湯布院町川上2633-1(龜之井別莊內) 0977-84-2970 11:00~21:00 不定休 炭火焼きビフテキ丼(炙燒和牛丼)¥2,530起 www.kamenoi-bessou.jp

湯の岳庵位在旅館　の井別荘的院內，是家專賣當地產的蔬菜料理店。這裡的食材一點也不馬虎，每家供應蔬菜的農家都有簽約，確保食材來源的品質。藉由四季產物的不同，這裡也會提供不同的菜色，讓人們也品嚐湯布院溫泉的四季。中午選擇季節便當，可以填飽肚子，也不會多到吃太飽，之後繼續到湯布院溫泉街中，繼續遍嚐當地的美食小吃。

⑩ nicoドーナツ 湯布院本店

JR由布院駅徒步5分 由布市湯布院町川上3056-13 0977-84-2419 10:00~17:00 年始 きなこミルク(黃豆粉牛奶甜甜圈)¥225 www.nico-shop.jp

位在由布見通上的店鋪，店裡大大的圓形玻璃櫃裡，擺著各式色彩樸實的甜甜圈；北歐居家風的陳設，白、灰及原木色澤，沒有過多的雜貨與擺設，乾乾淨淨的，就像這裡販賣的甜甜圈一樣。這裡的甜甜圈外觀樸實、口感扎實而濕潤，吃起來有一股濃醇的自然氣息。其中，一款名為「きなこミルクドーナツ(黃豆粉牛奶甜甜圈)」的甜甜圈，原味甜甜圈裹一層黃豆糖粉，豆香讓甜味變得柔和而清爽，黃豆粉與淡淡牛奶香氣和濕潤口感相應和，簡單卻十分滿足。

N
往山荘無量塔、由布院空想之森美術館↑
湯布院鉄鍋火屋本店
ゆふいん創作館
焼き四方山
花麹菊家
御宿 ゆふいん亭
湯布院ぱくだん
焼本舗
杉養蜂園
赤司菓子舗
千團の蔵
さんりお屋
琴鍵羊羹
由布院Milch
2 湯之坪横町
クラフト館 蜂の巣
豆吉本舗
12 SNOOPY茶屋
4 YUFUIN FLORAL VILLAGE
Yufuin Winery
ゆふいんの犬屋敷
ゆふいんの猫屋敷
Café Duo
湯布院昭和館
湯布院夢美術館
BeeHoney
ガラスの森
ゆふの華
金賞から揚
金賞コロッケ 本店
湯布院薫風工房
花より
ノルウェイの森
湯布院の浪漫 灯館
Marc Chagall Museum
Cafe La Ruche
今泉堂
手打そば 泉
由布まぶし心 金鱗湖本店
1 金鱗湖
湯の岳庵
9
天祖神社
草庵秋櫻
湯布院民藝村
超市マルミヤストア
湯布院醤油屋 本店
6 金賞可樂餅2號店
B.Bee's
8
夢蔵
鞠智
どんぐりの森
超市Acoop
果醬工房kotokotoya
←往ゆふいん文学の森、おやど 二本の葦束
草庵秋櫻 四季工房
↑往亜李蘭離宮 湯布院本店
Trick 3D Art Yufuin
7 Jam kitchen & Café Kotokotoya
3 由布院玉之湯
Tea Room Nicol
B-Speak
湯の坪街道
5 COMICO ART MUSEUM YUFUIN
由布見橋
龜之井別荘
11 天井棧敷
鍵屋
由布院別邸 樹
由布市役所
ラーメン侍
地鶏ラーメン 福助
10 nicoドーナツ
木生舍
山紫御泊處 花之舞
アトリエときデザイン研究所
末田美術館
湯布院公民館
銀の彩
巴士中心
Milch Donut&Café
由布院駅
ゆふいんチッキ
和カフェ・雑貨 縁
旅館上の湯
往秀峰館↘

11 天井棧敷

JR由布院駅徒步約20分　由布市湯布院町川上2633-1(龜之井別莊內)　0977-85-2866　茶房9:00~18:00　不定休(1個月1次)，Bar山猫週二　モン・ユフ(Mont. YUFU)¥550　www.kamenoi-bessou.jp

這是有「由布院御三家」稱號之一的頂級旅館——龜之井別莊所開設的咖啡館，由江戶時代所建的酒屋所移築改裝，天花板上架著的粗大黑色梁身，與利用藏酒木桶所製作的圓桌和古董椅子相當融合，整間店充滿了懷舊爵士酒吧的風情。以細砂糖、葡萄乾和丹麥奶油乳酪所製作的起司甜點「モン・ユフ(Mont. YUFU)」是最具人氣的美味，搭配上獨家特調的深焙咖啡，展現恰到好處的滋味。

12 SNOOPY茶屋 由布院

JR由布院駅徒步約13分　由布市湯布院町川上1540-2　0977-75-8780(茶屋)、0977-75-8790(雜貨)　茶屋10:00~17:00(L.O.午餐16:00、cafe16:30)、雜貨9:30~17:30；12/6~3/5茶屋10:00~16:30(L.O.午餐15:30、cafe 16:00)、雜貨9:30~17:00　スヌーピーパフェ(SNOOPY芭菲)¥1,398　www.snoopychaya.jp

快接近湯之坪川時，就可以看到史努比在外帶區坐鎮，茶屋入口還有端著丸子的史努比公仔在招呼客人，店內更是裝飾著和風的史努比繪畫、擺放許多相關書籍，就連菜單上都印著燙金的史努比。做成史努比形狀的蛋包飯、棉花糖，不論正餐或是甜點都可以看到史努比的身影，吸引許多人前來朝聖。

瀰漫著昭和煙霧的溫泉地

33

別府溫泉

べっぷおんせん Beppu Onsen

來到別府，第一個感受是時間彷彿靜止，整個城鎮充滿了昭和時代的懷舊風雅情緒，無論是商店街、招牌或是溫泉旅館，都有著迷人的魅力，頗適合放慢腳步細細品味。

ACCESS

從博多駅搭乘JR特急音速至別府駅，或是先搭乘新幹線到小倉駅，接著轉乘JR特急音速前往；從大分機場出發也可搭乘空港特急巴士至別府駅前。

1 別府塔 別府タワー

JR別府駅徒步10分　別府市北浜3-10-2　0977-26-1555　9:30~21:30　17F展望台週三(遇假日照常營業)、12/31　17F展望台¥800、中高學生¥600、4歲~小學¥400　bepputower.co.jp

高90公尺的別府塔完工於1957年，與名古屋電視塔(1954年)、大阪通天閣(1956年)、札幌電視塔(1957年)、東京鐵塔(1958年)、福岡博多塔(1964年)相同，都出自設計師內藤多仲早之手，也因此被稱作「高塔6兄弟」。別府塔雖然不高，但因為周邊沒有什麼高樓建物，登上展望台就可以享受360度的別府風景，夜晚可以看到周邊的燈火點點，白天則能夠眺望湛藍的別府灣風光，將蔚藍大海與後方碧綠山林一同收入眼底。

2 竹瓦溫泉

JR別府駅徒步約10分　別府市元町16-23　0977-23-1585　溫泉6:30~22:30，砂湯8:00~22:30(入館至21:30)　溫泉、砂湯第3個週三(遇假日順延翌日休)　大人溫泉¥300、砂湯¥1,500

位於市中心的竹瓦溫泉，是別府內最受歡迎的市營溫泉之一，啟用於1879年，也是別府市最古老的溫泉。使用砂浴者必須先在旁洗淨身體，躺在厚厚的黑砂上，女服務生再把砂耙到客人身上，建議躺約15~20分鐘，發汗後就可以起來，據說對於關節神經痛、腰痛、肩膀酸痛有療效。至於普通溫泉的泉質，屬炭酸氫鹽泉，可以治療神經痛、慢性皮膚病，也可飲用。

3 割烹旅館 千成

JR別府駅西口徒步約2分　別府市野口元町2-18　0977-21-1550　一泊二食，二人一室每人約¥12,000起　www.beppu-sennari.com

只有8個房間的千成是一間割烹旅館，「割烹」指的就是日本料理，料理當然是旅館的重頭戲。第二代旅館主人就是料理人，擁有20年的料理經驗所精選的食材都是大分縣近海的豐後水道所捕獲的鮮味，冬天有河豚、夏天有城下鰈，還有一年四季都可品嚐的關鯖魚和關竹筴魚，一直到客人抵達旅館，才將鮮魚從池中撈上開始調理，讓客人們品嚐食材的絕品滋味。

4 天空湯房 清海莊

JR別府駅徒步約10分　別府市北浜3-14-3　0977-22-0275　一泊二食，二人一室每人約¥10,500起　www.seikaiso.com

令人充滿舒暢感的清海莊位於八湯之中的別府溫泉，鄰近醒目的別府塔，名為天空湯房是由於旅館直接面對著別府灣，視野相當遼闊，湯房入口的日式庭園立刻讓人從視覺感受到療癒，從頂樓的天空湯房眺望，完全沒有任何阻隔，泡湯能夠享受海天連成一線的絕美景致。大浴場則擁有別府唯一的榻榻米之湯，鋪滿特別訂製的榻榻米頗受好評。

❺とよ常 別府駅前店

JR別府駅徒步3分 別府市駅前本町5-30 0977-23-7487 11:00~14:00、17:00~21:00 週四、五 特上天丼¥950

とよ常是別府當地的天婦羅老店，位在北浜的本店每到用餐時刻總是人潮滿滿，其實站前分店一樣可以吃到道地美味。店內人氣最高的就是特上天丼，端上桌的天丼有著兩隻特大的炸蝦，還有四種蔬菜天婦羅，酥脆的天婦羅麵衣吸附秘傳醬汁，微甜醬汁更帶出食材的鮮美，是創業以來不變的好味道。

❻野上本館

JR別府駅東口徒步10分 別府市北浜1-12-1 0977-22-1334 一泊二食，二人一室每人約¥6,000起 www.yukemuri.net

創立於1938年的野上本館就位於別府市中心，是相當純粹的和風溫泉旅館，由於交通方便，頗受外國人士喜愛，大廳還設有無線及有線網路使用。整個旅館洋溢著和別府市相當融合的懷舊氣息，無論是溫泉大浴場或

是提供家族租借的風呂，從建材到繪畫風格都可以看到別府的歷史，而最受歡迎的就是有著檜木香的風呂，讓人有如置身日本庭園中泡湯。

❼グリルみつば

JR別府駅徒步10分 別府市北浜1-4-31 0977-23-2887 11:30~14:00(L.O.13:30)、18:00~21:00(L.O.20:00) 週一晚餐 とり天定食(炸雞定食)¥1,300、豐後牛¥5,200起 www.mituba.info

創業超過60年的みつば雖是當地人喜愛的洋食餐廳，其實店內餐點非常豐富，不論中華、和風、西式餐點都可以吃得到。最吸引人的要屬午餐時間可用划算價格吃到的豐後牛牛排，而とり天也是一絕，炸得酥酥脆脆

不說，熱燙肉汁更被鎖在麵衣之內，沾上店家特製的甜味醬汁，讓人一塊接一塊欲罷不能。

蒸氣騰騰的溫泉鄉讓人難忘

34

地獄巡禮

地獄めぐり Jikoku Meguri

號稱「一旦親眼目睹，就算死也忘不了」，由於此區位居火山地帶，地面常常動不動就噴出攝氏百度的蒸氣、熱水，和滾燙的泥巴，在江戶時代因為受到佛教影響，遂將這個地區冠上「地獄」之名。

ACCESS

別府地獄巡迴巴士(別府地獄めぐり)：可在別府駅前4的定期觀光巴士站搭乘「別府地獄巡迴巴士」，由導覽員解說，巡遊別府各個地獄，一天2班，9:20、13:00出發，車程3小時，採預約制。大人¥4,000、國高中生¥3,000、小學生以下¥1,950

7地獄共通観覧券(地獄巡禮共通券) 大人¥2,200、中小學生¥1,000；單一場所入場券 高中生以上¥450、國中小學生¥200

1 海地獄

巴士站「海地獄」站下車徒步6分 別府市鉄輪559-1 0977-66-0121 泉質：含食鹽酸性泉 www.umijigoku.co.jp

海地獄像是一鍋冒著蒸氣的藍水，不像海水般透明，反而像是用藍色水彩染出的。1200年前，鶴見山爆發，別府全地蒸氣四出，並噴出高濃度的硫酸水，使得此地無法耕種，人物懼近，之後形成一個池子，水色因飽含硫酸呈藍色，水溫甚至高達攝氏98度。

2 鬼石坊主地獄

巴士站「海地獄」站下車徒步4分 別府市鉄輪559-1 0977-27-6656 鬼石の湯大人¥620、小學生¥300、幼兒¥200，家族風呂4人(1小時)¥2000 泉質：食鹽泉 oniishi.com

根據733年所編撰的《豊後国風土記》記載可知，鬼石坊主地獄歷史相當悠久。規劃完善的鬼石坊主地獄就像一個景觀公園，日文中坊主指的是和尚，而園內有4處不間斷地冒著滾熱灰色泥湯的「地獄景象」，就像是和尚的光頭而得名，還不時會傳出有如鬼打呼的聲響；散步累了還可以到足湯泡腳，也可以來個有名的「巧克力坊主」。

3 白池地獄

巴士「鐵輪」站下車徒步2分 別府市鉄輪283-1 0977-66-0530 泉質：含硼酸食鹽泉 shiraikejigoku.com

白池地獄說是地獄，倒不如說是一個有恬靜氛圍的日式庭園。一走入其中心，可以感受從最高溫達98度的泉水中冒出的白色噴煙，傳來的熱意。據說泉水剛冒出來是透明無色，但落入池水中，因為溫度與壓力的下降而呈現淡青白色，形成眼前美景。園區中還有熱帶魚館、二豐南画堂，可慢慢欣賞。

4 かまど地獄

巴士「鐵輪」站下車徒步3分 別府市鉄輪621 0977-66-0178 泉質：含芒硝弱食鹽泉 kamadojigoku.com

入口有一個古時候煮飯用的超大型鍋爐就是爐灶地獄，名稱來自於古時舉行竈門八幡宮祭典，是大家必拍照的景點。這裡最吸引人的就是擁有6種不一樣的「地獄景觀」，有類似血池地獄、海地獄和鬼石坊主地獄的景觀，如果地獄巡禮的時間不夠，這裡可以一次看個夠。

5 血の池地獄

JR別府駅搭乘開往亀川的26號龜之井巴士，約40分至「血の池地獄前」站下車即達 別府市野田778 0120-459-554 泉質：酸性綠礬泉 www.chinoike.com

滿池血水，加上滾滾蒸氣不斷，水面不時沸騰冒泡，根據日本古書《万葉集》，血池地獄是有記錄以來最早被發現的天然「地獄」，水深達30公尺，因含硫黃、炭酸和鐵，因此水色呈紅色，連水池旁的黏土都被染成紅色，水溫則高達攝氏78度。黏土可做染色之用，另製成的軟膏，可治療皮膚病，也可以購買泡湯劑，在家享受血池溫泉的體驗。

6 龍巻地獄

JR別府駅搭乘開往亀川的26號龜之井巴士，約40分至「血の池地獄前」站下車即達 別府市野田782 泉質：含食鹽酸性泉

龍巻地獄是一道約30~40分便會噴發一次的間歇溫泉。地層底下的溫泉溫度高達150度，每當壓力到達一定程度時，便會向上噴發，而噴出的溫泉也仍有105度呢！但據説其原本可以噴出50公尺那麼高的水柱，但現在由於觀賞人潮眾多，為了怕誤傷遊客，上面則多了水泥來阻檔。

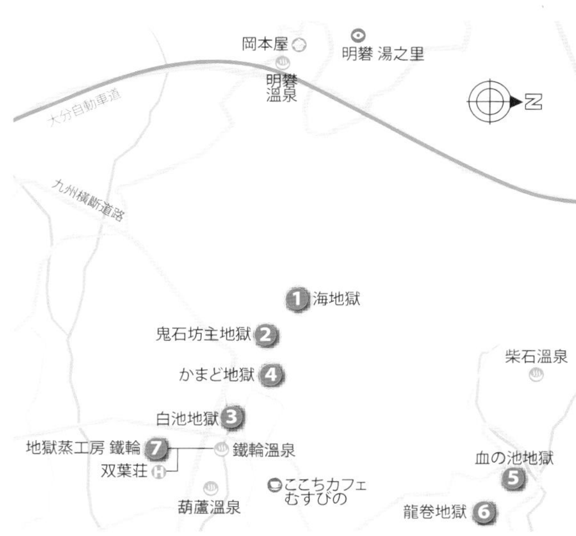

7 地獄蒸工房 鐵輪

JR別府駅搭乘往鐵輪的龜之井巴士，約20分至「鐵輪」站，下車徒步約5分 別府市風呂本5組 0977-66-3775 10:00~19:00(L.O.18:00)；ポケットパーク(足湯・足蒸し湯)至19:00 第3個週三(遇假日順延翌日休) 15分基本使用費地獄蒸し釜(小)￥400、(大)￥600；食材費用依組合而異 jigokumushi.com/

用「溫泉蒸氣」將食物蒸熟，多麼瘋狂的想法！但位在鐵輪，這可是先人的智惠料理呢！來到地獄蒸工房便可以自己料理別府的特色地獄蒸料理。每種食物需要蒸的時間不同，遵照店家的指示，購買食券後，將食物放到爐子中蒸上個幾十分後，香噴噴的特色料理便完成了。

天領之地和風小京都

35

豆田町

まめだまち Mameda Machi

豆田町位於日田市，江戶時代為幕府的直轄地(天領地)，町人文化十分興盛，白壁商家並列的街景，以京都般的懷舊和式風情吸引著無數觀光客，適合放慢腳步用心品味。

ACCESS
從博多駅、別府駅搭乘列車至JR日田駅下車徒步約18分。從福岡天神、JR博多駅、福岡機場也可搭乘日田巴士前來，車程約1小時40分。另外每天也有連接大分與日田之間的巴士。

1 草野本家

JR日田駅徒步約17分 日田市豆田町11-4 0973-24-4110 10:00~16:30，每年公開日期不一定，詳見官網 休,7:3017:00お雛祭り以外期間週四 $お雛祭り時間大人￥700、國高中生￥250；お雛祭り以外期間大人￥600、小學生免費。 www.kusanohonke.jp

草野本家原本是豆田町的製蠟商店，但因用蠟量漸少，目前已經無法在這裡看到這項工藝了。不過草野本家的建築本身十分有看頭，在這裡能看到純日式的室內設計，而中間的庭園迴廊更是讓人彷佛回到江戶時期，十分典雅美麗。另外，草野本家並非全年度開放的觀光景點，每年只在「お雛祭り」(約2月中旬至3月中旬)、「端午の節句」(約4月底至5月中旬)、「日田祇園祭」(約7月中旬)與「天領祭り」(約10月初至11月底)4個時期開放參觀。

2 赤司日田羊羹本舖

JR日田駅徒步約20分 日田市豆田町8-15 0973-22-2240 9:00~16:00 休週三、週二不定休(詳見官網) $日田羊羹 小豆こし(紅豆羊羹)400g￥1,100 www.youkanya.co.jp/

羊羹是日本各地常見的名產，但真正好吃的可不是每個地方都找得到。赤司日田羊羹使用去皮的紅豆製成，加上寒天、砂糖等調味後，細心地將原料放在容器中靜置一晚，放涼後一個個具透明感的好吃羊羹就完成了。離開豆田町前可別忘了帶幾條風味獨特的羊羹與朋友分享！

3 日本丸館

JR日田駅徒步15分 日田市豆田町4-15 0973-23-6101 2/15~5/31、9/1~11/31 10:00~16:00 休6/1~8/31、12/1~2/14 $大人￥350、小學~高中生￥250 www.iwaoyakuho.com

來到江戶德川幕府天領地(直轄地)的豆田町，千萬別錯過這創業於江戶末期的日本丸館。目前第18代的岩尾家仍守護在此，並將這棟老建築加以整理，以日本丸為主軸，展示出江戶至現代初期的各種生活用具。日本丸其實是在明治時期十分流行的特效藥，因為這種藥的熱賣讓岩尾家累積財富，雖然現在岩尾家已不再製藥，但在日本丸館旁的岩尾藥局裡，還看得到許多復刻版的小藥包糖果哦！

4 薰長酒藏資料館

JR日田駅徒步約20分 日田市豆田町6-31 0973-22-3121 9:00~16:30 週日、例假日 入館免費，酒釀冰淇淋¥400 www.kuncho.com

薰長釀造元自江戶時代建造以來，已經有百年的歷史，包括建於元祿15年(1702年)的最為古老的酒藏在內，共有五棟酒藏都保留著當年的原貌，在日本全國也可說是十分珍貴的藏元群，而且至今也都還在使用這些古老藏元釀酒。館內還有展示酒藏歷史資料以及日本酒知識、釀酒用具的酒藏資料館，一旁的賣店裡則可以試飲各式清酒、燒酒，另外還有販賣口味獨特的酒釀冰淇淋，一口咬下，淡淡的酒釀香氣隨著雪糕融化散開，美好的酒香讓人欲罷不能。

5 日田祇園山鉾會館

JR日田駅徒步約11分 日田市隈2-7-10 0973-24-6453 9:00~17:00 週三(遇假日順延翌日休)、12/29~1/3 大人¥320、小學~高中生¥220 www.oidehita.com/archives/365

日田祇園山鉾會館內展示著「日田祇園祭」相關的文物，已被指定為國家重要無形民俗文化財的日田祇園祭，每年舉辦於7月20日過後的週六及週日，祭典中的主角——6座巨大的山鉾最是吸睛，每座重達3噸重的山鉾一次陳列眼前，讓人屏息。絢爛豪華的山鉾上，可見到多尊造型各異的人偶，每尊都由日田唯一的人偶師「長嶋静雄」精心製作，以歌舞伎、淨琉璃為題材的人偶將山鉾妝點地更具故事，值得細細端詳。

6 廣瀨資料館

JR日田駅徒步17分 日田市豆田町9-73 0973-22-6171 9:00~17:00 週一(遇假日順延翌日休)12/31~1/2；2、3、10、11月無休 大人¥450、小學~高中生¥350 hirose-museum.jp

廣瀨資料館改建自江戶時代的儒學家廣瀨淡窓的故居，館內展出許多江戶時期的器具與文書物，包括廣家歷代的生活用具，甚至是古今雛、次郎左衛門雛這類珍貴的雛人形都陳列其中，算是一間很齊全的民俗資料館。建築本身也有其價值，除了江戶時代典型的海鼠壁，也因為這裡原本是「掛屋(現在的銀行)」，所以來這裡還可以看到江戶時期的金融活動與文物。

動人心弦的自然美景 紅葉點綴更顯嬌豔

36

耶馬溪

やばけい Yabakei

擁有絕美自然景觀的耶馬溪，不但與寒霞溪、妙義山齊名為日本三大奇景，更被選為新日本三景之一，溶岩高地經山國川等河流侵蝕成溪谷，奇岩怪石綿延的壯麗景緻搭配秋天的紅葉，為這雄壯的風景增添一股柔情。

ACCESS

從博多駅、別府駅搭乘特急列車至中津駅或豐後森駅，再轉搭巴士。耶馬溪內的觀光景點間距離遙遠，最適合的移動方式非開車自駕莫屬，但若無法自駕，只要查詢好巴士的時間也同樣能玩得盡興，平日以從JR豐後森駅前往的巴士班次居多，週六日例假日班次則比平日更少，需多加留意。

1 一目八景

JR中津駅搭乘開往豐後森的大分巴士(1天1班)，約1小時10分至「深耶馬渓溫泉」站下車徒步3分，車資¥1,300。須注意僅週間有班次。 中津市耶馬渓町深耶馬 0979-54-3111(耶馬溪支所地域振興課) 自由參觀 停車場：免費，256個

一目八景是耶馬溪中最為風光明媚的景點，站上展望台，四周盡是奇岩怪石環繞，環顧一周便可眺望造形各具奇趣的8個岩石，也因此取名為一目八景。這8個岩石分別名為群猿山、鳶ノ巣山、嘯猿山、夫婦岩、雄鹿長尾の峰、烏帽子岩、仙人岩、海望嶺，佇立於樹木間的高聳岩石岩肌雄偉，無論搭配上春天的新綠或是秋季的紅葉，都將這八景襯托地更加奪目。

2 青の洞門

JR中津駅搭乘搭乘大分交通巴，約25分至「青の洞門」站下車即達。 中津市本耶馬渓町曽木、樋田 自由參觀

因菊池寬的小説《恩讐の彼方に》而聞名全國的青の洞門，位在競秀峰山腳並面向山國川，依山傍水的景色十分秀麗，現在的遊客可輕鬆地通過此路段欣賞風景，則全都要歸功於禪海和尚。過去這裡只能以鎖鍊翻越絕壁斷崖，當遍遊各地的禪海和尚看到此危險的景象時，便決心留下鑿建隧道，以鐵鑿及鐵鎚慢慢地敲打鑿穿岩壁，耗費了30年的歲月才鑿通了這全長342公尺的隧道，不屈的精神讓人尊敬。

3 八景店

JR豐後森駅搭乘大分交通巴士，至「深耶馬渓駐車場前」站下車徒步。 中津市耶馬渓町大字深耶馬3153-7 0979-55-2036 9:00~16:30 不定休 そばまんじゅう(蕎麥饅頭)¥100

在冷冷的山區裡，熱氣騰騰的蕎麥饅頭最能帶給旅人們溫暖與滿足。在一目八景附近的商店街，可以看到許多店鋪販售著蕎麥相關食品，而這間八景店賣的饅頭，麵皮以蕎麥粉和山藥揉製而成，過程中一滴水也沒加，口感十分結實，裡面則是包著甜度適中的紅豆餡，剛出爐的暖呼呼饅頭讓人大感痛快。

日本三景vs.新日本三景

日本三景分別為宮城縣的松島、京都府的天橋立以及廣島縣的嚴島(又稱宮島)。松島、天橋立及嚴島皆位於海上，其優美的海景與綠意，讓這三處美景自江戶時代初期便廣為人知，而日本三景的起源據傳是出自於林春斎所著的《日本国事跡考》。

1915年，實業之日本社舉辦了新日本三景票選活動，全國民眾投票的結果為北海道的大沼、靜岡縣的三保の松原以及大分縣的耶馬溪。其中三保の松原除了與其他兩處新日本三景一樣有著絕美景緻外，當地據傳為仙女下凡的地點，且至今仍保存著仙女羽衣碎片，羽衣傳說讓這裡更添神秘色彩。

羅漢寺的飯杓

　羅漢寺境內釘著大大小小、難以計數的「飯杓(しゃもじ)」，當然這不是真正的飯杓，而是造型另類的祈願繪馬，會選擇飯杓外形是因為其功能是用來盛裝、舀取(掬う，發音為su-ku-u)，與救贖的日語(救う，su-ku-u)同音的關係，在上面寫下心願再用寺廟內提供的釘子、槌子釘上壁面，據說就能達成心願唷！另外，在入口附近還有一對可締結良緣的夫婦地藏，眼睛要利一點才不會錯過喔！

4 羅漢寺

搭乘定期觀光巴士「景勝耶馬渓めぐり」，可從中津駅、別府駅與大分駅乘車，於「羅漢寺站」下車即到達　中津市本耶馬渓町跡田1501　0979-52-2538　8:30~15:30(閉門17:00)　入山料志納¥1,000、小學生¥500　2023年起，需先在仁王門前繳付入山料志納、獲得當日入山許可證，才可以入山參訪。且禁止攜帶相機、拍照。上山座椅纜車(リフト)暫停運中

　羅漢寺至今已有近1400年的歷史，據說在大化元年(645年)時，印度的法道仙人造訪此地，並在這陡峭岩山的洞窟修行，同時開設了這座古剎。羅漢寺建在羅漢山半山腰上，寺廟就直接鑲嵌在懸崖峭壁旁，建物與岩壁結合地天衣無縫，讓人驚嘆於它的鬼斧神工。境內有無數的洞窟，總共安置3700尊以上的石像，尤其以無漏窟的五百羅漢最出名，位於釋迦牟尼像兩側的眾羅漢表情生動，或怒、或笑、或是困惑，說不定還可以從中找到與自己親友相似的神情與長相。

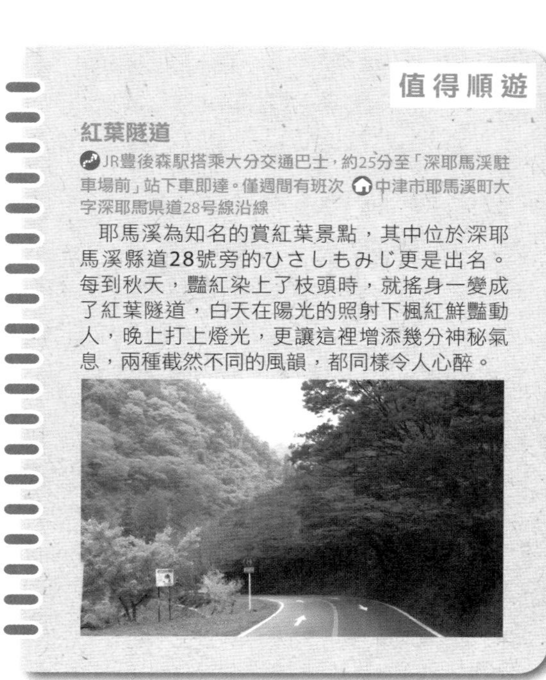

值得順遊

紅葉隧道

JR豊後森駅搭乘大分交通巴士，約25分至「深耶馬渓駐車場前」站下車即達。僅週間有班次　中津市耶馬溪町大字深耶馬県道28号線沿線

　耶馬溪為知名的賞紅葉景點，其中位於深耶馬溪縣道28號旁的ひさしもみじ更是出名。每到秋天，豔紅染上了枝頭時，就搖身一變成了紅葉隧道，白天在陽光的照射下楓紅鮮豔動人，晚上打上燈光，更讓這裡增添幾分神秘氣息，兩種截然不同的風韻，都同樣令人心醉。

繁華多彩 江戶島津藩領之地

37

鹿兒島市

かごしまし Kagoshimashi

江戶時代末期在島津藩領土的治理下，鹿兒島成為九州勢力強盛的繁榮城下町，更是日本率先引進西洋文化的地區，市區處處可見歷史人物雕像，還有豐富的遺跡，快來巡遊島津藩的歷史軌跡吧。

ACCESS

由JR鹿兒島中央駅下車，轉搭路面電車或巴士可達各大景點。

鹿兒島City View：專門針對觀光景點的循迴巴士，幾乎是觀光客必利用，前往城山、維新館、仙巖園就很便利。8:30~17:30、每30分鐘1班次，單程大人¥230、小孩¥120。

路面電車：電車系統分為2條路線，票價只有一種：大人170、小孩80。路面電車的「鹿兒島中央」站，就位於鹿兒島中央駅的東口。

①黎明館

市電「市役所前」站下車徒步約5分 鹿兒島市城山町7-2 099-222-5100 黎明館9:00~18:00(入館至17:30) 休週一、每月25日(遇週末及例假日照常開館)、12/31~1/2 大人¥420，大學、高中生¥260，國中小學生¥160 www.pref.kagoshima.jp/reimeikan/

鶴丸城是薩摩藩藩主島津家的居所，經歷過多次戰火的摧殘，現在的鶴丸城只剩下城牆以及石橋，但依舊是文化故事滿滿的景點。城內本丸遺跡上建造了黎明館，收藏了鹿兒島歷史民俗等文化資料，因為篤姬出嫁前曾居住在此地，還展出了大河劇《篤姬》拍攝時的道具及服裝，黎明館旁還設有一座篤姬像。鶴丸城斑駁的城牆充滿歷史的痕跡，雖然難免蕭瑟，但在此地周遭上演的重要歷史卻依舊鮮活。

②西鄉隆盛像

搭乘City View觀光巴士至「西鄉銅像前」下車即達 鹿兒島市城山町4-36 099-298-5111(觀光交流中心) 自由參觀

位於鹿兒島市立美術館旁的西鄉隆盛像是代表著鹿兒島薩摩藩重要歷史地位的象徵，出生於鹿兒島的西鄉隆盛是明治維新的英雄，在處於鎖國的江戶時代，西鄉隆盛有感於日本如果繼續分裂故步自封，只會受到強權的入侵，因而進行整合全國270個的藩領地，建議將政權歸還給天皇，並推動明治維新改革，讓日本朝現代化國家邁進。西鄉隆盛像所在的城山區域，附近就有近代文學館、照國神社、中央公園等許多景點可以一併參觀，距離鹿兒島市最熱鬧，有許多餐廳、商店、百貨聚集的天文館地區也徒步即可到達。

篤姬的故事

篤姬(1835~1883年)是今和泉島津家的女兒，誕生於鹿兒島市。1853年被島津齊彬收作養女迎入鶴丸城，1856年又以近衛家養女的身分成為第13代將軍德川家定的正妻。肩負薩摩藩的政治期望嫁入德川家，篤姬在家定去世後卻要面對故鄉推起的倒幕運動，陷入兩難的篤姬最終選擇留在江戶城，以性命為擔保向討幕軍請願，和平開城並確保了德川家的延續。

③照國神社

市電「天文館」站下車徒步5分 鹿兒島市照國町19-35 099-222-1820 9:00~16:30 免費 www.terukunijinja.jp

走在參道之上，遠遠的就可以看到照國神社的白色大鳥居。照國神社供奉的是島津家第28代家主島津齊彬，島津齊彬可以說是帶領薩摩藩接受西方文化的推手，也深刻影響了日本的維新歷程。齊彬因急病去世後，為感念其貢獻，鹿兒島人民為其建造神社，天皇也授予了照國大明神的神號。神社裡處處可見島津家的十字家紋，一旁還有島津齊彬的雕像可供瞻仰。

4 城山公園

搭乘City View觀光巴士至「城山」站下車徒步2分 鹿兒島市城山町 自由參觀 免費

位於鹿兒島市中心的城山，展望台能夠眺望到櫻島、錦江灣和整個鹿兒島市區，天氣晴朗的時候，甚至能夠遠望到南邵的開聞岳和與宮崎縣交界的高千穗地區。除了自然絕景，城山還具有重要的歷史記憶，是江戶末期名人西鄉隆盛贏得西南戰爭的重要戰役的激戰地之一，因此城山展望台的周邊有著許多和西鄉隆盛相關的史蹟景點，使得這一帶成為鹿兒島重要的歷史文化區域。

5 AMU PLAZA KAGOSHIMA

JR鹿児島中央駅出站即達 鹿兒島市中央町1-1 099-12-7700 購物10:00~20:30(週五~日、例假日、例假日前一天至21:00)，餐廳11:00~22:30，摩天輪12:00~19:45(週六日、例假日10:00~19:45) 摩天輪大人¥500、3歲~高中生¥300 amu.jrkagoshimacity.com

鹿兒島中央站的出口緊鄰著AMU PLAZA購物商場，擁有90公尺高的摩天輪，是這裡時髦的購物中心，匯集了SHIPS、URBAN RESEARCH、TOMORROWLAND、BEAMS、UNITED ARROWS等日本知名的選物服飾店，吸引許多年輕族群。搭上醒目地標的紅色摩天輪，緩緩上升到最高點，鹿兒島的象徵——櫻島活火山，隔著錦江灣橫臥眼前，腳底是地面電車穿梭的街景及中央站停靠著的九州新幹線；到了夜晚，從摩天輪眺望的夜景更加迷人，是情侶們的最愛。

6 維新鄉土館

維新ふるさと館

JR鹿児島中央駅徒步8分、市電「高見橋」站徒步3分、City View觀光巴士「維新ふるさと館前」下車即達 鹿兒島市加治屋町23-1 099-239-7700 9:00~17:00(入館至16:30) 高中生以上¥300、國中小學生¥150、未就學幼兒免費 www.ishinfurusatokan.info

如果想要更加了解鹿兒島的歷史文化與風土等背景，走一趟維新鄉土館準沒錯。分為兩層樓的維新鄉土館位於主要的河川旁，1樓介紹明治維新英雄西鄉隆盛、大久保利通等人的經歷；B1包括明治維新時期各種主題展示室之外，最值得一看的就是「維新體感劇場」。呈現圓形的劇場空間每天放映8次講述明治維新的故事《維新への道》(通往維新的道路)，運用魄力十足的聲光效果，讓枯燥的歷史變得有趣，也讓人深度認識鹿兒島。

38

天文館通
てんもんかんどおり Tenmonkan-dori

身為鹿兒島最大的商店街，天文館通的名稱來自附近1779年日本受到西方文化影響時設立的天文觀測站「明時館(別名天文館)」。這邊充滿著鄉土料理以及在地的新鮮農作物土產，咖啡廳與餐廳林立，歷史悠長的經營下，已經躍身為南九州最有人氣的繁華商店街。

ACCESS
搭乘鹿兒島市電在「天文館通」、「朝日通」、「いづろ通」站一帶下車即達。

①山形屋

市電「朝日通」站下車徒步3分 鹿兒島市金生町3-1 099-227-6111 10:00~19:00 不定休 www.yamakataya.co.jp

來到天文館一帶，一定會被眼前這棟大氣的歐風建築吸引目光。創業於江戶時代的山形屋歷史十分悠久，大正年間正式創立百貨店之後也成為鹿兒島最古老的百貨。現在的百貨復原了大正年間文藝復興式的建築外觀，世界各大名牌雲集，還不時會舉辦展覽及講座，充滿鮮活的魅力。

②CenTerrace 天文館

センテラス天文館

市電「天文館」站下車徒步1分 鹿兒島市千日町1-1 099-221-1001 商店10:00~20:00、餐廳11:00~23:00 centerrace.com/

位在熱鬧的天文館通旁、市電天文館站正前方，這一大棟光鮮的L型建築，2022年春天甫開幕，結合飯店、商場、旅遊中心、展望台跟圖書館的複合式設施。於1樓規劃出一個不小的廣場，建築空間中有商店、生活雜貨、百元商店、美食餐廳、美食賣店，當然更令人羨慕的是有兩整層都是圖書館，也有小咖啡座位區，讓這裡看書、看雜誌的人不少。

Sky View

CenTerrace天文館15F 10:00~23:00 免費

CenTerrace的15樓開闊空間，除了只設立一家餐廳外，其他空間通通免費開放，變成可以展望櫻島火山及市中心街景的好地方，一邊可觀覽櫻島火山與錦州灣，另一側眼下的天文館商店街多條交錯的加頂街道，從這裡也是觀察的好地點。

③一二三 天文館店

市電「天文館」站下車徒步3分 鹿兒島市東千石町11-6(そばビル2、3F) 099-225-2123 11:00~21:30(L.O.21:00) 年末年始 黒豚しゃぶコース(黑豬肉涮涮鍋套餐)¥4,200起 ichiniisan.jp

鹿兒島黑豬肉專賣店一二三，是由一間蕎麥麵店起家的公司所開設，所以湯頭使用的就是煮蕎麥麵的湯，而肉類則是鹿兒島的招牌六白豚，涮涮鍋套餐中會有五花肉和里肌肉兩種。在特製鍋子中先放入大蒜、長蔥，夾起肉片放入鍋中輕輕涮過2~3次，去除掉多餘的脂肪，等肉片一轉成粉紅色就可以品嚐美味。沾醬也是店內特色，有別於一般芝麻醬，這裡使用的是蕎麥麵的沾醬，加入特地減低鹽分的柚子胡椒，當肉片與蔬菜吃的差不多時，就可以放入蕎麥麵作為這套美味的結語。

朝日通
AKASHIYA el mundo
明石屋
中央公園
B・B・13BAR
南洲館
山形屋 1
Restaurant Le Dome
彼女の家
トワベール
豚とろ 天文館アーケード店
かご市
大創
5 久遠巧克力
薩摩思無邪
分家無邪氣
JUMBLE SHOP
丸善
美老園
一二三 天文館店
100元商店meets
いづろ通
吾愛人 本店 3
CAFESHOP
LIME LIGHT 4
OWL
こむらさき
池畑天文堂
菓々子横丁
SUNDRUG
maruya gardens
Festivalo
天文館通
黒豚ふくや
そら猫
2
CenTerrace 天文館
鹿児島ラーメン我流風
Uncle Charlie COLLECTION
唐吉軻德
6 白熊の本家 天文館むじゃき
あぢもり
N
大安
PARIS CAFÉ

4 LIME LIGHT

ライムライト

市電「天文館通」站下車徒步5分 鹿児島東千石町1-3 099-225-5411 :30~22:00(L.O.21:30)，週五、六至翌24:00 咖啡+蛋糕¥20起

推開LIME LIGHT店門，昏音的燈光讓人不由得放緩動作，吧檯區沉穩的木色桌面有著平滑的觸感，彷彿在訴説著年歲，陳列櫃中的各式咖啡杯具則讓人好奇咖啡師該如何選擇。喝上一口現磨手沖咖啡，濃郁的香氣盈滿口腔，舒緩的氛圍讓人想在店內耗上一本書的時光。

5 久遠巧克力

久遠チョコレート鹿児島

市電「いづろ通」站下車徒步約3分 鹿児島市金生町2-1 099-223-700 10:30~19:00 週二、不定休 巧克力¥230起/片、熱巧克力¥216 www.facebook.com/quonchocolatekagoshima

由名家野口和男監製的巧克力專賣店，使用了各國優質的可可豆，堅持純手工製作，不含多餘的油脂。發想的創意上善用當地特產，加了許多鹿兒島的農產品，口味多變且富有巧思。店裡也可以直接買熱巧克力飲品，夏天時還會推出期間限定的冰棒，可以選擇冰棒的口味之後，現場裹上牛奶、檸檬或白巧克力的外皮，濃郁口感外硬內軟，不小心就想吃第二支。

6 白熊の本家 天文館むじゃき 本店

市電「天文館通」站下車徒步約2分 鹿児島市千日町5-8 099-222-6904 1F 白熊菓琲 11:00~19:00(L.O.18:15) 白熊¥900、宇治金時¥900 www.mujyaki.co.jp

「白熊」是每個人必吃的知名冰品；刨冰上淋上濃濃煉乳，再放上水果、紅豆等餡料，滿滿一碗十分豐富。而在刨冰上擺設的水果讓這碗冰看起來就像是一隻白色的熊臉，於是就叫這個名字啦，是鹿兒島的特色名產。

神聖火山 巍峨雄據錦江灣

39

櫻島

さくらじま Sakurajima

鹿兒島最具代表的景觀就是櫻島。錦江灣中的櫻島是座活火山，至今還會不定期噴發，所幸噴發狀況大多不嚴重，能看到櫻島噴煙的才算幸運呢！搭乘渡輪從鹿兒島市區的鹿兒島本港只要15分鐘，除了從市區眺望櫻島的美麗絕景，更推薦順道前來看看這擁有獨特景觀的區域。

ACCESS

從JR鹿兒島中央駅轉搭市電至「水族館口」站下車徒步約3分，或轉乘市巴士至「水族館前・櫻島棧橋」站下車徒步約5分，抵達渡輪碼頭後，搭乘渡輪約15分可抵櫻島港，24小時都有船班，船資只要￥200。由於渡輪能夠載運車輛，也有巴士或計程車往返於櫻島和鹿兒島市區。

來到島上後，可利用觀光巴士：櫻島周遊巴士「Island View號」／「アイランドビュー号」。路線：櫻島港～火の島めぐみ館～Rainbow櫻島～櫻島遊客中心～烏島展望所～赤水展望廣場～赤水湯之平口～湯之平展望所～櫻洲小學前～櫻島港。依距離單次大人約￥120~440，1日乘車券大人￥500、小孩￥250。

1 櫻島火山

鹿兒島市桜島 099-216-1327(鹿兒島市觀光振興課)

距離鹿兒島市區僅僅只有4公里的櫻島，是一座活火山島，有時可以看到火山口的噴煙景象，而飄在櫻島上空的朵朵白雲，就經常是火山雲。根據歷史記載，1471年起的10年，曾經陸續有5次大規模的火山爆發紀錄，其中還產生出數個新的小島。地圖上來看，櫻島和鹿

兒島的陸地連在一起，為何稱之為「島」？其實在1914年元月開始噴火後的一個月，陸續有大量的火山岩漿流出，岩漿擴展到海中，冷卻之後才與九州大隅半島相連，原本只能搭船前往的櫻島，如今也有道路可以抵達。雖然現在櫻島已經減少噴火的次數，仍不時有小規模噴發。

2 櫻島渡輪

桜島フェリー

鹿兒島市桜島横山町61-4 099-293-2525 24小時營業(白天時段每小時3班次) 大人￥200、1歲~小學生￥100 www.city.kagoshima.lg.jp/sakurajima-ferry/

要從鹿兒島到櫻島，除了搭乘巴士之外，也很適合搭乘便宜又平穩的櫻島渡輪。搭一次只要￥200的實惠價格，且24小時營業，一直是當地人最常利用的交通工具之一。而在15分鐘的運行時間之中，除了可以將錦江灣的美景盡收眼底，據說船上賣的烏龍麵也十分美味，許多人都是特地搭船吃烏龍麵的呢！

3 有村熔岩展望所

桜島港搭乘三州自動車巴士開往櫻島南側的巴士，至「溶岩展望所前」站下車徒步即達 鹿兒島市有村町952 099-298-5111(觀光交流中心) 自由參觀 免費

在整座櫻島上都可以看到強大火山爆發魄力的痕跡，為了讓更多人能夠了解火山的威力，櫻島上設有多處展望所，不僅可以從各個角落觀察櫻島的火山噴煙情形，也可以眺望附近的景觀。有村展望所位於櫻島南端的主要道路旁，是由1946年櫻島火山爆發時所噴發出來的熔岩所形成的小型山丘，在這個特意規劃的設施內，桜島火山清晰地矗立眼前，還不時看到噴發出來的火山煙雲，散步走在全長1公里的熔岩步道中讓人親近認識火山的地質景觀。

4 黑神埋沒鳥居

桜島港搭乘市營巴士，約40分至「黑神中学校前」站下車徒步即達 鹿児島市黒神町(黒神中学校横) 099-298-5111(觀光交流中心) 自由參觀

1914年的1月，櫻島火山突然猛烈噴發，流出的熔岩把黑神地區吞噬，也造成了櫻島與大隅半島連接，而見證這一段歷史，最具代表的就屬埋沒鳥居了。原本高達3公尺的鳥居，被埋沒後只剩不到1個人的高度，可見當時火山噴發時有多可怕，而後人也得以藉由這些景點，了解到大自然力量的震撼。

5 湯之平展望所

搭乘櫻島周遊巴士，約35分至「湯之平展望所」站下車即達 鹿児島市桜島小池町1025 099-298-5111(觀光交流中心) 自由參觀，商店9:00~17:00 免費

湯之平展望所海拔373公尺，就位於北岳的4合目位置，不但是所有展望所中最高的一處，更是櫻島上一般人可達的最高點，登高一望，壯麗山岳躍然眼前，360度環視，無處不是自然絕景，前方的北岳稜角清晰分明、眼下大正熔岩原綿延不絕、西側則是錦江灣與鹿兒島市街，超廣角視野開闊了眼界，也讓感動溢滿於胸。

6 赤水展望廣場

櫻島港搭乘市營巴士，約12分至「赤水展望広場」站下車徒步即達 鹿児島市桜島赤水町3629-3 099-298-5111(觀光交流中心) 自由參觀 免費

赤水展望廣場內有座魄力滿點的岩石巨像，這座石像由大成浩氏利用櫻島熔岩所雕刻製作，在2004年時，鹿兒島出身的長　剛在此舉辦安可演唱會，人口僅有六千名的櫻島，湧入了七萬五千人，創下了櫻島的傳說，當時的演唱會會場經過整治，也就成為了現在的赤水展望廣場。赤水廣場視野遼闊，隔著錦江灣與鹿兒島市街對望，而廣場內對天長嘯的頭像與吉他石像，生動地彷彿能聽到當時演唱會的盛況。

7 溶岩なぎさ公園足湯

櫻島港徒步約10分 鹿児島市桜島横山町1722-3 099-298-5111(觀光交流中心) 公園自由參觀，足湯9:00~17:30 免費

來到櫻島，如果時間不夠去泡溫泉，那不妨利用搭乘渡輪前的一小段空閒時間，來泡個腳吧！可別小看這公園裡的足湯，它雖然免費，但引進來的也是純正的氯化物溫泉，三五好友一同泡個足湯，眺望美麗的錦江灣，就算只是泡泡腳，這小小的幸福也是令人難以忘懷。

山嶺、溫泉、火山、國家公園

40

霧島

きりしま Kirishima

霧島坐落於鹿兒島的東北部，火山資源十分豐富，高海拔火口湖、溫泉更是遠近馳名。想要接觸自然，除了遍遊群山之外，也可以到牧場、果園、國家公園等地好好放鬆，度過悠閒的一天。

ACCESS

從JR鹿兒島中央駅搭JR特急霧島、JR普通列車至JR霧島神宮駅下車，再轉搭巴士至各大景點；最理想的狀態則是自駕遊。

1 霧島神宮

JR霧島神宮駅搭乘開往霧島いわさきホテル的岩崎巴士，約13分至「霧島神宮前」站下車即達 霧島市霧島田口2608-5 0995-57-0001 自由參觀 免費 www.kirishimajingu.or.jp

霧島與宮崎的高千穗一樣，都有著「天孫降臨地」的神話傳說，無論如何，這都代表著這裡是一個富有歷史文化的神聖之地。參拜了主殿之後，建議可以多留點時間，在神社周圍的樹林裡散步一圈，體驗一下坂本龍馬與阿龍走過的龜石坂道，那古樹參天的蒼鬱風景，悠悠流水的小溪潺潺，為霧島神宮更添了一絲懷古悠情，令人心神更加嚮往。

2 黒酢本舗 桷志田

JR国分駅搭乘開往垂水港的鹿兒島交通巴士，約28分至「海添」站下車徒步3分 霧島市福山町福山字大田311-2 0995-55-3231 9:00~17:00；午餐11:00~15:00，週末及例假日10:30~15:00；下午茶14:00~17:00 桷志田 黒酢ランチ(黑豬的黑醋豬套餐)¥1,980 kurozurestaurant.com

桷志田大方公開釀造黑醋的過程，讓一般民眾也能夠體驗職人在釀醋時的場景。不只是看，還開放給大家試喝罈子裡的醋，從一年、三年、五年到十年以上的醋，藉由味蕾更加了解醋在釀造時程不同下會有什麼變化。到2樓的黑醋主題餐廳更能品嚐到黑醋的美味。除了一般大家熟悉的糖醋料理之外，桷志田也研發出咖哩、義大利麵等與醋也十分搭調的料理，顛覆大眾對醋料理的刻板印象。

3 嘉例川駅

JR嘉例川駅下車即達。從鹿兒島機場開車10分 鹿兒島縣隼人町嘉例川 此為無人服務車站，拍攝火車進站，務必注意安全

隱藏在山村內的嘉例川駅，屬於肥薩線上的一站，雖是營運中的無人車站，但大部分時候都是安安靜靜、罕見搭乘人跡，彷彿被時光遺忘般，兀自獨立。建造於1903年，是鹿兒島縣內最古老的木造車站之一，百年歲月的刻痕，讓這座老木造車站，顯得樸實定靜。

4 麹・発酵ホテル

從鹿兒島機場開車約3分，也可以預約免費接送 霧島市溝辺町麓876-15 0995-58-2535 Check in 14:00、Check out 11:00 koji-hakko.com/

由有著130年專業麴菌製造、製酒的河內菌本舖，在距鹿兒島機場僅3分鐘車程地方，打造了一處結合酒藏、飯店、店鋪、餐廳、體驗的多功能園區，不管住宿或非住宿客，都能滿滿感受日本造酒基本核心的重要「麴菌」，在日本發酵食飲日常中，帶來的多元風貌。

5 霧島神話の里公園

JR霧島神宮駅搭乘開往岩崎飯店(いわさきホテル)的巴士，20分至「神話の里入口」站下車即達 霧島市霧島田口2583-22 0995-57-1711 9:00~17:00 免費入園；遊覽lift(纜車)來回￥600，小火車來回￥400、單程￥200，super slider￥600/次 www.shinwanosato.jp

霧島神話の里公園山麓有著可愛的小小動物村，神話館內則有播映南九州神話卡通的映像廳，以及亞洲民俗樂器等的展示；山上的展望台視野十分遼闊，天氣晴朗時可遠眺霧島連山以及櫻島、開聞岳。而這裡最有趣的，就是銜接山下與山上的「交通方式」，可選擇有著優閒復古感受的小火車，或是視野絕佳卻帶點刺激感的遊覽lift(纜車)上山，下山推薦可以玩super slider，在全長390公尺的滑道上一路下滑。

6 塩浸温泉龍馬公園

JR国分駅搭乘開往指宿岩崎飯店(いわさきホテル)的巴士，約30分至「塩浸温泉」站下車即達 霧島市牧園町宿窪田3606 0995-76-0007 9:00~18:00 (入園至17:30) 週一(遇假日順延翌日休) 溫泉大人￥360、小孩￥140；資料館大人￥200、小孩￥100；足湯免費 siohitasi.web.fc2.com/

慶應2年(1866年)，坂本龍馬為了療養京都寺田屋事件所受的刀傷，經由小松帶刀與西鄉隆盛介紹，帶著其新婚妻子阿龍來到了霧島，當時停留最久的地方就是塩浸　泉，而這趟旅程更成了日本最早的新婚旅行。公園內有處名為「結緣之湯」的免費足湯，園內的龍馬資料館則展示龍馬夫婦與霧島相關的資料，讓入館者能更認識現實中龍馬的面貌。

7 高千穗牧場

JR霧島神宮駅開車約15分；或從霧島神宮搭乘開往都城的高崎観光巴士，約7分至「高千穗牧場」站下車即達 宮崎県都城市吉之元町5265-103 0986-33-2102 9:00~17:00 不定休 免費入場，各項體驗另計 www.takachiho-bokujou.co.jp

霧島與宮崎離得很近，所以雖然高千穗牧場的地址在宮崎，但其實從霧島神宮到這裡只需要15分鐘車程，十分適合與霧島的各景點做順遊。在高千穗牧場裡除了可以看到可愛的小羊、小牛、兔子等動物之外，還有許多農場體驗，不管是擠牛奶、騎馬、做奶油，應有盡有。來到這裡與動物的親密接觸、優美的田園景色令人感到十分輕鬆，似乎來一趟就能忘卻一切煩憂了呢。

暖呼呼的海砂溫泉體驗

41

指宿溫泉

いぶすきおんせん Ibusuki Onsen

鹿兒島南端的指宿溫泉以「砂浴」魅力席捲全日本，原來，指宿的摺濱海岸是日本唯一的地熱海岸，其形成的原因主要是鄰近的溫泉水滲漏至海邊，讓原本冰涼的沙灘成為高溫的海濱，溫度可達攝氏80度以上，因此連海水都是溫熱的，於是在300多年前聰明的指宿人便利用暖呼呼的沙粒，創造了獨特的「砂浴」。

ACCESS
從JR鹿兒島中央駅搭乘JR特急指宿玉手箱至JR指宿駅下車即抵。

①西大山駅

JR西大山駅下車即達　指宿市山川大山 西大山駅　自由參觀

JR鐵路線密布全日本，在眾多車站之中，緯度最南端的車站就在指宿。西大山駅是JR最南的車站，在這個開放式的無人小站裡，還可以看到紀念立牌，站外還有一個黃色的郵筒，據說這是能夠招來幸福的郵筒，只要收到由這裡寄出的信，不只能收到旅行的心情分享，還會得到幸福。

③Cake House Andersen

JR二月田駅徒步10分　指宿市十町888-1　0993-22-4505　8:30~19:30　週一　そら豆モンブラン(蠶豆蒙布朗)¥400　www.cakehouse-andersen.net

指宿的蠶豆年產量是日本第一，除了一般常見的食用方式之外，更有菓子達人運用創意，將蠶豆與西式甜點結合，成為現在造訪指宿必嚐的人氣甜點。Cake House Andersen是一間受地方愛戴的洋菓子店，現在也與地方特產結合，提供由蠶豆製成的多項甜點，其中，蒙布朗細緻的甜味引出蠶豆香，入口即化的奶油與蛋糕搭配絕妙，深獲好評。

②唐船峽流水素麵 唐船峡そうめん流し

JR指宿駅搭乘開往開聞駅的鹿兒島交通巴士，約50分至「唐船峽」站下車即達　指宿市開聞十町5967　0993-32-2143　10:00~15:30(依季節而異)　流水素麵1人份¥700

迴轉流水素麵是指宿唐船峽的知名美食。一般流水素麵的傳統做法，是利用地心引力，讓竹子上的麵由高處流下，不過唐船峽的做法卻十分新穎，在1962年，有位開聞地區的公所人員突發奇想，利用水壓製造出迴轉式的流水麵線容器，只要有桌子便能夠品嚐到Q勁十足的麵線，而成為鹿兒島南部的特色美食。

④鹿兒島花卉公園

フラワーパークかごしま

JR山川駅搭乘開往開聞駅的鹿兒島交通巴士，約20分至「フラワーパークかごしま」站下車徒步即達　指宿市山川岡児ヶ水1611　0993-35-3333　9:00~17:00(入館至16:30)　12/30、12/31　高中生以上¥630、國中小學生¥310、幼兒免費　www.fp-k.org

占地36.5公頃的鹿兒島花卉公園，其面積相當於8個東京巨蛋，光想像就十分壯觀，園內種植著南非、澳洲等世界各地總計約2400種的繽紛花卉，以開聞岳為背景的花廣場、能一覽錦江灣的展望迴廊、歐風的室內庭園與西洋庭園，每一處都擁有不同的風情，逛累了還可搭乘園內巴士，或是在附設賣店、餐廳稍事歇息。

5 砂蒸會館 砂樂 砂むし会館 砂楽

JR指宿駅前搭乘往山川栈橋的鹿兒島交通巴士，約5分至「砂むし会館前」站下車即達 指宿市湯の浜5-25-18 0993-23-3900 8:30~20:30(21:00閉館) 週末及例假日除外的中午~13:00因打掃休息，7、12月會有設備檢修日 砂浴國中生以上￥1,500、小學生￥1,000 (含浴衣租金)，泡湯國中生以上￥620、小學生￥310；浴巾￥200 www.sa-raku.sakura.ne.jp

指宿有5、6處提供砂浴的處所，不過只有這家名為「砂樂」的會館是天然砂浴場，這是由當地政府委託經營，有別於其他將沙子搬運至飯店裡，再透過人工加熱提供砂浴服務。洗砂浴要穿著日式浴衣入浴，如果不穿衣服洗砂浴，身體的汗水反而出不來，當然就達不到加強血液循環的功效。洗砂浴還要注意，通常是全身冒汗便即起身，時間大約10至20分鐘左右，而且只能泡一次，不像泡湯可以重複浸泡；起身後，沖掉身上的沙粒完成砂浴，即可繼續轉往附設的溫泉池泡湯。

6 池田湖

JR指宿駅搭乘往開聞登山口的鹿兒島交通巴士，約35分至「池田湖」站下車即達 指宿市池田 0993-22-2111(指宿市觀光課) 自由參觀 免費

薩摩半島東南部的池田湖是九州最大湖泊，5500年前因火山活動所形成，當時還一起形成了山川灣、成川盆地等地區，自古以來便有「神的池塘」之稱。水深最深達233公尺的池田湖呈現唯美湛藍色澤，湖畔可見到許多盛開的花朵，春天是油菜花，夏天則可欣賞一大片繽紛的大波斯菊，還可以欣賞到有「薩摩富士」美名的開聞岳。

7 龍宮神社

JR山川駅開車約15分；從山川駅搭乘往池田湖的鹿兒島交通巴士在「長崎鼻前」站下車 指宿市山川岡児ケ水1578-8 自由參觀 免費

位在長崎鼻海岬上的龍宮神社的外觀就像一座宮殿，紅白的建築在海景襯托下更顯氣派，地上的海龜圖樣和樑上的龍紋都讓神社充滿海洋氣息，這座神社裡供奉的正是豊玉姫，也就是日本神話中海神的女兒。因為建在龍宮傳說的故事發祥地，在這裡，豊玉姬不但是大海的守護神，也被相信是浦島太郎與龍宮公主兩人的緣分守護神，許多人相信只要在神社的貝殼繪馬上寫下心願並誠心祈求，就能有一場美好的邂逅。

原始杉林 魔法公主原創地

42

屋久島

やくしま Yakusima

位於九州陸地以南60公里的屋久島，自然景觀豐富，約有五分之一的面積在1993年被聯合國教科文組織登錄為世界自然遺產，最值得一看的就是島中央海拔1936公尺宮之浦岳的屋久杉原生林，成為許多熱愛自然文化的人最期待前往的地方。

ACCESS

渡輪

Toppy、ROCKET：連結鹿兒島、指宿、種子島與屋久島之間的交通噴射快艇。船班、時刻表與船資皆依季節而異。1天6~7班，約2~3小時(部分班次經種子島)，單程大人¥12,200、來回¥22,300

www.tykousoku.jp

フェリー屋久島2：對屋久島的島民而言，這艘渡輪是不可或缺的聯外交通工具之一。1天1班，8:30從鹿兒島港出發，航程約4小時。船資依艙等不同，最便宜的為2等艙，單程大人去程¥6,000、回程¥5,500

www.ferryyakusima2.com/

フェリーはいびすかす：連結鹿兒島與屋久島之間船資最便宜的渡輪，但搭乘時間也較長。1天1班，18:00由鹿兒島谷山港出航，21:40至種子島，此時船會停靠在種子島，待隔日清晨5:00再出發，7:00到達屋久島。費時13小時，單程¥3,900。

www.yakushimaferry.com

飛機JAC(JAPAN AIR COMMUTER)

搭飛機是到屋久島最直接也最舒適的方式，雖然要花費的金額較大，但如果經由陸路再接船的話，其實花費的金額是差不多的，可多方比較。

www.jac.co.jp

1 白谷雲水峡

宮之浦搭乘往白谷雲水峡的巴士，終點「白谷雲水峡」站下車(12~2月停駛) 屋久島町 0997-42-3508(屋久島レクリエーションの森保護管理協議会) 休 冬季積雪暫停開放 $ 高中生以上(協力金)¥500 y-rekumori.com ❗由於這裡終年潮濕多雨，出發前別忘了穿帶雨具

白谷雲水峡因為宮崎駿的動畫電影《魔法公主(もののけ姫)》而聲名大噪，吸引許多遊客前來探訪。這裡終年多雨，加上水流遍布，蔥鬱的林相加上空氣中的高度

濕氣，造就許多珍貴的苔蘚、蕨類長得特別好，島上1800種苔癬，在這裡就有高達600種類生存，從步道地面、階梯、石頭到林到間沿途頃倒的巨木上，都覆蓋上一層綠苔地毯，天氣好時，光線從林間空隙撒下，帶來光影之美；小雨時的林相間更是充滿夢幻，吸飽水分的苔蘚展現活力面容，也是很適合來訪時間。

這裡規劃有多條步道，從1~3小時路線，等級輕鬆到稍具挑戰都有，可依時間、體力選擇。

2 大川瀑布

宮之浦港搭乘往大川の滝的屋久島交通巴士，約1小時30分至終點站下車徒步20分 屋久島町栗生 0997-43-5900(屋久島町商工觀光課) 自由參觀 $ 免費

大川瀑布，顧名思義，其由崖上向下奔騰的氣勢，果真就如同大川一般，十分驚人。若造訪時剛好遇到水量高的時期，只見大川瀑布驚人的水量一直往下衝，站在2公里外就能感受到瀑布帶下來的氣流，再走近，已被水花濺得身上半濕了。落差高達88公尺的瀑布不但是屋久島最大的瀑布，更是入選「日本100大瀑布」之列，而這個瀑布最特別的地方是，可以登上瀑布前方的巨岩，近距離感受瀑布的震撼力。

3 お食事処 潮騒

宮之浦港徒步11分 屋久島町宮之浦305-3 0997-42-2721 11:30~14:00、17:30~21:30 休 週四 $ 飛魚唐揚定食(炸飛魚套餐)¥1,500

來屋久島若提到有什麼海鮮必吃的話，那麼飛魚肯定榜上有名，即使是離屋久島較近的鹿兒島也不容易吃到，因此來到這裡一定要品嚐。想吃美味的飛魚料理，在地人一定會推薦お食事処 潮騒，就位在宮之浦港附近，是一家超過30年的口碑老店，一進門光看牆上滿滿簽名板，就知道很多名人都造訪過。店內飛魚料理有生魚片、烤的之外，也推薦用炸的吃法，去除身體大骨後，連魚翅膀一起酥炸，整尾都能吃，非常唰嘴。

4 屋久島環境文化村中心

宮之浦港徒步約5分　屋久島町宮之浦823-1　0997-42-2900　9:00~17:00(展示廳入館至16:30)　週一(遇假日順延翌日休，4/29~5/5、7/20~8月無休)、年末年始(12/28~1/1)　入館免費；放映廳大人¥530、大學高中生¥370、國中小學生¥270、未滿6歲免費　www.yakushima.or.jp/static/village.php

以自然共生為目標的屋久島環境文化村構想所設置的展示中心，位於宮之浦港口附近，提供剛到屋久島的人認識自然文化與觀光資訊的訊息中心。入口大廳提供屋久島自然、交通、氣象、文化等各式各樣的情報；挑高的展示空間內介紹了屋久島的地理，從海到鄉村、森林、山頂等依序解說；最引人注目的就是大型影像放映廳，每天上映8場以「屋久島森林與水的交會」為主題的影片，片長約25分鐘，只見超大型的螢幕上，無論是從空中拍攝或自然景觀的記錄影像都充滿著魄力，讓人彷彿親身走入屋久島的自然中，四季的交替更迭更展現屋久島迷人魅力。

5 平內海中溫泉

安房港搭乘種子島・屋久島交通巴士，約35分至「平內海中溫泉」站，下車後徒步約5分　屋久島町平內7-2　0997-47-2953　退潮前後2小時，每日不一，於乘船處或觀光案內所可查詢　¥200

位於屋久島南端從濱海礁岩之中湧出的海中溫泉，是來到屋久島絕對要嘗試一次的感動體驗。泉質屬於單純硫磺泉，可是超級限定的天然溫泉，每天只有二次的退潮的時候才會出現，等漲潮時就會完全沉沒在海中，要前往需要先確定當天的氣候和潮汐表。平內海中溫泉是開放感十足的男女混浴溫泉，並沒有設置更衣室，需自行在陰暗處脱衣，不能穿泳衣入浴，除了經常利用的當地人，也吸引許多觀光客前來體驗。浸泡在海中溫泉，海水的潮香瀰漫，遙望無邊無盡的太平洋，這種天地合一的境界只有親自體會才能了解。

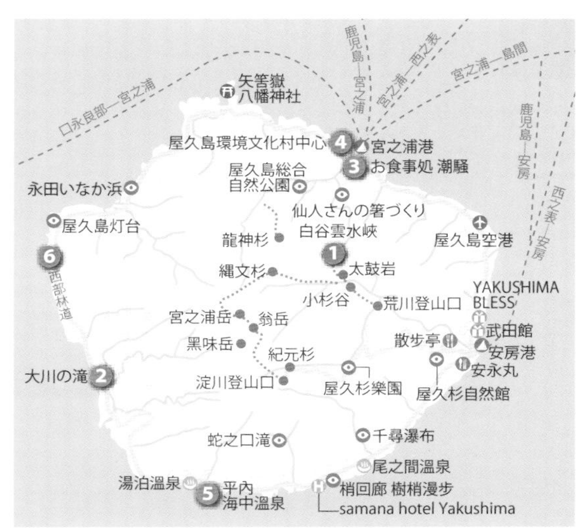

6 西部林道

宮之浦港開車約40分　屋久島町永田　0997-43-5900(屋久島町商工觀光課)　自由參觀　餵食野生動物是違法的，停車觀察時，也盡量距離野生動物10公尺以上

如果是自己開車遊逛屋久島的話，強烈推薦一定要走一趟西部林道。西部林道其中約有15公里的路段，是島上唯一被納入自然世界遺產的車道，沿途可見崎嶇的美麗海岸景致外，覆蓋著車道兩側的珍貴闊葉林，形成一條綠色隧道，沿途不時可見屋久獼猴與屋久鹿穿梭在林間，有時候還會有大膽的獼猴就直接躺在路中間抓癢，十分可愛，是觀察野生動物最棒的一條生態道路。但要記得，開車行經務必減慢速度禮讓動物，禁止餵食、也不能觸摸，更不能傷害牠們，降低喧嘩聲量、只能稍稍觀察牠們，千萬別打擾到野生動物們原來的作息。

藍天海洋椰子樹暖風 悠揚南國情調

43

宮崎市・橘通

みやざきし・たちばなどおり Miyazaki-shi·Tachibanatdo

宮崎有著濃濃的南國風情，筆直的道路旁種植了一整排的椰子樹，特意規劃的大面綠意和永遠晴朗的藍天白雲，共同打造出在日本少見的亞熱帶印象，卻仍保留整潔乾淨，最適合來一趟優雅緩慢的樂活旅行。

ACCESS

由JR宮崎駅下車，轉乘宮崎交通巴士(宮交巴士)前往各景點。

①宮崎県庁

JR宮崎駅徒步15分；JR宮崎駅搭乘開往「宮交シティバスセンター」的巴士在「橘通2丁目」下車，徒步5分 宮崎市橘通東2-10-1 0985-60-3911(宮崎県庁見学ツアー事務局) 見學第1、3個週三10:00~12:00、第1個週日10:30~12:00、第4個週五16:00~17:15 見學免費 www.pref.miyazaki.lg.jp 無需預約，定時導覽時間前，在本館玄關前有義工等候

宮崎縣廳是建於1932年的古蹟，建築本身屬於哥德風格，廳前的大道兩旁楠木成蔭，目前本館仍是作為縣政府使用，在日本現存且仍在使用的縣廳中是僅次於大阪府廳舍、神奈川縣廳舍、愛媛縣廳舍的古老縣廳，更是九州最古老的現役廳舍。宮崎縣廳目前會定期舉辦館內導覽，遊客可以透過導覽了解建築及小故事。

②九州鬆餅 宮崎本店

九州パンケーキカフェ 宮崎本店

JR宮崎駅徒步15分 宮崎市高千穗通1-2-2 0985-33-9388 8:00~17:00(L.O.16:30) 休週四 九州パンケーキ(九州鬆餅)¥1,000 www.kyushu-pancake.jp

獲讚為全日本最好吃的鬆餅，就是位在宮崎的這家九州鬆餅本店。端上桌的鬆餅乍看下沒有什麼不同，但以刀子輕壓，便可以感受到鬆餅的彈性；入口之後更是明顯，扎實又帶有滿滿空氣感的蓬鬆，不同尋常的勁道讓小麥香氣更為馥郁，再沾上半融化的棉花糖、巧克力醬、莓果醬，搭配上布朗尼，香甜酸苦在口中彼此競合，真是好吃極了。

③戀史郎咖啡 恋史郎コーヒー

JR宮崎駅徒步15分 宮崎市橘通東3-3-8 0985-67-5775 12:00~19:00 ドリップ咖啡¥450 www.renshirocoffee.com/

有著溫潤木色的戀史郎咖啡是四季通上頗為熱門的咖啡廳，簡約白牆與淺色木頭搭配，營造出清爽的店內氛圍。飄散著咖啡氣息的店內，提供的全是精品咖啡，點上一杯現點現沖的滴漏式咖啡，帶著耐心等待每一滴滲透出的水珠凝聚成一杯醇厚的飲品，品嚐略帶酸味的咖啡在口中留下芬芳，讓整個人由裡到外都浸淫在咖啡香氣之中。

④The Rosa Coffee

宮崎駅徒步12分 宮崎市橘通東4-6-14 080-9124-8241 11:00~19:00 休週一 咖啡¥500起 www.rosa-coffee.com/

安靜的佇立在小路裡咖啡新名店，白色簡潔的外觀引人注目，內裝則為原木的設計，展現出都會年輕風格。吧台旁展示的各種咖啡豆與手寫的説明，而店裡的咖啡豆從篩選到保鮮、烘焙到沖煮，整個過程都經過高度的控制與管理，讓每杯咖啡都是精心製作之下，呈現出「精品咖啡」的樣貌。除了咖啡之外，店裡也供應了不含添加物的手工點心，與其他不含咖啡因的飲品。

Hotel JAL City
マスカレード
The Rosa Coffee 4
2 九州鬆餅 宮崎本店
粋仙
創作料理 LANAI
CARINO
GREENS
TSUTAYA
炎の舞らくい 宮崎駅店
お菓子の日高 宮崎駅店
JR九州Hotel
宮崎巴士中心
えきマチ1丁目 宮崎
Richmond Hotel 宮崎駅前
山形屋
山形屋新館
肥後銀行
おぐら本店
若草HUTTE & co-ba Miyazaki
季節料理 かわの
blue moon stone
6
模型の国トヤマ
宮崎うどん ふくや
Sabbath
宮崎駅
西口
東口
わるん
革工房
Taffee
wagon
3
nico
南蠻屋
ArtSpace色空
三角茶屋 豊吉うどん
古著屋IMPACT
太郎與花子
Base
Booza
東横INN 宮崎駅前
宮崎科學技術館
戸隠うどん
丸万焼鳥 本店
戀史郎咖啡
麵屋勝水
らんぷ亭
塚田農場 宮崎本店
5 軍雞隱藏
宮崎市中央公園
辛麺屋 桝元
ラーメン山小屋
お菓子の日高本店
FRUITS OHNO
博多の味ばりうま
若草病院
ホテルセンチュリー宮崎
學園中
橘通西
橘通東
日豐本線
宮崎八幡宮
1
宮崎縣廳
あめいろcafe
N
往南宮崎
橘通
よしき・いせえび料理
宮崎縣物產館
往 一平壽司

5 軍雞隱藏 ぐんけい本店 隱藏

JR宮崎駅徒步16分 宮崎市中央通8-12 0985-28-365 17:00~24:00(L.O.23:00) 不定休 大手羽炙)焼き(烤雞翅)¥460，ちきん南蛮(南蠻炸雞)半份¥400 www.gunkei.jp

軍雞隱藏是市區內的人氣地雞料理名店，從商店街轉彎走進較為安靜的巷內，就能看到這一家店面。店家外觀是傳統和式的大氣，感覺就像是來到某處屋敷，但店內提供的地雞料理十分多元，除了經典的炭火燒之外，當然也有炸雞、雞肉刺身等選擇，店家使用的雞肉全都由自家農場直送，新鮮的雞肉果然在料理時顯現出美味，隱藏在熱燙炸雞裡的肉汁與咬勁，以鹽巴簡單調味就襯出雞翅鮮嫩甜味的燒烤。坐在吧檯區邊品嘗美味的地雞肉，邊看著職人在廚房裡大火烹調料理，讓店內氣氛更為熱烈。

6 若草HUTTE & co-ba Miyazaki

宮崎駅徒步12分 宮崎市橘通東3-5-33 0985-41-5359 10:00~18:00 週一 咖啡¥450，三明治¥880 www.facebook.com/wakakusahutte

1樓寬闊而明亮的店內，平常除了咖啡廳之外，也可以買到當地的新鮮蔬果與特產品，而一旁排列的手作三明治，則展現了店家獨特的創意，裡頭的食材會隨著季節的變化而製作，有的還是外面少見的口味，像是夾了彩色胡蘿蔔的三明治，或是烤鹿肉、野生香菇等，每一樣都加了大量的蔬菜，吃起來口味特別又健康清爽。另外也有水果三明治或奶凍布丁，加了大量草莓，酸甜的滋味，深受女性顧客喜愛。

44 高千穗 たかちほ Takachiho

由於阿蘇火山活動，距今約12萬年前所噴出的融岩漿沿著五瀨川流下，經過五瀨川長年的侵蝕，產生出V字型的溪谷，這就是高千穗峽。走一趟步道，無論是綠意滿滿的夏季或是紅葉遍谷的秋天，都頗適合欣賞高千穗峽的鬼斧神工。

ACCESS
從九州的主要城市福岡、熊本可搭乘高速巴士至高千穗巴士中心下車即抵；或於JR延岡駅下車，轉乘巴士前往。

1 高千穗神社

高千穗巴士中心徒步約12分 西臼杵郡高千穗町三田井1037 0982-72-2413 自由參拜 免費

一直守護著「天孫降臨」傳統的高千穗神社，是源自平安時代，歷史超過1200年以上的古老神社。主要的祭神為高千穗皇神與十社大明神，境內古樹參天，氣氛凜凜，十分有神話的神秘氣息。值得一看的是在本殿上的雕刻，其中一幅三毛入野命治退惡神「鬼八」的雕刻傳下了神話，也傳下了這裡的精神。另外境內的稚父杉、夫婦杉都十分古老巨大，據說擁有不可思議的能量，來這裡參拜時一定要來感受能量，讓運勢大大提升。

夜神樂

高千穗神社境內神樂殿 20:00~21:00 休11/22~23、12/3~1/1 ¥1,000、小學以下免費 takachiho-kanko.info/kagura

早期在高千穗地區，為了感謝秋天豐收會舉辦夜神樂祭典，當時會演出三十三個劇碼，從傍晚一直跳到隔天。現在每年11月時仍然看得到這項古老的祭典，但為了體貼觀光客，每天在高千穗神社的神樂殿，則是以1小時演出四個劇碼，為觀光客量身打造了較輕鬆的觀光神樂，不用擔心時間不對，也可以欣賞到傳統的祭典演出。

2 高千穗峽－真名井瀑布

高千穗巴士中心搭計程車8分可達 西臼杵郡高千穗町三田井御塩井 0982-73-1213(高千穗町觀光協會) 自由參觀 免費

高千穗峽約在12萬年前與9萬年前，分別因為阿蘇火山爆發的熔岩侵蝕五ヶ瀨川而形成。兩岸峽谷險峻，石壁的柱狀結理正是火山熔岩的最佳證明。而溪谷清澈的激流、千年前就已形成的古潭、從石間湧出的清泉瀑布，絕色美景讓這裡早在昭和40年便被指定為國定公園而聲名大噪。現在來到這裡，可以實際走一圈步道，或是到真名井瀑布附近划划小船，十分悠閒愜意。

3 荒立神社

高千穗巴士中心徒步12分 高千穗町三田井667 0982-72-2368 自由參拜 免費

相傳荒立神社是猿田彥命與天鈿女命婚後的居所，當時時間急迫，臨時以荒木(未去除樹皮的木頭)建造而成，故名為荒立宮。猿田彥命是交通安全與教育的神，天鈿女命則是歌舞、藝能之神，加上二神婚後在此居住，因此荒立神社被視作藝能與結緣的神社，神社雖然不大，卻充滿祥和神聖的氛圍。

4 天岩戸神社

從高千穗巴士中心搭乘開往天岩戸神社的宮崎交通巴士，約15分至「天岩戸神社」站下車徒步即達 西臼杵郡高千穗町岩戸1073-1 0982-74-8239 自由參拜；徵古館9:00~16:30 徵古館大人¥300、18歲以下免費 manoiwato-jinja.jp

傳說日本的天照大神，曾經因為生弟弟的氣而一度躲在石洞裡不出來，此時天地無光，萬物頹靡，可是不管眾神如何請求，天照大神就是不出來，最後則是請來天鈿女命跳舞，吸引天照大神開一點點石縫，再靠手力雄命把大石搬開，才讓天地重現光明。天照大神躲的地方便是天岩戶，而這裡，正是這個神話的背景舞台。其實天岩戶神社有分為東本宮與西本宮，東本宮祭祠著天照大神，且立有天鈿女命像。西本宮則是祭祠著把大石搬開，讓天照大神的光芒從石穴中漏出的手力雄命。

5 天安河原

從天岩戸神社徒步10分 西臼杵郡高千穗町岩戸 0982-74-8239(天岩戸神社) 自由參觀 免費

從天岩戸神社再向溪谷走去，就可以來到傳說中天照大神躲起來時，眾神們集合起來開會商討對策的地方——仰慕窟。由於是十分具有靈氣的地方，因此在這裡會看到遊客將石頭堆起來，聽說把石頭堆得愈高就會得到愈多的幸福，所以走在這裡也要小心別把其他人堆起來的石堆弄倒囉！

6 国見ヶ丘

從高千穗巴士中心搭車約15分可達 西臼杵郡高千穗町押方 0982-73-1213(高千穗町觀光協會) 自由參觀。9月中旬~11月下旬最適合看雲海

海拔513公尺的國見之丘是高千穗的雲海名所，最適合欣賞雲海的季節是秋天，一早來到這裡，可以看到覆蓋住高千穗的壯麗雲海，高千穗的盆地、蓊鬱的森林都在流動的雲海之下，加上太陽照射的光芒，山水畫一般的風景令人讚嘆。這裡也是賞風景的絕佳地點，登高一望，東側是高千穗盆地，西面可以眺望阿蘇外輪山以及五岳山影，北方還有高1757公尺的祖母山連峰，往南則是椎葉山一帶，就算沒有看到雲海，開闊的大片風光也很值回票價。

椰樹、晴空、海水 休閒度假南國樂園

45

日南海岸

にちなんかいがん Nichinan Kaigan

從宮崎市往南，一路上盡是溫暖明媚的南國景觀，長得茂密的椰子樹，一株株整齊排列，而湛藍的晴空和海水更是不斷地招手，這段最具代表性的道路就是日南海岸國定公園，獨特的濱海景觀使其成為宮崎市民假日最佳去處。

ACCESS
由JR青島駅下車即抵。較遠景點則需仰賴開車或是搭乘巴士，也可以選擇定期觀光巴士或是JR海幸山幸列車，其中海幸山幸可搭配日南號巴士，是最熱門的遊賞方式。

1 青島神社

JR青島駅徒步10分 宮崎市青島2-13-1 0985-65-1262 自由參拜 aoshima-jinja.jp

位於日向灘突出地形上的青島，是一座相當特殊的小島，整座島上長滿了亞熱帶植物，還有充滿著神話故事的神社。傳說山幸彥向兄長海幸彥借來釣竿，魚鉤卻不小心遺落在海中，鹽筒大神現身便打造了一艘船讓他進入海中尋找，山幸彥在海中遇到海神的女兒，接受招待留下來並與其結為連理，一轉眼過了三年，要回到人間時海神還給了他許多金銀財寶帶回。青島神社供奉的就是山幸彥和妻子還有幫助他的鹽筒大神等，主要庇祐姻緣、安產和交通安全，受到當地人民的虔誠奉祀。

AOSHIMAYA

島神社參道路口 宮崎市青島2-12-11 0985-65-1121 9:00~17:00

AOSHIMAYA的1樓土產賣店「青島屋」裡販賣超過500種宮崎物產，食料、調理包、當地特產零食，還有青島神社限定的「鴨就宮」燒酎，參道正面入口側則販賣雜貨、服飾，男子漢風格的「火消魂」甚至還推出這裡才有的創意T恤，值得一提的還有「南男猿」(なんおさる)，可愛的猴子形象以外，也帶有「排除困難」(難を去る)的寓意，都是宮崎獨有的伴手禮。另外，2樓還有咖啡與餐廳。

2 青島亞熱帶植物園

JR青島駅徒步約7分 宮崎市青島2-12-1 0985-65-1042(植物園管理事務所) 8:30~17:00，大溫室、熱帶果樹溫室9:00~17:00 大溫室週二(遇假日照常營業)、熱帶果樹溫室週三(遇假日照常營業) 免費 www.mppf.or.jp/aoshima

前往青島的路上，許多人都會被這綠意盎然的植物園所吸引，被指定為國家天然紀念物的青島上，約有180種約1600棵亞熱帶植物茂密生長著，為了研究保護這些重要的植物，而在1965年開設這一座植物園，除了將生長在青島上的各種植物重現之外，還嘗試更多亞熱帶植物的栽種。

3 堀切峠

JR宮崎駅西口搭乘開往日南的宮崎交通巴士，約1小時至「堀切峠」站下車即達，車資¥930 宮崎市内海三池381-1 0985-21-1791(宮崎市觀光課) 自由參觀 免費

從青島南下約4公里處的地方就是堀切峠。來到堀切峠可以看到道路兩旁的椰子樹和熱帶花卉艷麗綻放，相當具有南國風情，而遠方澄澈的藍天白雲和湛藍的太平洋海面連成一線，更有著度假氣氛。海岸線上還有綿延「鬼之洗衣板」的獨特景觀，隨著海風吹拂，時間彷彿靜止，讓人悠閒地享受這緩慢美好的南國旅行。

4 鳳凰休息站

道の駅 フェニックス

JR宮崎駅西口搭乘開往日南的宮崎交通巴士，約1小時至「道の駅フェニックス」站下車即達，車資￥720 宮崎市內海三池381-1 0985-65-2773(物產館)、0985-65-2705(餐廳) 1F物產館9:00~17:00、2F餐廳9:00~16:45 霜淇淋￥350起 michinoekiphoenix.jp

圓弧形建築的1樓是宮崎特產的販賣部，無論是宮崎特有的日向夏或青島特產明日葉都可買到各種相關產品，2樓的餐廳運用各種在地食材調理出美味餐點，3樓則作為展望台，可盡情眺望美麗的海岸線。除了前方可以看到優美海灣地形(鬼之洗衣板)的觀景展望台之外，霜淇淋亦是絕對不能錯過的好滋味。

©日南市商工觀光課

5 サンメッセ日南

宮崎駅前巴士中心搭乘開往日南的宮崎交通巴士，約1小時20分至「サンメッセ日南」站下車徒步即達，車資￥1,510 日南市宮浦2650 0987-29-1900 9:30~17:00 週三(年末年始、黃金週、盂蘭盆節、例假日照常營業) 大人￥1,000、國高中￥700、4歲以上￥500 www.sun-messe.co.jp

面向日向灘的小丘上，有著7座一字排開的摩艾石像，這可不是盜版的復活島石像，其實這些石像可是有向復活島申請，並且是世界唯一的正式「復刻版」，高聳的石像最高有達5公尺，與其背後的海水藍天組合出祥和卻又帶點神秘的氣息。除了石像外，サンメッセ日南的園內還有觀光牧場、天空之塔、餐廳與土特產品販售區，可以悠閒地逛上半天。

6 鵜戸神宮

JR宮崎駅搭乘開往日南的宮崎交通巴士，約1小時25分至「鵜戸神宮入口」站下車徒步10分。也可先搭JR到伊比井駅或油津駅，再轉乘開往日南的巴士 日南市宮浦3232 0987-29-1001 6:00~18:00 免費 www.udojingu.or.jp/

在面向日向灘的斷崖中腹，有個高8.5公尺、東西向38公尺、南北向29公尺的海蝕洞窟，鵜戸神宮的本殿就建在這絕景峭壁中，殿內的主祭神為山幸彥與豐玉姬之子——鵜葺草葺不合命。造訪鵜戸神宮時，千萬別錯過本殿前的龜石，據說這顆石頭是豐玉姬從海神宮來訪時所乘坐的龜的化身，石頭上有個四方形的凹洞，男性以左手、女性以右手將許下心願的運石投入，據說就能實現心願。

南九州小京都 遊逛江戶城下町風情

46

飫肥

おび Obi

飫肥是九州的「小京都」之一，過去是飫肥藩，直至明治初期為止這處藩地都屬於伊東氏一家。飫肥保有濃濃的歷史氣息，城下町的面貌更與江戶時代相差無幾，刻劃著歷史故事的建築比比皆是，若不是還有幾分現代面貌，幾乎要讓人以為時光在此駐足了呢。

ACCESS

搭乘日南復古巴士或定期觀光巴士在飫肥下車。JR飫肥駅下車，約需徒步12~18分即達城下町。

①飫肥城

JR飫肥駅徒步約18分 日南市飫肥10-1 0987-67-6029 (飫肥城下町保存会) 9:30~16:30(依設施而異) 免費參觀，各設施另計 obijyo.com

飫肥城在江戶時代是屬於伊東氏的藩地，其實飫肥自古就是兵家爭奪之地，薩摩的島津氏與當時領有日向中北部的伊東氏征戰不休，天正15年(1587年)伊東祐兵協助豐臣秀吉平定九州，秀吉將飫肥封賞給伊東氏，才真正確立伊東氏的霸權，從那以後歷經14代藩主、280年光陰，伊東家統治飫肥直至明治維新。

歷史上飫肥城並沒有建設天守，現在所見的天守台地就是舊本丸遺跡，大手門與松尾之丸則是復原的建物，石階、城牆都是歷史建物，飫肥城內有高大的飫肥杉，還長滿療癒的苔蘚。以飫肥城為中心，往外是武家屋敷以及商人居住的城下町，與江戶時代幾乎相同的風景也被列為日本的重要傳統建物群保存地區。

②豫章館

JR飫肥駅徒步20分 日南市飫肥9-1-1 0987-25-9300 9:00~17:00 入館料￥200、大學高中￥150、小中學￥100；相關施設6館共通券大人￥800、大學高中￥600、小中學￥350

位在飫肥城大手門外的豫章館，在1869年建成，是當時飫肥藩主伊東氏家的所居住的宅邸與庭園，規模與精緻度堪稱九州名園。廣大的屋敷地上建造了主屋、茶室、起居室跟倉庫，入口處設有在人形屋頂加上四根支柱的「藥醫門」，整體建築可說是飫肥城下區域最完整格式的傳統武家屋敷。南側的庭園只用沙與石造景，巧妙呈現出山水的意境，並用樹木點綴，石燈籠裝飾，讓人領會日式枯山水庭園的幽靜，也可以坐在廊下，望著遠山看著近景，彷佛一切都優雅了起來。

③武家屋敷 伊東邸

JR飫肥駅徒步15分 日南市飫肥8-6-10 0987-55-8010 11:00~17:00，午餐至15:00 週二(遇假日及クルーズ船寄港日順延翌日休) 雲隠れぜんざいセット(附抹茶或咖啡)￥980、チキン南蛮御膳(南蛮雞御膳)￥1,320 www.itotei.com

2018年開幕的武家屋敷 伊東邸，是過去飫肥藩藩主伊東氏的藩邸，花了近兩年的時間修繕，讓130年以上歷史的古民家經過改造後，再現了江戶時期的武家風格，成為飫肥地區少有的時尚飲食店。「おび茶寮」提供了定食類的御膳，米飯是特別用羽釜炊煮的，粒粒分明，也可以喝個抹茶或咖啡小憩一下；「ORANGE TEI+」則提供使用宮崎當地所產柑橘榨出的新鮮果汁，而全由九州產的食材做成的義式冰淇淋，用最能帶出食材極限的方式堆疊出的美味，瞬間就在舌尖上溶化。

4 旧山本猪平家

JR飫肥駅徒步15分 日南市飫肥5-2-26 0987-25-807 9:00~17:00 入館料￥200、大學高中￥150、小中學￥100；相關施設6館共通券大人￥800、大學高中600、小中學¥350

旧山本猪平家本身是歷史建物，從前是以杉木材累積財富的大商人山本豬平的住宅，興建之時還將一旁沒落的小松　太郎老家給買下，於明治40年(1907年)建造住家，建築保存十分完好，與昔日樣貌幾乎沒有差異，可以看到商人宅邸的樣貌。除了參觀建築，也別錯過「寿太郎卷」。這個蛋糕捲取名自小村　太郎(出身飫肥的明治時期外交官，曾任日本外務大臣)，有日向夏及紅豆兩種口味，不妨挑選一種口味，配上一杯茶，享受簡單的午茶時光吧。

5 ギャラリーこだま

JR飫肥駅徒步15分 日南市飫肥8-1-1 0987-25-0602 11:30~17:00 週二(遇假日照常營業) カツオ炙り重￥1,500

こだま是一家專門提供鰹魚(カツオ)料理「日南一本釣りカツオ炙り重」的餐廳，建築本身已有120年歷史。原來日南市是日本「一本釣りカツオ」水揚げ量最大的城市，因此可以在當地吃到最新鮮的鰹魚生魚片、鰹魚飯，而店家提供的「炙り重」則是另一道當地美食，可以吃到沾上生薑醬油、芝麻醬的生魚片，還能以燒烤方式品嚐，讓鰹魚肥美的滋味更顯誘人，店家還會貼心講解怎麼吃，照著做就可以放心大啖美食。

6 塒・珈琲

JR飫肥駅徒步12分 日南市飫肥5-2-18 0987-67-5808 10:00~18:00 週三 咖啡¥450起 www.facebook.com/975648002508002

黑色屋瓦之下是木色外牆與整潔的落地玻璃，窗明几淨的外觀引人進入一訪。2015年開店的Negura是飫肥少有的精品咖啡店，「塒(ねぐら)」一字通常是指「家」，以此為名，正是希望讓家庭都能品嚐到美味咖啡。店內主要使用來自中南美、非洲的咖啡豆，由店家烘培而成，光是踏進店內就能聞到香氣，坐在座位上，還可以看到店主清水先生身著西裝，以紳士般優雅的手法專注地沖出一杯杯咖啡，加上裝潢舒適的店內空間，從視覺到味覺都是一種享受。

九州旅遊資訊

九州基本情報

九州與台灣距離近，飛機大約2~2.5小時便可到達，比起東京的流行或是京都的古都風情，九州融合了福岡的現代化、佐賀的精美工藝、長崎的異國風情、熊本的熱情、大分的溫泉悠閒、宮崎的自然絕景與鹿兒島的人文，呈現出多樣性的面貌，讓人忍不住想要一窺九州的魅力所在。

語言➔日語

地理環境➔位於北緯33度、東經131度，是日本西南部的一個島，為日本本土四大島之一，面積36,752.6平方公里，次於本州和北海道，而比四國稍大。古稱「筑紫島」、「筑紫洲」的九州，包含福岡、佐賀、長崎、熊本、大分、宮崎與鹿兒島7縣。北面的關門海峽將九州和本州島分隔，而東北面則隔豐後水道與四國島相對。

時差

日本比台灣快一個時區，就是台北時間加1小時。

氣候

◎春天(3~5月)➔氣溫已經開始回升，但仍頗有寒意，有時仍在攝氏10度以下，早晚溫差大，需注意保暖。3月底至4月中是這裡的賞櫻季，也是觀光人潮眾多的時候，提早二個月訂機位、旅館較能保障旅行計畫。

◎夏天(6~8月)➔夏天陽光十分炙熱，攝氏30度以上的日子不少，7月下旬至8月初甚至可能超過35度。山裡的氣溫平均約少3~5度，但山裡早晚溫差大，帶件小外套就可以。夏天也是祭典最精彩的時候，煙火大會增添許多樂趣。

◎秋天(9~11月)➔初秋時天氣涼爽宜人，薄外套或針織長衫就很適合。接近11月的晚秋，部分山區已進入冬天氣候，須穿厚外套。11月份進入賞楓季節，奪目的紅葉為山頭染上詩意。

◎冬天(12~2月)➔九州地方的冬天比台灣更加乾冷，寒流來時還會降至0度左右，保暖防風的衣物不可少。除了山區與九州北部之外，其它大都市市區不太會下雪，只會偶爾因寒流而微微飄雪，不會造成交通影響。

簽證及護照效期規定

2005年8月5日通過台灣觀光客永久免簽證措施，只要是90日內短期赴日者，即可享有免簽證優惠，使得旅行日本更加便利。

入境

從2024年1月25日起，以往在「Visit Japan Web」預填申報單，原本會生成「入境審查單」及「海關申報單」2組QR Code，重新簡化後，現在只會 有1組QR Code，不論是入境審查或 是最後出海關前，都是使用同1組QR Ｃｏｄｅ，真的是便利多了，當然也可選擇到日本下機後再填傳統紙本，一樣可以入境。

www.vjw.digital.go.jp

貨幣及匯率

匯率：台幣1元約兌換日幣5圓

通貨：日幣￥。紙鈔有1萬圓、5千圓、2千圓及1千圓，硬幣則有500圓、100圓、50圓、10圓、5圓及1圓。

兌換

出發前記得在國內先兌換好日幣，雖然各大百貨公司及店家、餐廳等都可使用信用卡，但是像購買電車票、吃拉麵、買路邊攤、住民宿等，都還是會用到現金。國內各家有提供外匯服務的銀行都有日幣兌換的服務，桃園、松山等機場內也有多家銀行櫃台可快速兌換外幣。

消費稅

日本的消費稅目前是10%。但無需擔心這會讓荷包大大縮水，因為退稅的方式也有所調整。日本自2016年5月1日起，除當地機場及少數免稅商店可提供退稅服務外，若是在大型電器連鎖賣場、百貨公司及店外貼有免稅/可退稅貼紙的店家消費，當日於同一店家消費了一般商品(非消耗品家電、服飾、包包等)或消耗品達5000日圓門檻即可退稅，須注意的是消耗品與一般物品需分開計算金額。消費後可憑護照、機票辦理退稅，但也不是每家均有退稅服務，建議事先詢問店員。

tax-freeshop.jnto.go.jp

習慣

日本的一般商店街和百貨公司，除了特賣期間，通常都從早上11點左右營業到晚間7點到8點之間。行人行走方向是靠左行走，車輛行進方向也與台灣相反。而近來日本各處實行分菸制度，在公共場合都不可以吸菸，想吸菸必須要到有標識能吸菸的地方才行。

小費

日本當地消費無論用餐或住宿，都不用額外給小費，服務費已內含在標價中。

用餐

除了小餐館、路邊攤和投幣拿券式的拉麵店等小商家只能使用現金，大部份的地方可以刷卡（門口會有可否刷卡的標示）。一般店家都在店門附近擺放料理模型，可以按照模型選餐。不少大型居酒屋也都推出圖文並茂的菜單，讓不會日文的外國朋友可以按圖點餐。

購物

日本的大折扣季是在1月和7月，每次約進行1個半月的時間，跟台灣一樣會折扣愈打愈低，但貨色會愈來愈不齊全。1月因逢過年，各家百貨公司和商店都會推出超值的福袋。

信用卡掛失

ISA信用卡國際服務中心➔00531-44-0022
aster信用卡國際服務中心➔00531-11-3886
CB日本掛失專線➔0120-794-082
美國運通日本掛失專線➔0120-020-120

電話

投幣話機可使用￥10、￥100，或是使用可以撥打國際電話的國際電話卡。能撥打國際電話的公用電話越來越少，請特別注意。

回台灣的國際電話
例：010→886→＊（區碼）→＊＊＊＊→＊＊＊＊
日本國際碼→台灣國碼→區域號碼-受話號碼
回台灣的行動電話
例：010→886→9＊＊→＊＊＊→＊＊＊
日本國際碼→台灣國碼→受話行動電話號碼

手機通訊

台灣行動電話雖和日本系統不同，但目前3G、4G手機皆可在日本漫遊。一般撥打方式在電話號碼前去0加上國碼即可，詳情請洽各家通訊業者。

電源

電壓100伏特，插頭為雙平腳插座。如果筆電的電源線為三個插座的話，記得要帶轉接頭，以免到日本後無法使用。

郵政

郵筒分紅、綠兩色，紅色寄當地郵件，綠色寄外國郵件(有些地區只有一個紅色郵筒兼收)。市區主要郵局開放時間，週一~五為9:00~19:00，週六為9:00~17:00。

航空明信片郵資日幣70圓，航空郵件郵資日幣90圓(限10公克以下，寄往亞洲國家，不包括澳洲、紐西蘭，10公克以上，每10公克加日幣60圓)。

駐福岡辦事處

在九州如果遭遇到任何問題與麻煩，如護照遺失、人身安全等，都可以與駐福岡辦事處(台北駐大阪經濟文化辦事處福岡分處)聯絡。

福岡市營地下鐵桜坂駅1號出口徒步約12分

福岡市中央区桜坂3-12-42
週一~五9:00~17:30
休 日本例假日、台灣國慶日、農曆春節
護照遺失等非急難重大事件：092-734-2810，車禍等有關生命安全急難事件(24小時可撥)：090-1922-9740。

※在日本若遇急難事件，另可撥打「外交部緊急聯絡中心」的日本地區旅外國人急難救助全球免付費專線：001-010-800-0885-0885、0033-010-800-0885-0885。

九州旅遊實用網站

九州觀光機構（中文）➔ www.welcomekyushu.tw
鹿兒島縣觀光聯盟（中文➔ www.kagoshima-kankou.com/tw
宮崎觀光集團協會（中文）➔www.kanko-miyazaki.jp/chinese-t
大分旅遊協會（中文）➔www.visit-oita.jp/index.tc.html
熊本縣觀光網なごみ紀行（中文）➔kumanago.jp/foreign/index_tw.html
長崎縣觀光聯盟（中文）➔www.nagasaki-tabinet.com.tw/index.aspx
佐賀縣觀光聯盟（中文）➔www.asobo-saga.tw/
福岡縣觀光聯盟（中文）➔www.crossroadfukuoka.jp/tw

國定假日

1月1日➔元旦
1月第2個週一➔成人之日
2月11日➔建國紀念日
3月20日或21日➔春分之日
4月29日➔昭和之日
5月3日➔憲法紀念日
5月4日➔綠之日
5月5日➔兒童之日
7月第3個週一➔海洋之日
9月第3個週一➔敬老之日
9月22日或23日➔秋分之日
10月第2個週一➔體育之日
11月3日➔文化之日
11月23日➔勤勞感謝日
12月23日➔天皇誕辰
12月29~31日➔年末休假

九州交通資訊

福岡機場前往福岡市區

國內線←→國際線連絡巴士

福岡市地下鐵空港線的福岡空港駅設置在國內線第二航廈的B1F，因此到達福岡機場後，需在國際線1F的1號乘車處搭乘航廈間的聯絡巴士。

時間：約10分鐘一班，國際線發車6:16~23:05，國內線發車6:00~22:52；國內線到國際線航廈約10分，國際線到國內線航廈約15分。

價格：免費

國內線航廈前往福岡市區：地下鐵

前往博多駅(5分)、中洲川端駅(9分)及天神駅(11分)都不需要換車。

價格：到以上三站皆為¥260(兒童¥130)

國內線航廈前往福岡市區：巴士

除了地下鐵，也可選擇搭乘巴士前往福岡市區，車費相同，但乘車時間會比地下鐵長。若是想直接前往博多灣區參觀福岡塔、雅虎巨蛋等景點的話，搭乘巴士是不錯的選擇。

◎市內巴士39號線

地址：國內線航廈1F南側的1號乘車處

時間：1小時1~3班，到博多駅20分、到PayPay巨蛋前約40分、到福岡塔南口約45分。

價格：到博多駅¥280、到PayPay巨蛋以及福岡塔南口皆為¥500

◎急行巴士

地址：國內線航廈1F南側的1號乘車處

時間：5:57~19:32約1小時1班(週六6:01~11:01，週日及例假日至15:41且班次較少)，到博多駅15分。

價格：到博多駅¥280

國際線航廈前往福岡市區：巴士

國際線航廈直達博多駅的巴士於2012年5月開始營運，國際線航廈至1F的2號乘車處搭車(若從市區搭巴士至國際線航廈，下車處在3F)，博多巴士總站則在11號乘車處搭乘，下車時投幣付費即可，不需先買乘車券。

時間：國際線航廈發車1天17班，博多駅筑紫口發車1天也有10班以上。國際線航廈到博多駅筑紫口15分、到博多巴士總站30分。

價格：搭1次¥310、兒童¥150

價格：www.nishitetsu.jp/bus

注意：班次不多，需注意發車時間。另外，雖然巴士是配合班機時間發車，但若碰上入關人潮眾多以致排隊時間過久，則可能錯過搭車時間，此時就建議直接前往國內線搭乘地下鐵。

福岡機場前往九州各地

搭乘巴士

國內線1F，以及國際線1F皆可搭乘巴士前往九州各地。

航廈／乘車月台	目的地	交通方式	乘車時間	價格	預約
國內航廈16號 國際航廈3號	佐賀駅巴士總站	西鐵巴士	約1小時15分	¥1,300	
國內航廈16號	アルピノ前(唐津駅)	からつ号／昭和巴士	約2小時	¥1,250	
國內航廈16號	伊万里駅前	いまり号／昭和巴士	約2小時25分	¥2,200	◎
國際航廈2號	長崎駅前	西鐵巴士	約2小時21分	¥2,900	◎
國際航廈3號	豪斯登堡(ハウステンボス)	西鐵巴士	約1小時30分，每日上午兩班次	¥2,310	◎
國際航廈2號	佐世保駅前	西鐵巴士	約1小時40分	¥2,310	◎
國內航廈16號	大分駅高速巴士站	日清觀光巴士	約2小時40分(週末發車)	¥2,800	◎
國際航廈2號	大分駅高速巴士站	西鐵巴士	約2小時30分，每天7班次	¥3,250	◎
國內航廈17號	日田巴士總站	西鐵巴士	約1小時30分	¥1,980	
國際航廈3號	由布院駅前	西鐵巴士	約2小時30分	¥3,250	◎
國內航廈17號 國際航廈3號	熊本駅前、櫻町巴士總站	ひのくに号／西鐵巴士	約2小時10~20分(部分班次需預約)	¥2,500	
國際航廈2號	黑川溫泉	西鐵巴士	約3小時6分	¥3,470	◎
國際航廈3號	宮崎--高千穗巴士總站、延岡駅前	ごかせ号／西鐵巴士	約4小時~4小時20分	¥5,270 ¥6,500	◎

各城市之間的交通連結

搭乘JR

出發站		交通方式	目的地	乘車時間	價格
福岡	博多駅	JR九州新幹線「みずほ(瑞穗)」、「さくら(櫻)」、「つばめ(燕)」／1小時3~4班	熊本駅	約35~50分	指定席¥5,030
		JR九州新幹線「みずほ(瑞穗)」、「さくら(櫻)」、「つばめ(燕)」 熊本駅前 產交巴士「九州横断バス」1天3班 7:33、8:03、12:13 (一般路線巴士也可到，時間、價格一樣，車次較多)	阿蘇駅	約2小時	¥6,560 (指定席+巴士¥1,530)
		JR九州新幹線「みずほ(瑞穗)」、「さくら(櫻)」、「つばめ(燕)」 熊本駅 產交巴士「九州横断バス」／1天3班 7:33、8:03、12:13	黑川溫泉	約4小時	¥7,830 (指定席+巴士¥2,800)
		JR鹿児島本線線・日豊本線 特急「ソニック(音速)」／1小時2班	大分駅	約2小時20~30分	指定席¥6,470
		JR鹿児島本線・九大本線 特急「ゆふいんの森(由布院之森)」、「ゆふ(由布)」	由布院駅	約2小時10分	指定席¥5,690
		JR鹿児島本線・長崎本線 特急「かもめ(海鷗)」「みどり(綠)」／1小時2~3班	佐賀駅	約40分	指定席¥2,660
		佐世保線「リレーかもめ(接力海鷗)」 武雄溫泉駅 JR西九州新幹線	長崎駅	約1小時40分	指定席¥6,050
		JR九州新幹線「みずほ(瑞穗)」、「さくら(櫻)」、「つばめ(燕)」／1小時2班	鹿児島中央駅	約1小時20分	指定席¥10,440
鹿兒島	鹿児島中央駅	JR九州新幹線「さくら(櫻)」、「つばめ(燕)」 新鳥栖駅 長崎本線、佐世保線「みどり(綠)」 武雄溫泉駅 JR西九州新幹線	長崎駅	約3小時	指定席¥14,880
		JR九州新幹線「みずほ(瑞穗)」、「さくら(櫻)」、「つばめ(燕)」	熊本駅	約56分	指定席¥6,870
		JR日豊本線 特急「きりしま(霧島)」／1天10班	宮崎駅	約2小時8分	指定席¥4,860
長崎	長崎駅	JR西九州新幹線「かもめ(海鷗)」 武雄溫泉駅 佐世保線、長崎本線「リレーかもめ(接力海鷗)」 新鳥栖駅 JR九州新幹線「つばめ(燕)」	熊本駅	約1小時50分	指定席¥9,170
		JR西九州新幹線「かもめ(海鷗)」 武雄溫泉駅 佐世保線、長崎本線「リレーかもめ(接力海鷗)」 鳥栖駅 JR鹿児島本線・久大本線 特急「ゆふいんの森(由布院之森)」、「ゆふ(由布)」／1天3班	由布院駅	約3小時40分	指定席¥10,240
熊本	熊本駅	JR九州新幹線「みずほ(瑞穗)」、「さくら(櫻)」、「つばめ(燕)」 鹿児島中央駅 JR日豊本線 特急「きりしま(霧島)」／1天10班	宮崎駅	約3小時	指定席¥11,730
大分	大分駅	JR日豊本線 特急「にちりん(日輪)」／1小時1班	宮崎駅	約3小時21分	指定席¥7,000

搭乘巴士

出發地		目的地	價格	乘車時間	班次	巴士資訊	預約
福岡	博多巴士總站	黑川溫泉	¥3,470	約2小時36分	1天4班	日田巴士、九州產交巴士	◎
		熊本櫻町巴士總站	¥2,880	約2小時	1小時5~6班	ひのくに号(火之國號)／西鐵巴士、九州產交巴士	
		由布院駅前巴士中心	¥3,250	約2小時11分	1天23班	ゆふいん号(由布院號)／西鐵高速巴士、龜之井巴士、日田巴士	◎
		別府北浜、大分新川	¥3,250	搭乘Super Non-stop約2小時20~30分	至別府北浜1小時1班、至大分新川1小時2~3班	とよのくに号(豐國號)／西鐵巴士、大分巴士、大分交通巴士、龜之井巴士	◎
		長崎駅前	¥3,780	約2小時30分~3小時	1小時3~4班	九州号／九州急行巴士	◎
		宮崎駅	¥7,000	約4小時20分	1小時2~3班	フェニックス(鳳凰)／西鐵巴士、宮崎交通巴士等	◎
		鹿児島中央駅前	¥7,000	約4小時15分	1小時1~2班	桜島号／西鐵巴士、JR九州巴士、鹿兒島交通觀光巴士等	◎
	西鐵天神巴士中心	佐賀駅巴士中心	¥1,100	約1小時20分	1小時2~3班	わかくす号／西鐵巴士	
鹿兒島	鹿児島中央駅前	熊本櫻町巴士總站	¥4,100	3小時15分	1天4班	きりしま号(霧島號)／九州產交巴士、南國交通巴士、鹿兒島交通巴士	◎
長崎	長崎駅前	熊本櫻町巴士總站	¥4,200	約3小時37分	1天4班	りんどう号(林道號)／長崎縣營巴士、九州產交巴士	◎
		大分新川	¥4,720	4小時12分	1天4班	サンライト号(sunlight號)／長崎縣營巴士、長崎巴士、大分交通巴士	◎
		宮崎駅	¥6,810	5小時17分	1天2班 7:30、16:30	ブルーロマン号(blue roman號)／長崎縣營巴士、宮崎交通巴士	◎
熊本	熊本交通中心	宮崎駅	¥4,720	約3小時30分	1天14班	なんぷう号(南風號)／九州產交巴士、宮崎交通巴士	◎

JR九州大解析

九州面積比台灣大一些，由於JR等大眾交通工具系統相當完善，因此縣市之間的往來交通仍是十分便利，想要玩遍九州的話，那麼四通八達的JR九州鐵路網絕對是最佳的選擇，不僅快速舒適，九州新幹線配合上多條觀光列車路線，更成為玩九州的不敗話題。

050-3786-1717(福岡、佐賀) www.jrkyushu.co.jp

JR九州路線系統

JR(Japan Railways)原本指的是日本國有鐵路，但政府不堪長期的虧損，於是在1987年將JR民營化，而依日本各個區域，分別成立JR北海道、JR東日本、JR東海、JR西日本、JR四國、JR九州等幾個民營公司。九州的鐵路即為JR九州的營業範圍，在九州最常利用的就是九州新幹線、鹿児島本線、長崎本線、久大本線、日南線、指宿枕崎線及豊肥本線。

◎九州新幹線

重要車站：博多、新鳥栖、熊本、鹿児島中央

九州新幹線全線於2011年3月開通，讓福岡到鹿兒島原本將近4小時的車程，縮短至1小時20分。配合東北新幹線的開業，讓日本從頭到尾都連接起來，從各地要到九州也更加快捷、便利。

◎鹿児島本線

重要車站：門司港、博多、新鳥栖、熊本、鹿児島中央

鹿児島本線是縱貫九州西岸的重要幹線，北起北九州市，南至鹿兒島市，中間銜接起福岡市、熊本市等大型都市，其中小倉駅可轉乘日豊本線，鳥栖駅可轉往長崎本線，久留米駅可轉往久大本線，熊本駅轉往豊肥本線及三角線，鹿児島中央駅可轉往日豊本線及指宿枕崎線，是主要的轉運處。

◎長崎本線

重要車站：鳥栖、新鳥栖、佐賀、長崎

長崎本線連接起長崎駅至佐賀縣的鳥栖駅，要前往長崎市通常都要經由這條鐵路線。線路上除了有行駛於博多駅至長崎駅間的特急「かもめ(海鷗)」，另有行駛於鳥栖駅及肥前山口駅間，並直通佐世保線的特急「みどり(綠)」及特急「ハウステンボス(豪斯登堡)」，從博多駅前往佐賀駅每小時就約有3班特急列車，交通十分便利。

◎久大本線

重要車站：久留米、由布院、大分

因銜接起久留米駅與大分駅而得名的久大本線，有著由布高原線的愛稱。九州多谷地，久大本線上的列車奔馳在層巒疊翠與蜿蜒溪渠之間，可以盡覽綠的四時變化，尤其是春夏：陽光普照的夏季時節，一片奔騰的青翠，而陰雨連綿的春，雲霧間是雨後嬌嫩欲滴的新綠，山城歲月，首首扣人心弦。

◎指宿枕崎線

重要車站：鹿児島中央、指宿、西大山

沿著南九州的海岸線的指宿枕崎線，奔馳在山與海之間，全線可以欣賞南九州的自然美景與人文風情，JR最南端的車站西大山駅也位在這條線上。至指宿能夠體驗砂浴，來到穎娃大川不只能看到壯觀的開聞岳外，也能感受最在地的神社參拜。

◎豊肥本線

重要車站：熊本、宮地、大分

豊肥本線為大分駅到熊本駅之間的鐵路線，因行經阿蘇因而被暱稱為阿蘇高原線。從熊本駅往大分駅行進，沿途從熊本都市圈的市街及住宅街景，逐漸轉變成杉樹行道樹景觀、阿蘇火山群的壯闊景致，不斷變換的車窗風景，讓人心神嚮往。

◎日南線

重要車站：宮崎、青島、飫肥

日南線連結宮崎駅與鹿兒島的志布志駅，雖然使用者人數不多，但列車沿著日南海岸及鰐塚山地而行，沿途風光秀麗，洋溢著南國渡假風情，吸引著遊客前來賞景，加上自2009年開始營運的觀光特急列車「海幸山幸」，更讓這處美景備受矚目。

車票種類

搭乘所有列車都必須要有乘車券，它是所有票券組合的最基本，依列車種類不同再加上各種指定券，根據車種、速度、使用情形的不同，兩者組合成「車票」。

乘車券可能是單獨一張，可以單獨購買，有時會和特急券或急行券印在同一張車票上，但兩者的有效期限不同。通常乘車券在當天內都有效，特急券或急行券則只針對某一班車，錯過即失效。指定券種類如下：

◎特急券：搭乘新幹線、特急列車，在乘車券外，還得加上特急券，價格和車種、距離有關。

◎急行券：由於追求速度之故，日本的急行列車已經越來越來少了，搭乘這種列車，除了基本費外要多付急行費，費用和距離有關，從￥500到￥1,500不等。

◎頭等券：日本火車的頭等座位就是綠色車廂的座位(Green Car)，要高人一等當然要有代價，就是頭等券費用，一樣由距離遠近定價。

◎指定席券：如果要確定座位，或者列車要求乘坐需對號入座，那麼就得購買指定券以取得指定座位。與指定席相對的就是自由席，不事先劃位，但不能保證有座位。

◎入場券：如果只是進入月台不搭乘任何列車，可以憑入場券進出車站，入場券的費用依各JR公司的規定而不同，￥120~￥250左右。

車票的發售日

車票分為乘車券和指定券，指定券指的是特急券、綠色車廂券、寢台券和指定席券，在乘車前一個月的當天上午10點起開始販賣。想要搭乘熱門搶手的觀光列車，最好還是事前取指定券比較保險。

JR周遊券

除了購買一般車票外，使用周遊券可擁有更大的彈性，也可省下大筆的交通費。

誰能買：短期停留、持觀光簽證的人須持護照才能購買。

哪裡買：全日本鐵路周遊券需在國外的指定旅行社及機構購買，而其它JR周遊券可在台灣先買好兌換券，或入境日本後再至大車站的綠色窗口(みどりの窓口)購買，須注意，一人入境日本一次，每種周遊券都只能使用一張。兌換券需在開立後3個月內持護照兌換。

! 鹿児島中央駅、宮崎駅、JR九州旅行鹿児島支店、JR九州旅行宮崎支店不受理北九州周遊券業務(包含購買及兌換)

◎全九州鐵路周遊券・北九州鐵路周遊券

ALL KYUSHU AREA PASS・NORTHERN KYUSHU AREA PASS

與一般所知的JR Pass相似，可以在有效期間內不限次數的使用JR各級列車，連觀光列車、特急列車也是隨意搭。準備好了嗎？就一起來搭列車玩九州，充份享受列車旅行的無限樂趣吧！

www.jrkyushu.co.jp/

等級：普通車廂
票價：

票種	有效天數	價格	指定席可用次數
北九州鐵路周遊券	3天	¥12,000	6次
	5天	¥15,000	6次
南九州鐵路周遊券	3天	¥10,000	6次
全九州鐵路周遊券	3天	¥20,000	不限
	5天	¥22,500	不限
	7天	¥25,000	不限

注意事項：
- 此券可以一人購買多張，但是使用期限不得重覆，且只限本人使用，購買時需出示護照。兒童(6~11歲)票為半價。
- 北九州的範圍為長崎－佐賀－福岡－熊本－大分。全九州則可使用九州全線。不只可用於新幹線、一般特急列車，持此票券還可以搭乘JR九州的觀光列車，但大多為指定席，最好事先取得指定席券再安排搭乘比較保險。
- 持本券不可搭乘山陽新幹線(如博多－小倉的新幹線)、JR九州巴士。

其他鐵路

西日本鐵道

西日本鐵道又被簡稱為「西鐵」，是以福岡為基地，向整個福岡縣延伸的私鐵公司。其不只營運鐵道，也是福岡的主要巴士營運者。

0570-00-1010 www.nishitetsu.co.jp

福岡市地下鐵

福岡市地下鐵分為3條線，其中空港線與箱崎線有一部份路線重疊，而空港線更是與JR筑肥線直通而聞名。

092-734-7800 subway.city.fukuoka.lg.jp

北九州モノレール

日本第一個都市輕軌電車就是這一條，沿途經過的景點都具有歷史風情，搭上它，是深入了解北九州的好方法。

093-961-0101 www.kitakyushu-monorail.co.jp

松浦鐵道

連接有田到平戶的松浦鐵道是舊國鐵特定地方交通線，充滿懷舊復古的風情，而至佐世保等觀光景點也十分方便。

0956-25-3900 www.matutetu.com

島原鐵道

於長崎縣島原半島一帶營運的島原鐵道，也有發展路線巴士與船運，是地方人士依賴的交通之一。

0957-62-2232 www.shimatetsu.co.jp

南阿蘇鐵道

運行在南阿蘇上的這條鐵道，是熊本的舊國鐵特定地方交通線，現在除了有一般列車運行，也提供小火車(トロッコ)的觀光行程。而日本最長的鐵道站名稱也在這一條線上。

0967-62-0058 www.mt-torokko.com

球磨川鐵道 / くま川鉄道

以觀光列車KUMA1、KUMA2聞名的球磨川鐵道，以幸福鐵道為號召，成為眾人喜愛的鐵道觀光路線。

0966-23-5011 www.kumagawa-rail.com

熊本電鐵 / 熊本電気鉄道

熊本電鐵是在熊本市區內行駛的火車，與市電分屬不同系統，因為行駛區間較為生活，主要為當地市民利用，不過熊本電鐵也推出了熊本熊主題列車，雖然不是觀光列車，也吸引不少熊本熊粉絲前去搭乘。

096-343-2552(北熊本駅) www.kumamotodentetsu.co.jp/

肥薩橙鐵道 / 肥薩おれんじ鉄道

隨著九州新幹線「新八代～鹿兒島中央」一段開業，原本這一區間的鐵道便移轉營運，成為肥薩橙鐵道。一般為地方用比較多，但由於沿途景色優美，近年也極力推廣觀光，希望帶動地方經濟。

0965-32-5678 www.hs-orange.com

電車

在現代城市中穿梭的電車帶點懷舊風情，而且是長崎、熊本及鹿兒島市區的重要交通工具，推薦一定要搭搭看。另外，搭乘方式都是後門上、前門上唷。

長崎電氣軌道

這是在長崎市內運行的路面電車，全部共分為4條線，每次搭乘一次都是¥120，便宜又快速，是在長崎市內移動的最佳幫手。

095-845-4111 www.naga-den.com

熊本市電

來到熊本市，大多都是以熊本市電為移動手段。目前共有2個系統運行中，古老的路面電車風情為熊本市更添上一抹古香。

096-361-5211 www.kotsu-kumamoto.jp

鹿兒島市電

這是日本最南端的路面電車，運行系統分為2個，但較常被大家利用的就是天文館周邊了。由於綠化活動的推廣，在市區內還可見到在草皮上奔馳的路面電車，蔚為風景。

099-257-2116 www.kotsu-city-kagoshima.jp

巴士

雖然九州地區的大都市之間都有鐵路可以抵達，但是九州地區的高速公路系統也相當完善，部分區域搭乘巴士會比較方便。可利用「九州のバス時刻表」網站查詢搭車時間、巴士資訊、時刻表、轉乘方式等實用資訊。

qbus.jp/time

西鐵巴士 / 西鐵バス

路線從九州到東京、京都或大阪等大城市，在九州境內也擁有豐富的交通路線，並推出多種路線優惠券，可從博多出發至九州其他大城市或溫泉鄉等觀光勝地。

0570-00-1010 www.nishitetsu.co.jp/bus

SUN Q Pass / SUN Qパス

整合九州境內64家巴士公司所推出的SUN Q Pass是最物超所值的巴士交通優惠券，幾乎可搭乘九州7縣99%的長途巴士及市內路線巴士。

價格：全九州+下關4日券￥14,000、3日券￥11,000，北九州地區3日券￥9,000，南九州地區￥8,000。

購買地點：在全九州的重要巴士車站都可購買，請洽詢網站。

使用方式：連續3天(4天)內有效，巴士正前方會貼有SUN Qパス全九州或北九州的字樣供旅客辨識，出示有日期的正面給司機看，就可自由上下車。

涵蓋路線：九州境內長途巴士171條路線，市內巴士2024條路線暢行無阻。

www.sunqpass.jp/traditional 搭乘長途巴士(高速バス)時需先預約，乘車時間15分鐘之前到巴士站兌換座位券，上車時需同時出示SUN Qパス與座位券。

九州節慶四時曆

備註：平均氣溫和雨量以福岡市為參考標準。
重要活動日期為2024、2025年的日期，每年或有變動。

月份	1月	2月	3月	4月	5月	6月
平均氣溫	6.3℃	5.7℃	10.7℃	16.2℃	20.1℃	23.1℃
平均雨量	72.1mm	71.2mm	108.7mm	125.2mm	138.9mm	272.1mm
天氣概要	北部時有降雪，連南部也可能碰上粉雪			春天為九州一年中最舒適的季節，天氣微涼		梅雨季開始
穿衣建議	在北部與山區要穿上完備的禦寒衣物			薄長袖，必要時加件薄外套		短袖
重要活動與祭典	**・初詣(新年參拜)** 1月1~3日(也可延伸到1月中旬) 太宰府天滿宮、筥崎宮、宮地嶽神社、祐德稻荷神社、諏訪神社、霧島神宮等處	**【賞櫻】** ・舞鶴公園 3月下旬~4月上旬，1,300棵 地址：福岡市中央区城内1-4 交通：地下鐵大濠公園駅下車徒步約8分 ・熊本城 3月下旬~4月上旬，800棵 ・仙巖園 1月下旬~4月上旬，150棵 ・島原城 3月下旬~4月上旬 ・陶山神社 3月下旬~4月上旬 ・霧島神宮 3月下旬 ～ 4月中旬			**・博多咚打鼓港祭／博多どんたく港まつり** 每年5月3~4日 福岡県福岡市明治通り(呉服町~天神)	

7月	8月	9月	10月	11月	12月
28℃	28.9℃	24.5℃	19.2℃	12.9℃	7.6℃
266.4mm	187.6mm	175.0mm	80.9mm	80.5mm	53.8mm
九州的夏天跟台灣差不多，南部地區夏天至秋天間常有颱風侵襲，出發前可多注意天氣預報		夏天進入尾聲，天氣依舊炎熱	氣溫變化大且日夜溫差大	冬天氣溫低下，天冷少雨	
短袖等夏季裝扮，但要注意防曬		短袖，必要時加件薄外套		在北部與山區要穿上完備的禦寒衣物	
博多祇園山笠 每年7月1~15日 福岡県福岡市博多区上川端町1-41櫛田神社内 筑後川花火大會 每年8月5日 福岡縣久留米市水天宮下河濱、篠山城跡下河 JR久留米駅水天宮口徒步約10分 火之國祭典 每年8月第1週的週五、週六 熊本市街(水道町交差路口~銀座街交差路口) 熊本市電「熊本城‧市役所前」站徒步即達 山鹿灯籠祭 每年8月15~16日 熊本県山鹿市街地周 JR新玉名駅轉九州產交巴士，至「山鹿バスセンター(山鹿巴士中心)」站下車徒步即達		‧霧島市花火大會 9月下旬，2016年為10月1日19:30~20:30 鹿兒島縣霧島市国分キャンプ海水浴場(國分露營海水浴場) JR国分駅搭計程車約20分，或從JR国分駅搭乘接駁巴士	【賞紅葉】 ‧光明禪寺 紅葉期：11月中旬 ‧高千穂峽 紅葉期：11月下旬 ‧熊本城 銀杏期：11月下旬~12月上旬 ‧耶馬溪 紅葉期：10月下旬~11月下旬 ‧霧島神宮 紅葉期：11月中旬~11月下旬 【點燈】 ‧光之街道 博多 11月中旬~1月中旬，約17:00~24:00，70萬顆燈飾 ‧豪斯登堡 11月下旬~3月上旬，1,000萬顆燈飾 ‧長崎Christmas 11月下旬~12月下旬 17:00~22:00；約3萬顆燈飾		

國家圖書館出版品預行編目資料

國家圖書館出版品預行編目資料
九州地圖隨身GO /蘇郁茜 · 墨刻編輯部 作 ; -- 初版.
-- 臺北市 : 墨刻出版股份有限公司出版 : 英屬蓋曼群島商家庭傳媒股份有限公司城邦分公司發行,
2025.01
160面 ; 18.3*24.2公分. -- (地圖隨身GO; 85)
ISBN 978-626-398-160-7 (平裝)
1.旅遊 2.旅遊地圖 3.日本九州
731.7809　　113019335

九州

作者
蘇郁茜 · 墨刻編輯部

攝影
墨刻攝影組

主編
蘇郁茜

美術設計
李英娟 · 呂昀禾（特約）

地圖美術設計
Nina · 墨刻編輯部

出版公司
墨刻出版股份有限公司
地址：台北市115南港區昆陽街16號7樓
電話：886-2-2500-7008
傳真：886-2-2500-7796
E-mail：mook_service@cph.com.tw
讀者服務：readerservice@cph.com.tw
墨刻官網：www.mook.com.tw

發行公司
英屬蓋曼群島商家庭傳媒股份有限公司城邦分公司
地址：台北市115南港區昆陽街16號8樓
電話：886-2-2500-7718　886-2-2500-7719
傳真：886-2-2500-1990　886-2-2500-1991
城邦讀書花園：www.cite.com.tw
劃撥：19863813
戶名：書虫股份有限公司

香港發行所
城邦（香港）出版集團有限公司
地址：香港九龍土瓜灣土瓜灣道86號順聯工業大廈6樓A室
電話：(852)25086231
傳真：(852)25789337
E-MAIL：hkcite@biznetvigator.com

馬新發行所
城邦(馬新)出版集團 Cite (M) Sdn Bhd
地址：41, Jalan Radin Anum, Bandar Baru Sri Petaling, 57000 Kuala Lumpur, Malaysia.
電話：(603)90563833
傳真：(603)90576622
E-mail：services@cite.my

製版 · 印刷
藝樺設計有限公司 · 漾格科技股份有限公司

經銷商
聯合發行股份有限公司（電話：886-2-29178022）
誠品股份有限公司
金世盟實業股份有限公司

城邦書號
KA2085

定價
360元

ISBN
ISBN978-626-398-160-7 · 978-626-398-159-1（EPUB）
2025年1月初版

首席執行長 Chief Executive Officer
何飛鵬 Feipong Ho

生活旅遊事業總經理暨墨刻出版社長 PCH Group President & Mook Managing Director
李淑霞 Kelly Lee

總編輯 Editor in Chief
汪雨菁 Eugenia Uang

副總編輯 deputy editor in chief
呂宛霖 Donna Lu

編輯 Editor
趙思語 · 林昱霖 · 李冠瑩 · 蔡嘉榛
Yuyu Chew, Tejung Tang , Lin Yu Lin , Eva Cai

資深美術設計主任 Senior Chief Designer
羅婕云 Jie-Yun Luo

資深美術設計 Senior Designer
李英娟 Rebecca Lee

影音企劃執行 Digital Planning Executive
邱茗晨 Mingchen Chiu

資深業務經理 Senior Advertising Manager
詹顏嘉 Jessie Jan

業務經理 Advertising Manager
劉玫玟 Karen Liu

行銷企畫經理 Marketing Manager
呂妙君 Cloud Lu

行銷企劃主任 Marketing Supervisor
許立心 Sandra Hsu

業務行政專員 Marketing & Advertising Specialist
呂瑜珊 Cindy Lu

印務部經理 Printing Dept. Manager
王竟為 Jing Wei Wan